JN117968

キリスト教史
の学び（上）

越川弘英［著］

キリスト新聞社

はじめに

　本書はキリスト教の歴史を初めて学ぶ方々のための入門書である。キリスト教はイエス・キリストの登場以来、およそ二千年という長い歳月を経て、今日もなお世界中で多くの人々に信仰されている生きた宗教である。本書はこうしたキリスト教の歴史をそれぞれの時代の社会的現実との関連のもとで概説すると共に、そうした時代を象徴するキリスト教徒たちの特徴的な活動や思想を取りあげながら、古代から現代にいたるまでのキリスト教の通史を分かりやすく叙述することをねらいとしている。

　本書ではキリスト教の歴史を、古代、中世、近世、近現代という４つの時代に大きく区分して取り扱う。そして上巻では古代から中世まで、下巻では近世から近現代までの時代を取りあげる。

　本書は入門書としての性格に基づいて、以下に挙げる３つの点に配慮しながら執筆を進めたつもりである。

　まず第１に読者がキリスト教の歴史の全体的な流れを知ると共に各時代に生じた重要な出来事について学べるような著作となることを心がけた。ただしそれはキリスト教の歴史を年表的なかたちで網羅的に記述するということでもなければ、事件や人物などの知識を一律に提供するということでもない。本書では著者の判断においてとくに重要と思われることがらについては他のことがらよりも多く叙述し、なるべく複数の資料や学説を紹介している。このことを裏返していえば、本書においては十分に取りあげることのできなかったキリスト教史のテーマや領域（たとえばキリスト教の神学や思想史に関する分野など）があることもあらかじめお断りしておかなければならない。

　第２に本書ではキリスト教の歴史においてとりわけ重要な働きを担った

象徴的な人物に焦点をあて、そうした人の生涯や活動を通してその時代の
キリスト教の特徴や課題を描き出すことを行っている。読者はこのような
小著にもかかわらず、往々にして不釣り合いなほど多くの頁が個々の人物
に関する叙述に割かれていることに気づかれることと思う。いうまでもな
く歴史はひとりの英雄や偉人の力によって形作られるものではなく、また
個々人の活動の単純な総和や集積にとどまるものでもない。しかし歴史と
いう大きな運動の基底に存在するものがその時代を生きたひとりひとりの
具体的な人間であることは事実であり、時としてある特定の人物がその時
代の特徴を典型的なかたちで象徴することがあるのもまた事実なのである。
本書ではそうした人物を取りあげ、キリスト教とその人物の関わりから生
まれた思想、活動、そしてその人生について読者と共に分かちあいたいと
考えている。

　第3に本書では意識して本文中になるべく多くの資料や研究者の著作か
ら引用を行い、また各章の最後や巻末に日本語で読める比較的最近の参考
文献を紹介している。当然のことながら、本書のような小著においてキリ
スト教史の全貌をあますところなく詳細に論述するということは不可能で
ある。もし本書を通してキリスト教の歴史に興味を持たれた読者がおられ
るとすれば、これらの文献や資料を通してさらに深くまた広く学びを積み
重ねられることを願っている。

　なお本文中でゴシック体で表記した部分は、キリスト教史における基本
的な事項や重要人物などを示している。また各章のコラムは本文で取りあ
げたテーマなどをさらに補足・説明するために、あるいは本文で取りあげ
られなかった人物や出来事などを紹介するために適宜設けたものである。

目　次

第Ⅰ部　古代のキリスト教

　第Ⅰ部ではイエス・キリストの登場から始まる古代における
キリスト教の歴史を概観する。本書ではキリスト教史における
古代の期間を、イエスが誕生した紀元1世紀から西ローマ帝国
の滅亡に象徴される5世紀までの期間とみなすことにする。

　第1章ではキリスト教の母胎となったユダヤ教の歴史を振り
返り、1世紀初頭の時代状況のもとでイエスの生涯と活動を考
察する。第2章は最初期のキリスト教がパレスチナに誕生した
後、活発な宣教活動を展開しながら異邦人世界にまで広がって
いく過程を概観する。第3章と第4章は地中海世界を支配す
るローマ帝国においてキリスト教がたどった歩みを取りあげる。
第3章では、キリスト教の宣教がなぜ大きな成果をおさめるこ
とができたのか、キリスト教に対する迫害の実態がどのような
ものであったかを検討する。第4章はローマ帝国によるキリス
ト教の公認と国教化、その結果として生じた教会と国家の関係
の変化、さらにキリスト教そのものの変化について考察する。
第5章は古代から現代にいたるまでキリスト教の歴史に大きな
足跡と貢献を残すことになった修道制の始まりと古代における
展開を取りあげる。そして第6章は古代教会の中の東方系の教
会の歴史を概観する。

第1章　古代のユダヤ教とイエス・キリスト

　　キリスト教はユダヤ教を母胎として誕生した。この章では紀元前6世紀のバ
　ビロン捕囚以降のユダヤ人の歴史を概観した後、紀元1世紀前半のローマ帝国
　の支配下におけるユダヤ人社会の状況と課題、そしてそれに対する宗教的社会
　的改革運動のひとつとしてのイエスの活動を考察する。

（1）ユダヤ人の歴史とユダヤ教の成立

〔ユダヤ人の歴史〕

　旧約聖書の創世記によれば、ユダヤ人の大先祖となった**アブラハム**とい
う人物はメソポタミア地方の出身で、羊などの小家畜を飼う遊牧民であっ
たと伝えられている。アブラハムは神の命令に従って、故郷を離れ、家族
を引き連れて、**カナン**の地と呼ばれていた現在のパレスチナ地方に移住し
たとされる。

　また出エジプト記によれば、その後、この一族はさらにエジプトに移り、
その数を増し加えていった。ところがその地の住民から迫害されるように
なったため、**モーセ**という民族的英雄の指導のもと、ふたたびパレスチナ
に帰還することになったという。その途上、シナイ半島の南端にあるシナ
イ山において、ユダヤ人は唯一神である**ヤハウェ**との間に**契約**（シナイ契
約）を結び、この神との特別な関係に入ったと伝えられている。

　パレスチナにおいてユダヤ人が形成した最初の国のかたちは**イスラエル
12部族連合**というものであった。これは12の部族から成るイスラエルと
いう集団がヤハウェへの信仰を絆として結びついた一種の宗教的な共同体
であった。この部族連合は**士師**と呼ばれるカリスマ的指導者によって導か
れていたが、各部族は一定の独立性を保っており、士師の力は限定的なも
のに過ぎなかったようである。

　前11世紀、パレスチナの地中海沿岸にペリシテ人という外国人の国家が出現し、イスラエルを脅かす存在として勢力を拡大しはじめた。ペリシテ人は王を中心とする中央集権的体制をとり、鉄器を使いこなす技術をもっていた。これに対し、いまだ青銅器文明の段階にあり、また緩やかな部族連合体であったイスラエルは、ペリシテ人から大きな圧迫を受けることになった。

　こうした事態に対処するため、イスラエルも部族連合から王制に移行する決断を下した。実質上の初代の王となった**ダビデ**は優れた武将であり、ペリシテ人勢力を駆逐したばかりでなく、その領土を大いに拡大し、エルサレムを首都とする統一王国を打ち立てた（前1000年頃）。この王国はダビデの息子である**ソロモン**王の時代に通商貿易によって富み栄え、行政組織や常備軍を整えて強勢を誇った。最初の**神殿**（**第1神殿**）がエルサレムに建立されたのもこの時代である。

　しかしソロモンの死後、北部の諸部族が南部のユダ族（ダビデとソロモンの出身部族）中心の政体に反発して統一王国から離脱したため、王国は南北に分裂した（前926年）。**北王国（イスラエル王国）**は経済的には豊かだったが、政治的に不安定でしばしば王朝が交替した。他方、**南王国（ユダ王国）**はダビデの血統を引く王朝が続き、長期にわたって比較的安定した支配を保つことに成功した。

　紀元前8世紀、メソポタミア地方に**アッシリア帝国**が勃興し、交通上の要地であるパレスチナに侵攻してきた。アッシリアの攻撃によって北王国は前721年に滅亡したが、南王国はかろうじて命脈を保った。しかしその後、アッシリアに替わって台頭してきた**新バビロニア帝国**によってエルサレムは前587年に征服され、滅亡した南王国の王侯貴族や技術者たちが捕虜として敵国の首都であるバビロンに連れ去られるという事件が起こった（**バビロン捕囚**）。こうしてダビデ以来の王国は終焉を迎え、この後、ユダヤ人たちは次々に交替する異邦人の支配者のもとに置かれつづけることに

なったのである。

〔バビロン捕囚とユダヤ教の成立〕

　バビロン捕囚はユダヤ人にとって深刻な危機の時代であったが、それはまた同時に新たな改革の時代ともなった。国家の滅亡という悲劇に直面したユダヤ人は、みずからの伝統や文化を再確認し、ひとつの共同体として存続する道として、**ユダヤ教**（団）の形成を模索することになった。換言すれば、ユダヤ人はひとつの民族が丸ごと宗教団体と化すことによって、そのアイデンティティとコミュニティを保持するというサバイバル戦略を選びとったのである。実際にこうした試みを担ったのは古くからの祭儀や伝承を担ってきた**祭司**集団であり、またイスラエル独特の存在として神の言葉を伝えたイザヤなどの**預言者**たちであった。

　この時代に生じたユダヤ教の大きな変化の一例は、その信仰の中心にある神観念の変化に見ることができる。神ヤハウェは単なる民族神ではなく、「天地創造の主」とみなされるようになり、さらに「歴史の導き手・完成者・審判者」として全世界とあらゆる人々に関わりをもつ存在と考えられるようになっていった。また宗教としての制度や組織が整備され、**律法**（**トーラー**）が整えられていった。これは神がユダヤ人に与えたとされる法と掟であり、宗教的なことがらばかりでなく、人々の生活全般を方向づけるガイドラインであった。成文化された律法は後に旧約聖書のもっとも重要な最初の部分を構成するものとなり、**モーセ五書**と呼ばれるようになった。これと並んでシナゴーグが生まれ、安息日や割礼の遵守が強調されるようになっていったと考えられている。**シナゴーグ**は、本来、「集会」を意味する言葉であったが、やがて捕囚の地において神殿に替わる礼拝施設（ユダヤ教会堂）を指すようになり、また子どもたちを教育する施設としての役割も果たすようになっていった。**安息日**はユダヤ教における「第7の日」（土曜日）のことであるが、創世記1章の神話によれば、神が6日間

で世界を創った後、7日目に「安息」したことに倣って、この日には人も仕事を休むことが求められた。ユダヤ人は安息日にシナゴーグに集って礼拝に参与した。礼拝の中心は律法を読み聞かせることであり、人々はそこで学んだ法と掟を日々の生活の中で実践することが求められた。**割礼**は生後1週間の男児に施される性器の一部を切開する習慣であるが、この習慣が神とユダヤ人の契約のしるしとして徹底されるようになったのも、捕囚の時代のことと考えられている。このような宗教的な規範と制度・組織は、さまざまな民族や文化が並存する世界の中で、さらには捕囚の民という厳しい位置に置かれながら、ユダヤ人を独自の共同体として形成・維持する働きを果たすことになった。

前539年、新興国家である**ペルシア帝国**は新バビロニア帝国を討ち滅ぼし、新しい支配者となった**キュロス王**はユダヤ人たちにパレスチナへの帰還を許可した。半世紀近くの時を経て荒廃した故郷に戻った人々は、困難な状況のもとで神殿を再建し（**第2神殿**）、律法を中心とする宗教的な規範や習慣に則ってその社会と生活を再構築することに努めた。

他方、捕囚のユダヤ人の中には故郷に戻ることなくバビロンに留まった者も多く、これらの人々がパレスチナ以外の地に住む**ディアスポラ**（「**離散の民**」）の始まりとなった。ディアスポラはメソポタミアばかりでなく、後にはローマ帝国の各地にも広がっていった。一説によれば、紀元1世紀初頭の時点でパレスチナ本土のユダヤ人が50〜75万人程度にすぎなかったのに対して、ディアスポラの数は300〜400万人に達していたと推定する研究者もいる（荒井献、川島貞雄、他『総説新約聖書』34頁参照）。

その後、パレスチナの支配者はペルシア帝国から**アレクサンドロス大王**へ（前333年）、そしてヘレニズム国家である**プトレマイオス朝エジプト**、さらに**セレウコス朝シリア**へと交替していった。紀元前175年に即位したシリア王アンティオコス4世（エピファネス）は極端なヘレニズム化政策を強要し、ユダヤ人の宗教的慣習を迫害し弾圧を加えた。このためにヤハ

ウェ信仰に忠実な**ハシディーム**（「敬虔な者たち」）と呼ばれる人々が抵抗し、武力闘争に立ち上がった。その指導者となったのが**ハスモン家**（マカバイ家）の人々であり、紀元前167年から始まったこの戦いは**マカベア戦争**と呼ばれた。セレウコス朝が内外に問題を抱えていたこともあって、この戦いの結果、ユダヤ人は久々に政治的独立を獲得し、ハスモン家の人々が王と大祭司の地位を占めることになった（**ハスモン朝**）。この時代にはユダヤ人国家の領土拡大が積極的に進められ、かつての統一王国時代に匹敵する領域を占めるようになった。しかし他方では、ハスモン家の統治や宗教政策に対する批判や反感を持つ人々も多くなっていった。

　当時、地中海世界の覇権を確立しつつあった**ローマ帝国**は、こうしたハスモン朝の混乱につけいるかたちでパレスチナに進出し、紀元前63年以降、この地を勢力下におさめることに成功した。こうしてユダヤ人はふたたび外国人支配のもとに置かれることとなったのである。

（2）紀元1世紀のユダヤ人社会

〔ローマ帝国とユダヤ人社会〕

　ローマ帝国はパレスチナを行政単位としてシリア州の一角に組み入れたが、この地に住むユダヤ人に対する支配方法は必ずしも一貫したものではなかった。当初、ローマは**ヘロデ**（大王、在位・前37〜前4年）という人物をユダヤ人の王に任命し、かいらいとしてパレスチナの間接統治を行わせた。ヘロデの死後、彼の3人の息子たちがパレスチナを分割相続したが、南部のユダヤ地方を受け継いだアルケラオスの支配が不評だったために、彼は紀元6年に失脚した。その後、ローマはユダヤ地方の支配を直接統治に切り替え、総督を派遣して治めさせた。イエスの処刑を命じた**ポンテオ・ピラト**（ポンティウス・ピラトゥス）はこの時代の第5代総督（在職26〜36年）である。37年から44年にかけてはヘロデ大王の孫にあたるヘロ

コラム①〜聖書に対する「ミニマリスト」と「マキシマリスト」

　本文ではユダヤ人の歴史の始まりを旧約聖書に記されたアブラハムの伝承から書き起こした。しかしこうした聖書の記述をどこまで歴史的事実とみなすべきかをめぐってはこれまで研究者の間でさまざまな議論が繰り広げられてきた。聖書の歴史的資料としての価値を最小限にしか認めない立場をとる研究者を「ミニマリスト」、逆に最大限に認める立場を「マキシマリスト」と呼ぶが、前者の場合、アブラハムなどの族長はもちろん、モーセや12部族連合の時代の人々、さらにはダビデ王の存在すらも疑義の対象とされることがある。18世紀以降、聖書の証言を考古学的な発掘研究によって裏づける試みも盛んに行われてきたが、そうした努力が必ずしも明確な結論を導き出すのに成功したわけではない。同一の発掘調査とその結果が、聖書やデータの解釈次第で異なる結論を導き出すということがしばしば起こったからである。いうまでもなく、聖書や考古学的史料を用いてユダヤ教や初期キリスト教の歴史を研究する際には、つねに批判的視点や多様な解釈の可能を踏まえてアプローチする必要がある。聖書学者の長谷川修一は、「一番大事なことは、考古資料を、あるいは文献史料を誠実に分析し、可能な限り中立的に、そしてできるだけ客観的に研究することである。しかし、「中立的」であることと、「客観的」であることのいかに難しいことか」（『聖書考古学』220頁）と述べている。たしかにこうした長谷川の言葉は聖書ばかりでなく歴史研究のすべてに通底する警句であるにちがいない。

デ・アグリッパ1世がふたたびパレスチナ全土を治める王となったが、その死後にはまたもやローマから派遣された総督による直接統治に切り替えられた。研究者の中には、このような頻繁な支配方法の変更そのものがパレスチナにおけるローマ支配の失敗を意味しており、裏返していえば、ユダヤ人がいかに統治しがたい民であったかを立証していると論じる者もいる。

　ローマ総督が直接統治をしていた時期でも、ユダヤ人社会における自治組織として**サンヘドリン**（**最高法院**）が公認されており、宗教的なことが

らを含めて内政に関わる問題に対処していた。サンヘドリンの議長は神殿制度のトップである**大祭司**が兼ね、そのメンバーは祭司、律法学者、長老から成る70人で構成されていた。

　経済的にみると、パレスチナはローマ帝国の支配下にある地中海世界という広域経済圏に組みこまれたことで大きな変化を経験することになった。従来のユダヤ人社会において理想と考えられていたのはそれぞれの家族が独立した自営農民として生計を営むことであった。しかしパレスチナの特産物であるブドウやオリーブなどが交易のための商品作物として目をつけられるようになると、これらの大規模栽培を行うために土地の買い占めが起こる一方、農民たちが土地を失うという現象が生じた。その結果、生産手段を失った農民が小作人や季節労働者となったり、失業者として都市や町に流入する状況が生まれた。新約聖書学者のG・タイセンによれば、「アウグストゥス時代の「ローマの平和」（pax romana）は、パレスチナに対して通商と経済面で積極的影響をもたらし、この国の社会経済構造に種々の変化を引き起こすにいたった。一方では、例えばヘロデ家と結びついたグループのような新しいグループは、上流階層にまで上昇したが（中略）、他方では、多くの民衆にとって状況は悪化した」という（『イエス運動の社会学』90頁）。このような状況は社会不安を増大させる要因となった。ヘロデ大王の時代には神殿の大改修や港湾都市の建設をはじめとする各種の大土木事業が行われたが、そこにはこの時代の大量の失業者に対する雇用政策という面があったとも考えられている。

　文化的状況としては、ローマ帝国の時代にも、ユダヤ人固有の文化である**ヘブライズム**とアレクサンドロス大王以来の**ヘレニズム**の葛藤という状況が引きつづき存在した。パレスチナのユダヤ人はヘレニズムという外来文化に対しては距離をとり、拒絶的な態度を示すことが多かった。パレスチナにおけるヘレニズムの影響は、デカポリス地方のギリシア人入植地を除けば、都市などの一部に留まっていたようである。

〔ユダヤ教とユダヤ人社会〕

ヘブライズムの核心でありユダヤ人社会の全般を規定したものこそ、ユダヤ教という宗教にほかならない。すでに述べたようにバビロン捕囚以来、政治的独立を失ったユダヤ人にとって、宗教こそが彼らの民族的な意識と共同体の存続をはかる要となっていたのである。

ユダヤ教の中心となったのは**エルサレム神殿**とそれを支える祭司制度であった。神殿では日ごとの礼拝が朝と夕に行われただけでなく、年間を通して「**過越祭**」「**七週の祭り**」「**仮庵祭**」といった三大祭をはじめとする数々の祭儀が行われた。こうした祭りに参加するためにパレスチナのユダヤ人だけでなくローマ帝国各地に散在するディアスポラがエルサレムに集まった。神殿で行われる祭儀の中心はさまざまな献げ物を神に備えることであり、祭司とレビ人がその準備や儀式などを執り行った。ユダヤ人にはいろいろな宗教上の納税義務が課せられており、その中には成人男子が毎年納める神殿税や収穫・収入の１割を献げる「**十分の一税**」も含まれていた。このような神殿制度の頂点に位置していたのが大祭司である。先述したように大祭司はサンヘドリンの議長も兼ねており、ユダヤ人社会においてきわめて大きな権威と権力を握る存在であった。

エルサレムに置かれた唯一の神殿と並んで、ユダヤ教におけるもうひとつの重要な宗教施設となったものがシナゴーグである。シナゴーグは10人のユダヤ人の成人男子がいればどこでも組織できるとされており、パレスチナのみならずディアスポラのユダヤ人社会においても数知れぬシナゴーグが存在し、日常生活に密着した宗教活動の場となった。シナゴーグは礼拝の場であると共に教育の場でもあり、男子は６歳頃からここで初等教育を受けた。そのカリキュラムは律法の学びを中心に据え、その関連学科として地理や歴史、自然科学に類することがらが教授された。後には一種の神学校として高等教育を施す施設もシナゴーグに併設されるようになった。シナゴーグはこれらの活動以外にもユダヤ人同士の交流や相互扶助の場と

なり、東はメソポタミア地方から西は地中海沿岸各地に及ぶ広大なユダヤ人社会を結ぶネットワークとしての役割を果たすことになった。

〔ユダヤ教の多様性と特徴〕

　唯一神を信じるユダヤ教とはいえ、ユダヤ教の信仰や神学がつねに一枚岩であったわけではない。実際、1世紀初頭のユダヤ教の内部にはいろいろな宗派・集団が存在していた。宗教と社会生活が分かちがたく結びついていたユダヤ人の共同体にあって、こうした宗派・集団の主張や思想は、ある意味において政治的なメッセージともなり、為政者への批判や反抗に結びつくこともあった。

　こうした宗派のひとつである**サドカイ派**は神殿と祭司制度に依拠する宗派であり、その名称はソロモンの時代の祭司ツァドク（列王記上2：35）に由来すると考えられている。そのメンバーは一種の宗教貴族というべき存在だったが、実際の人数は数百人規模であったと考えられている。政治的には保守的であり、各時代の為政者と結びつくことによって自分たちの影響力を保持することに努めたために、1世紀にはローマ帝国の支配を容認する立場をとっていた。信仰的にも保守的な傾向を持ち、モーセ五書に記された成文律法の権威のみを認め、後世のものとされる終末思想や黙示思想、また「復活」や「永遠の生命」という観念を受け入れなかった。

　ファリサイ派は「分離者」（パルーシーム）を意味し、マカベア戦争の時代のハシディームの系譜を継ぐ宗派である。この集団は律法を重視し、その戒律や規定を日常生活のあらゆる面において実践することを主張した。ファリサイ派によれば、神の意志は律法に示されており、これを厳格に守ることによってユダヤ人は聖なる「神の民」となり、終末時の救いにあずかると考えられていたようである。ファリサイ派はサドカイ派と異なり、成文化された律法のほかにも口伝によって伝えられた律法の解釈や規定（「昔の人の言い伝え」マタイ15：2）の権威を認めていた。ファリサイ派は

多くの著名な律法学者を輩出したが、とりわけラビ・ヒレルとラビ・シャマイの名はよく知られている。

　ゼロータイ（熱心党）はガリラヤのユダという人物が1世紀初頭に行ったローマ帝国への抵抗運動に起源すると考えられる集団で、この呼称は律法に対する「熱心」に由来している。この集団がはっきりした姿で登場するのは66年のユダヤ戦争の時期であるが、イエスの時代にもその前身というべき集団が活動していたと考えられている。ゼロータイもファリサイ派と同じく神による終末的な救いを信奉していたが、ファリサイ派が神の一方的なこの世への介入を待望する姿勢だったのに対し、ゼロータイは神の働きに呼応して自分たちも積極的に社会変革に参与することを主張し、暴力的な手段を用いることも厭わなかった。

　エッセネ派という宗派は聖書にはまったく記録されていないが、イエスの時代に存在したことが知られている。この集団はエルサレム神殿から分離した一部の祭司が生み出したもので、一般社会から遠ざかって一種の修道院的な組織を形作っていた。1947年に死海の北西岸で発見された「**死海**

コラム②〜「終末思想」と「神の国」

　1世紀のユダヤ人社会において宗教的革新運動を担った人々の間に共通していたのが「**終末思想**」である。ユダヤ教の終末思想には「問題に満ちた現状の世界の終わり」と共に「神によって始まる理想的な新しい世界」の双方が含まれている。「**神の国／神の支配**」という思想もこうした「終末の到来」とほぼ等しい意味を持つといえよう。しかし「終末がいつ・どのようにして実現するか」「誰が神の国の住人となりうるか」といったことについては、本文で紹介したユダヤ教のいろいろな宗派や集団によって異なる主張が存在していた。イエスのメッセージにおいても終末と神の国は重要な位置を占めているが、イエスもまたこれらの言葉に彼の独自の意味と解釈を盛りこんでいったのである。

文書」を残したクムラン共同体をエッセネ派と同定する研究者も多い。この集団も強い終末の意識を持ち、独自の信仰生活を守りながら律法の遵守、とりわけ祭儀と清めに関する規定の遵守を重んじた。

　1世紀にはこれらの諸宗派に加えて、サマリア地方に居住したサマリア人の集団と宗教（ユダヤ教と共通性が高いものの律法の一部が異なり、また独自の神殿を保有していた）、典型的な黙示思想書であるエノク書を生み出したエノク・グループ、旧約聖書の後期の時代の伝統である「知恵」伝承を受け継いだ人々、さらに預言者の伝統やメシア思想を受け継ぎながら人々を扇動した宗教的活動家など、多様な集団と運動が存在していたと考えられている。

（3）イエス・キリスト

〔イエスの思想〕

　イエスは紀元前4年頃に生まれたとされる。出身地はパレスチナ北部のガリラヤ地方であり、父はヨセフ、母はマリア、また弟妹が複数存在していた。父親の仕事は大工（木工職人）であり、イエスもその仕事を継いだと思われる。イエスは「およそ三十歳」（ルカ3：23）の頃、ユダヤ教の刷新を唱えていたバプテスマのヨハネの運動に参加し、その後、さらに独自の活動を繰り広げるようになっていった。

　バプテスマのヨハネは1世紀の社会状況のもとで強い終末意識に基づいて神の国の接近を説き、それに対する個々人の応答と決断を求める洗礼運動を創始して多くの人々を惹きつけた人物である。ヨハネは神を正義の神として理解しており、神が現在の悪しき世界とその住民たちを裁き滅ぼすために「燃え尽くす火」として到来することを説いた。彼はさらに、そうした終末の到来を前にして、人々に「悔い改め」を迫り、そのしるしとして**洗礼**（バプテスマ）を受けること、そして禁欲的な倫理に生きることを提

唱した。

　当初、イエスもこうしたヨハネのメッセージに共感し、一定期間にわたって彼の弟子という立場にとどまっていたと思われる。研究者の中には、イエスのメッセージにみられる強い終末意識や「神の国／神の支配」の切迫、また「悔い改め」の要求などの思想は、バプテスマのヨハネの影響を受けていると説く者もいる。イエスがヨハネから離れていった時期は不明だが、その後の両者の相違と特徴は、それぞれが発信したメッセージの内容だけでなく、その内容と関連した活動パターンの違いにもはっきりと示されている。

　メッセージについていえば、まず神の本質の理解というもっとも重要な点において、両者は異なっていた。神を峻厳な怒りに満ちた審判者として描き出すヨハネと対照的に、イエスは神を慈愛に満ちた父親のような存在として理解し、すべての人間がその恵みと憐れみによって受容されることを強調した。イエスはこうした神のイメージを日常的な人間関係や自然界の出来事のたとえを通して語っている。よく知られている彼の教えのいくつかを挙げてみよう。

　　「烏のことを考えてみなさい。種も蒔かず、刈り入れもせず、納屋も倉も持たない。だが、神は烏を養ってくださる。あなたがたは、烏よりもどれほど価値があることか。(中略) 野原の花がどのように育つかを考えてみなさい。働きもせず紡ぎもしない。しかし、言っておく。栄華を極めたソロモンでさえ、この花の一つほどにも着飾ってはいなかった。今日は野にあって、明日は炉に投げ込まれる草でさえ、神はこのように装ってくださる。まして、あなたがたにはなおさらのことである。(中略) あなたがたの父は、これらのものがあなたがたに必要なことをご存じである。ただ、神の国を求めなさい。」

　　　　　　　　　　　　　　　　　　　　　　　　　　　(ルカ12：24〜31)

「敵を愛し、自分を迫害する者のために祈りなさい。あなたがたの天の父の子となるためである。父は悪人にも善人にも太陽を昇らせ、正しい者にも正しくない者にも雨を降らせてくださるからである。」　　　　（マタイ5：45）

「あなたがたのだれが、パンを欲しがる自分の子供に、石を与えるだろうか。魚を欲しがるのに、蛇を与えるだろうか。このように、あなたがたは悪い者でありながらも、自分の子供には良い物を与えることを知っている。まして、あなたがたの天の父は、求める者に良い物をくださるにちがいない。」　　　　（マタイ7：9～11）

　こうした恵み深い神の到来がイエスにとっての終末であり、その時が間近に迫っている。悪しき力はこの神によって打ち破られ、新たな時代が始まろうとしている。この決定的な時を前にして人間に求められるのは、このような神の恵みと憐れみに応えて新たな生き方へと転じることである（「悔い改め」）。そしてこの新たな生き方こそ「神への愛」と「隣人への愛」にほかならない。イエスはある律法学者の「どの掟が第一のものか」という問いに次のように答えた。

「第一の掟は、これである。『イスラエルよ、聞け、わたしたちの神である主は、唯一の主である。心を尽くし、精神を尽くし、思いを尽くし、力を尽くして、あなたの神である主を愛しなさい。』〔申命記6：4〕第二の掟は、これである。『隣人を自分のように愛しなさい。』〔レビ記19：18〕この二つにまさる掟はほかにない。」　　　　（マルコ12：29～31）

　イエスはここで旧約聖書に記されていたふたつの律法の言葉をひとつに結びつけ、**神への愛**（信仰）と**人間同士の愛**（隣人愛）を互いに不可分のものとして位置づけている。それはキリスト教における信仰と倫理の基本的

な枠組みとなった。

〔イエスの活動〕

イエスはこうしたメッセージを携えて彼の宣教活動を展開した。宣教の場とスタイルという面から見ると、バプテスマのヨハネの活動がヨルダン川流域に留まり、やって来る人々を待つという受動的な姿勢だったのに対し、イエスは自分から各地をめぐり歩き、積極的に人々の生活の場へ入りこんでいった。こうした彼の行動はイエス自身が語った教えの中に登場する「失われた羊を探し求める羊飼い」の姿を彷彿とさせる。

> 「あなたがたの中に、百匹の羊を持っている人がいて、その一匹を見失ったとすれば、九十九匹を野原に残して、見失った一匹を見つけ出すまで捜し回らないだろうか。そして、見つけたら、喜んでその羊を担いで、家に帰り、友達や近所の人々を呼び集めて、『見失った羊を見つけたので、一緒に喜んでください』と言うであろう。」
>
> (ルカ15：4〜6)

この羊飼いのように、イスラエルの民を神のもとに連れ戻す「良き羊飼い」(ヨハネ10：11) としてイエスは活動する。その働きの内容は、すでに記したような数々のたとえ話を含む言葉による宣教であり、またそれと並ぶ奇跡や共食という行動による宣教であった。

福音書にはイエスが行ったとされる数々の**奇跡**が記されているが、もっとも重要なものは悪霊払いと病気の治癒であった。ユダヤ人社会に限らず古代世界では奇跡執行者の伝承は数多く残されており、とりわけイエスが活躍したガリラヤ地方は多くの著名な奇跡執行者を輩出した土地として知られていた。人々は心身の病気や障がいからの救いを宗教者たちに求め、また宗教者たちも祈りや呪術的な方法を含むいろいろなやり方を通じてこうした求めに応答していった。イエスが実際にどのような奇跡を行ったの

かを厳密に確認することはできないが、少なくとも同時代の人々から見て「奇跡的に見える行為」を行ったことは否定できない。福音書の中には、イエスに敵対した人々が「（イエスは）悪霊の力で悪霊を追い出している」（マルコ3：22）と批判したという記事が残されているが、敵対者によるこうした発言はイエスがなんらかの奇跡的行為を行ったことを示す有力な証言であるといえるだろう。イエス自身はこうした奇跡を、神の力が彼を通して発現する出来事であり、それを到来しつつある神の国のしるしとして理解していたようである（ルカ11：20）。

　もうひとつの宣教行動である**共食**とは、イエスが不特定の人々と食事を共にしたことを意味している。そうした共食の対象の中には、ユダヤ人社会において「**汚れた人**」や「**罪人**」として差別されていた人々も含まれていた。1世紀のユダヤ教では祭儀的な清浄と汚れの問題が重要視されており、イエスもこの問題をめぐって律法学者たちと論争を繰り返している。また律法を遵守しない（遵守できない）ことによって生じる罪の問題も大きな問題であった。ユダヤ人社会において、汚れや罪はたんに観念的なことがらや個人的な問題にとどまるものではなく、共同体全体の秩序と安全を脅かしかねない問題とみなされていたために、これらの人々の存在は公的な非難の対象となり、社会的関係から排除・隔離されることもあった。食事はこのような清浄と汚れの問題、そして人々の関係がもっとも日常的かつ頻繁にあらわになる場であった。イエスは無差別平等の共食という行動を通して、恵みと憐れみに富む神というメッセージ、そして隣人愛のメッセージを可視化し実践したのである。しかし福音書には、ファリサイ派などの中にこうしたイエスの行動を激しく非難する人々がいたこと、またイエスを「大食漢で大酒飲み」「徴税人や罪人の仲間だ」（マタイ11：19、ルカ7：34）と罵倒する人々がいたことも伝えられている。

　やがてイエスの周辺に弟子と呼ばれる人々が集まるようになり、イエスはこれらの弟子たちと共におもにガリラヤ地方で宣教活動を繰り広げて

いった。近年の研究では、こうしたイエスの弟子の中には女性も含まれていた可能性が高いことが指摘されている。これは男性中心主義のユダヤ人社会にあってきわめて異例なことであり、このような男女を含む弟子集団の存在そのものがイエスのメッセージを体現するものであったと考えることもできるだろう。

〔イエスの死と復活〕

イエスの活動が1世紀前半のユダヤ人社会にどのような反響を呼び起こしたかを確言することは難しい。福音書は短時日のうちに多くの人々がイエスの活動に賛同し、その仲間に加わったように記しているが、聖書の研究者たちの中にはガリラヤにおける活動はさしたる成果を挙げるにいたらなかったのではないかと考える者もいる。他方、こうしたイエスの活動が当時のユダヤ人社会の中で一定の人々や集団からの反発や攻撃の対象となったことは、歴史的事実であったと思われる。

すでに見てきたように、ユダヤ人は、バビロン捕囚期以来の外国からの支配のもとで、「神に選ばれた民」「契約の民」という宗教的な自覚と誇りに根ざして、彼らのアイデンティティとコミュニティを形成し維持することに努めてきた。神殿の祭儀や律法の遵守を中心とする宗教的な理念や制度は、一方においてユダヤ人の独自性を際立たせ、外国人との差異を明確にする結果を生んだが、他方、それはユダヤ人社会の内部に緊張感を高め亀裂を生じさせることにもなった。すなわち独自の慣習や制度を厳守することを求めれば求めるほど、その環境や職業のゆえにそうした規範から落ちこぼれざるをえない人々が生まれ、また先述した「汚れた人」や「罪人」の存在がクローズアップされることにもなったからである。

イエスの活動は、ある面から見れば、このような緊張感の高まりの中で生じた社会の分断と差別を克服し和解をもたらそうとする活動であったといえるだろう。イエスが行ったことはユダヤ教という宗教の改革運動であ

コラム③〜「イエス・キリスト」という名前

　キリスト教の開祖はイエス・キリストである。「**イエス**」は彼の固有名であり、ヘブライ語では「イェシュア」あるいは「イェホーシュア」と発音され、「ヤハウェ（神）は救いである」を意味する。これが新約聖書におけるギリシア語では「イエスース」と表記されるようになった。他方、「**キリスト**」はヘブライ語の「マーシアハ／メシア」、そしてギリシア語の「クリストゥス」に対応する言葉であり、もともとは「油を注がれた者」（王や祭司に対する任職の儀式）を意味したが、後に「救い主」を意味する言葉に転じた。つまり、「イエス・キリスト」という名称は「イエスは救い主である」という意味であり、初期のキリスト教徒が生み出したもっとも簡潔な信仰告白であったといえるだろう。なお日本語では「イエス・キリスト」がもっともよく知られている訳語であるが、カトリック教会ではかつては「イエズス」と表記されていた。また東方教会系の日本ハリストス正教会では「イイスス・ハリストス」を用いている。

ると同時に、祭政一致を前提とする当時にあっては、ユダヤ人社会そのものの変革を提起する運動でもあった。

　しかし当時のユダヤ教の指導者たち、とりわけファリサイ派のような立場の人々からすれば、そのようなイエスの姿がユダヤ教の伝統を否定し、社会を破壊するものに見えたとしても不思議ではなかった。福音書の中にはイエスとファリサイ派の人々がしばしば論争を繰り広げたことが記録されている。

　紀元30年頃、イエスは活動拠点であったガリラヤを離れ、ユダヤ人にとって重要な意味をもつ「ダビデの町」、すなわち唯一の神殿所在地であるエルサレムに向かった。それは春の大祭である過越祭の時期であった。この祭りはかつてエジプトで奴隷であったユダヤ人が神によって解放された出来事を想起するユダヤ教最大の祭りである。この祭りの時期にイエスは大祭司を含むサドカイ派を中心とする勢力によって捕らえられ、十字架

刑によって処刑された。

　イエスが処刑された理由は明らかではない。おそらく先述したファリサイ派などとの宗教的論争が原因であったというよりは、イエスがエルサレム神殿に対して行ったあからさまな批判（マルコ11：15〜18）が大祭司やサドカイ派の人々を刺激し、イエスの逮捕と裁判の引き金になったと思われる。イエスはまずサンヘドリンにおける裁判において、神を冒瀆したという理由で告発され死刑を宣告された。その後、イエスの身柄はローマ総督ポンテオ・ピラトに引き渡され、彼の命令によって死刑が執行された。

　イエスが**十字架刑**という方法で処刑されたことは、彼の行動がローマ帝国に対する反抗・反逆とみなされたことを意味する。十字架刑は国家への反逆や主人に反抗した奴隷に対して適用された方法であり、もっとも残酷であると同時に見せしめ的な効果をねらった処刑法であった。ローマ総督がイエスの活動の実態をどこまで明確に把握していたか分からないが、その主張や目的がなんであれ、徒党を組んでなんらかの活動すること自体が支配者にとっては警戒すべきことであり、彼らにとっての秩序と安寧を守るためにも早めに処理すべき対象とみなされたのであろう。いずれにせよイエスの処刑は、大祭司やサドカイ派にとってもまたローマ総督にとっても、共通の利害に関わる結果だったのである。

　イエスの処刑は金曜日の朝に行われ、同日中に絶命したと伝えられている。通常、十字架で処刑された遺体は取り捨てられるのがつねであったが、イエスの場合、その遺体は墓に埋葬されたと伝えられている。福音書によれば、翌日の安息日をはさんで三日目にイエスは**復活**したという。ただし正確にいえば、福音書にはイエスの復活という現象そのものは記されておらず、イエスの遺体が墓に見あたらなかったという報告（「空虚な墓」）、復活したイエスが弟子たちに姿を現したこと（「復活顕現」）、そして弟子たちに対してイエスの活動を継承するように命じたこと（「宣教命令」）が複数の記事として伝えられている。

　研究者の中には復活とは弟子たちの幻視・幻聴の体験だったと説明する者もあるが、それがたとえなんであったにせよ、弟子たちがイエスの復活を信じたこと、そしてそこから最初期のキリスト教が成立していったということは歴史的な事実である。

　弟子たちの理解によれば、イエスの復活とは「神がイエスを復活させた」という出来事であり、すなわちそれは神が（ローマ総督やユダヤ教の指導者たちではなく）イエスとその活動を肯定したしるしであると解釈された。さらにまたイエスの復活は彼らが待望していた終末の始まり、神の国の到来を証しする出来事として受けとめられた。

　他方、イエスが十字架で処刑されたことについても、罪なき神の子がすべての人間の罪を肩代わりして犠牲となった「贖罪の死」であるという説明が、初期教会によってなされていった。

　このようなイエスの復活と十字架に対する神学的解釈を経て、弟子たちは生前のイエスのメッセージを受けとめなおし、イエスの始めた活動を新たに継承していくこととなったのである。

〔第1章の主な参考文献〕

荒井献『イエス・キリスト』（講談社、1979年）

大貫隆『イエスという経験』（岩波現代文庫、2014年）

Ｊ・Ｄ・クロッサン『イエス』（新教出版社、1998年）

越川弘英『旧約聖書の学び』（キリスト新聞社、2014年）

越川弘英『新約聖書の学び』（キリスト新聞社、2016年）

佐藤研『聖書時代史　新約篇』（岩波現代文庫、2003年）

田川建三『イエスという男』（作品社、2004年）

Ｇ・タイセン『イエス運動の社会学』（ヨルダン社、1981年）

Ｊ・Ｈ・チャールズワース『これだけは知っておきたい史的イエス』（教文館、2012年）

M・ノート『イスラエル史』（日本基督教団出版局、1983年）

樋口進『よくわかる旧約聖書の歴史』（日本基督教団出版局、2001年）

山我哲雄『聖書時代史　旧約篇』（岩波現代文庫、2003年）

山口雅弘『よくわかる新約聖書の世界と歴史』（日本基督教団出版局、2005年）

第2章　キリスト教の成立と展開

　本章では1世紀後半から2世紀初頭における最初期のキリスト教の歩みを概観する。ユダヤ教の一派として誕生したキリスト教はこの時代にローマ帝国各地に広まっていった。最初期のキリスト教の思想と宣教に大きな影響を及ぼした人物としてパウロを取りあげ、さらにユダヤ戦争を契機として生じたユダヤ教とキリスト教の分離についても概説する。

（1）キリスト教の成立

〔エルサレム教会の誕生と成長〕

　最初期のキリスト教の活動を記した使徒言行録によれば、イエスの復活の後、弟子たちはエルサレムに留まり、最初のキリスト教会を形成したと伝えられている。イエス自身もそうだったように、この集団もまたみずからをユダヤ教の枠内にある存在（ユダヤ教の「ナザレ派」）として認識していた。後述するようにキリスト教が独自の宗教としてユダヤ教から完全に分離するのは1世紀末以降のことであるが、便宜上、本章では最初から「キリスト教」という名称を用いることにする。

　初期のキリスト教徒たちは、イエスを神によってこの世に遣わされた「メシア／キリスト」であると理解した。弟子たちはイエスのメッセージや活動を継承しただけでなく、さらに**イエス・キリスト**という存在そのものを決定的な神の救いのしるしとして受け入れ、**福音**と呼ばれるキリスト教の宣教内容の中心に位置づけていった。

　最初期のキリスト教会は、復活の後、イエスは昇天して神のもとにいると信じ、さらにイエスがまもなくふたたび地上に戻ってくること（再臨）を期待して、エルサレムに留まっていたようである。しかし使徒言行録によれば、そこで生じたのはイエスの再臨ではなく**聖霊の降臨**という出来事

であった。

> 「突然、激しい風が吹いて来るような音が天から聞こえ、彼らが座って
> いた家中に響いた。そして、炎のような舌が分かれ分かれに現れ、一人一
> 人の上にとどまった。すると、一同は聖霊に満たされ、〝霊〟が語らせる
> ままに、ほかの国々の言葉で話しだした。」
>
> （使徒2：2〜4）

　このような体験を経て、弟子たちは外部の人々に向かってキリスト教の
福音を公然と発信しはじめたと伝えられている。使徒言行録は初期教会の
様子を次のように記している。

> 「すべての人に恐れが生じた。使徒たちによって多くの不思議な業としる
> しが行われていたのである。信者たちは皆一つになって、すべての物を
> 共有にし、財産や持ち物を売り、おのおのの必要に応じて、皆がそれを分
> け合った。そして、毎日ひたすら心を一つにして神殿に参り、家ごとに集
> まってパンを裂き、喜びと真心をもって一緒に食事をし、神を賛美してい
> たので、民衆全体から好意を寄せられた。こうして、主は救われる人々を
> 日々仲間に加え一つにされたのである。」
>
> （使徒2：43〜47）

　ここから推測される最初期の教会の姿は、財産の共有を含む集団生活と
いうものであり、人々は信者の家（「家の教会」）に集まって**パン裂き**（後の
聖餐）を行い、食事を兼ねた礼拝をまもると共に、ユダヤ教の神殿礼拝に
も参加していたということである。この記述からはキリスト教独自の礼拝
がいつ行われていたのか分からないが、おそらくかなり早い時点から、イ
エスの復活を記念して**「主日／主の日」**（日曜日）に行われるようになって
いたと思われる。
　使徒言行録のこの部分には、弟子たちもイエスと同じように奇跡（「不

思議な業としるし」）を行ったことが記されている。この記述のすぐ後には、神殿の門において弟子のひとりであるペトロが「足の不自由な男」を癒したというエピソードが記されており、それにつづいてペトロが民衆を前にメッセージを語る場面が描かれている。

　初期教会が周囲の人々からどのような目で見られていたかという点は慎重に検討する必要がある。使徒言行録は「（教会は）民衆全体から好意を寄せられた」と記しているが、サンヘドリンとローマ総督の決定によって処刑された人物（イエス）を救い主と仰ぐ集団に対して胡散臭さや嫌悪感を抱く人々が皆無だったとは思われない。事実、使徒言行録の他の箇所ではペトロをはじめとする初期教会の指導者たちに対する非難や迫害がしばしば記録されており、エルサレムにおけるキリスト教徒の立場は不安定なものだったと考えるべきであろう。

　エルサレムの教会を指導していたのは、最初は**ペトロ**や**ヨハネ**などのイエスの直弟子たちであったが、後にはイエスの兄弟である**「義人ヤコブ」**（使徒12：17、15：13）が衆望を集めるようになっていった。パウロは彼の書簡の中で、これら３人をエルサレム教会の「柱と目されるおもだった人たち」（ガラテヤ2：9）と記している。

〔初期教会の宣教～ユダヤ人から異邦人へ〕

　生まれたばかりのキリスト教は当初から外部の世界に対する積極的な宣教意欲に燃えていた。なぜならイエスの宣教もそうであったように、「最初期の教会は、この世界に迫りつつある終末までの時は、きわめて短いという切迫感（マタイ一〇・二三参照）、あるいは世界伝道は終末が来る前に、達成しなければならないという切迫感のもとにあった（マタイ二四・一四）」（N・ブロックス『古代教会史』32頁）からである。

　初期教会の宣教を考える上で重要なのは、最初に「ヘブライ語を話すユダヤ人」（**ヘブライオイ**）の間で始まったこの運動が、次に「ギリシア語

を話すユダヤ人」（**ヘレニスタイ**、ヘレニスト・ユダヤ人）に伝えられ、さらに後者を媒介として「**異邦人**」（外国人）に伝えられていったという点である。「ヘブライ語を話すユダヤ人」とはパレスチナに居住してユダヤ人社会の風俗習慣に慣れ親しんだ人々のことで、イエスやその弟子たちもこの中に含まれる。他方、「ギリシア語を話すユダヤ人」とはディアスポラとしてローマ帝国各地に住んでいたユダヤ人のことであり、外国人の文化や生活習慣に触れあう機会の多い人々であった。これらの人々は過越祭などの大きな祭りの際に神殿を訪れたり、あるいは引退後にエルサレムに住みつく場合もあったという。ヘレニスタイは外国人との頻繁な接触の経験などから、パレスチナ土着のユダヤ人よりも、宗教的な戒律や祭儀に関して一般に開放的でリベラルな傾向をもっていた。おそらくヘレニスタイのそうした傾向が、厳格な律法遵守や神殿制度を批判したイエスや初期教会の宣教に対する親和性を感じさせることになったのであろう。

　先の使徒言行録の記述によれば、ペトロのようなヘブライオイの弟子たちは神殿の礼拝に参加するなど依然としてユダヤ教の慣習を受け入れていた面があるが、その後、むしろヘレニスタイの中からイエスの神殿に対する批判的態度を継承する弟子たちが登場してきた。そのひとりである**ステファノ**は公衆の面前でユダヤ教の伝統を批判したために人々の憤激を買い、サンヘドリンに引きだされ、さらに民衆のリンチ（「石打ち」）によって殺害された。そしてこれをきっかけに「大迫害」が生じ、多くのキリスト教徒（厳密にはヘレニスタイのキリスト教徒だけ？）がエルサレムから追放されることになった（使徒6〜8章）。

　しかしこの出来事はキリスト教がローマ帝国の各地に伝播していく契機ともなった。ヘレニスタイのひとりである**フィリポ**はエルサレムを去ってからサマリア地方で宣教し、さらにエチオピアの高官に洗礼を授けた後、地中海沿岸の町であるアゾトやカイサリアにまで赴いたと伝えられている（使徒8章）。また使徒言行録は「ステファノの事件をきっかけにして起こっ

た迫害のために散らされた人々は、フェニキア、キプロス、アンティオキアまで行った」(11：19) と記している。こうした地中海方面のほかに、内陸にあるダマスコ（ダマスカス）にもキリスト教徒の群れが生まれたことが記録されており（使徒9：1～22）、パレスチナ外のさまざまな土地にキリスト教が伝えられていったのである。

　使徒言行録の中には、こうした宣教に際してキリスト教が異邦人（外国人）にどのように受容されていったかを示唆する記述がいくつも残されている。まず覚えておくべきことはユダヤ人から異邦人へのキリスト教の宣教にあたって、当初、きわめて高いハードルが存在したという事実である。先の記述にあるフェニキアなどの地中海沿岸にまで達したヘレニスタイの場合にも、「（彼らは）ユダヤ人以外のだれにも御言葉を語らなかった」(使徒11：19) と記されている。またペトロが初めて異邦人のコルネリウスという人物に洗礼を授けることになった事例においても、それがいかに画期的な出来事であったかということが詳細に記録されている（使徒10章）。こうした異邦人への宣教という問題は、後述するパウロにとっても重大な課題となり、初期教会の性格を大きく変化させる契機となった。

　使徒言行録は、多くの異邦人がキリスト教に接するようになったきっかけとして、弟子たちが行った悪霊祓いや病気の治癒といった**奇跡**にしばしば言及している（8：6～8、14：8～9、16：16～18、19：11～12、28：8～9）。イエスの場合もそうであったように、初期キリスト教の宣教において奇跡はきわめて大きな位置を占めていた。研究者の中には、当時の地中海世界において、イエスはなによりもまず「治癒神」として知られるようになり、競合する他の神々に優る効能の施し手として人々を魅了していったと論じる人々もいる（山形孝夫『治癒神イエスの誕生』、E・S・フィオレンツァ『初期キリストの奇跡と宣教』など参照）。松本宣郎はこうした見解には一定の距離を置きながらも次のように記している。

　「現代よりもいっそう病気への恐怖とあきらめとが支配的な時代、霊的
なものの影響力が広く信じられていた以上、この種のできごとの記述をた
だの空想としたり合理化させた説明を加えることには慎重でなくてはなら
ない。アポロンの神託や医神アスクレピオスの癒しと同じように、キリス
ト教の使徒たちの奇跡も地中海市民にとってはげんに生じたこととうけと
められていたと考えるべきなのである。」(『ガリラヤからローマへ』50頁)

　また異邦人への宣教に関しては、ローマ帝国各地に存在したユダヤ人コ
ミュニティの組織と活動について考慮する必要がある。使徒言行録は、パ
ウロたちが宣教旅行の途上で新しい町に入ると、まず最初にユダヤ人の集
まる場所やシナゴーグを訪れ、ユダヤ人や異邦人の中から新たな信者を獲
得していったと伝えている (13:14〜48、14:1、16:11〜15、17:1〜4、10
〜13、18:4、19:8)。この時代はまだユダヤ教とキリスト教が未分離の状
態にあったので、パウロたちはシナゴーグにおける安息日の礼拝に参加し
てメッセージを語ることが許されていたのである。
　当時、各地のユダヤ人コミュニティの周辺には、使徒言行録が**「神を畏
れる者」**(10:2、13:26)と呼ぶ人々、すなわちユダヤ教に敬意や関心を抱
く異邦人たちが少なからず存在していた。これらの人々は長い歴史と伝統
を持つユダヤ教の教義や倫理、またユダヤ教徒同士の強固な連帯と相互扶
助の実践などに惹きつけられていたようである。しかし異邦人がユダヤ教
に改宗する場合、割礼という入信儀礼や律法遵守の規定が課せられ、さら
に自分が属している既存の社会集団や人間関係からの分離など、さまざま
な条件を乗り越える必要があった。ところが新たに出現した**「ユダヤ教ナ
ザレ派」**(キリスト教)ではこれらの諸条件を大幅に緩和もしくは不要とす
る立場をとっていた。ユダヤ教に親近感を抱いていた異邦人にとって、パ
ウロたちが宣べ伝えたキリスト教の信仰は新たな朗報として受け入れられ
たことであろう。こうして初期教会は、既存のユダヤ教のネットワークを

35

利用するかたちで異邦人キリスト教徒を生み出していったのである。

　しかし各地のユダヤ人コミュニティの側からすれば、そのような行動は
とんでもなく迷惑な出来事だったに違いない。実際、使徒言行録の中でも
初期のキリスト教徒たちのこうした行為に対して、ユダヤ人から繰り返し
激しい反発や攻撃が生じたことが記録されている。

　ともあれこのようにしてパレスチナに誕生したキリスト教は、1世紀の
半ばまではローマ帝国の東地中海地方の各地、シリア、小アジア、バル
カン半島、そして首都ローマにまで伝えられていった。

コラム④〜エルサレム以外の最初期の教会〜キリスト教の多様性

　本文では使徒言行録の記述に沿ってエルサレム教会から各地への宣教の展開
を概説したが、今日の研究者の多くは、最初期のキリスト教（会）が誕生したの
はエルサレムに限ったことではなく、イエスの生前の活動の場であったガリラ
ヤ地方にも別個の集団が形成されたり、あるいはまた特定の地域に限定される
ことなく活動を繰り広げた集団（「Q資料」と呼ばれるイエスの語録資料を残した集団？）
が存在したと考えている。これらの集団（教会）はそれぞれ独自のイエス理解を
持ち、また宣教活動を繰り広げていった。それはキリスト教という宗教が、イ
エスという共通の源泉に由来しながらも、当初から複線的な流れをもつ運動と
して始まったことを意味する。キリスト教の歴史はさまざまな信仰や思想が生
み出されていく歴史であり、数知れぬ多くの集団や教派が登場する歴史である
が、そうした多様性や多元性はそもそもこの宗教の出現した最初の時代から存
在していたのである。

（2）パウロの生涯と活動

〔パウロの出自と回心〕

　使徒言行録には最初期の宣教を担った存在として、すでに挙げたペト

ロやフィリポのほかにも、バルナバ（11：22～27、13：1以下、他）、アポロ（18：24以下）、プリスキラ（プリスカ）とアキラという夫婦（18：2、他）など、有名無名の多くの人々が登場する。初期教会においてはこのような多くの人々がそれぞれのキリスト教理解に立って多様な活動を繰り広げた。こうした宣教者のひとりとして、黎明期のキリスト教においてもっとも重要な位置を占めるようになった人物がパウロである。

パウロの履歴については使徒言行録の他にも彼自身の書いた書簡の中に数々の史料が残されている。それらをまとめてみると、彼はローマの属州であるキリキア州タルソス（小アジア南東部の町）出身のディアスポラ・ユダヤ人であった。ユダヤ人名は「サウロ」であるが、通常はローマ風の「パウロ」で通していたと思われ、彼の書簡にはサウロという言葉は出てこない（使徒言行録の著者は、キリスト教に回心するまではサウロ、それ以降はパウロというふうに使い分けている）。

パウロはフィリピ書3章5節で、「わたしは生まれて八日目に割礼を受け、イスラエルの民に属し、ベニヤミン族の出身で、ヘブライ人の中のヘブライ人です」と述べ、生粋のユダヤ人の出自であることを誇っており、これに続けて「律法に関してはファリサイ派の一員」であったと記している。パウロはヘレニスタイであったにもかかわらず（あるいはむしろそうだったからこそ？）、ユダヤ人としてのアイデンティティに強いこだわりをもち、熱心に律法を学んだ人物であった。生まれた年は不明だが、長じて後、エルサレムに赴き、高名な律法学者であったガマリエル1世のもとで学んだと伝えられている（使徒22：3）。使徒言行録によれば、ガマリエル1世はサンヘドリンにおいてキリスト教徒に対する扱いが問題となった時、比較的穏健な立場から発言した人物として描かれている（5：34～40）。

パウロはこのエルサレム滞在中に初めてキリスト教徒に出会ったと思われる。厳格な律法主義に立つファリサイ派のパウロからすれば、新奇な集団であるナザレ派の人々の主張、とくにその中のヘレニスタイがユダヤ教

の伝統や慣習を軽視したり批判する態度は許せるものではなかった。先述したステファノの処刑の際にはパウロもその場に居合わせたばかりでなく、「サウロは、ステファノの殺害に賛成していた」（使徒8：1）と記されている。パウロがキリスト教徒に対する執拗な迫害者として活動したことについては、彼自身が書簡の中で次のように認めている。「あなたがたは、わたしがかつてユダヤ教徒としてどのようにふるまっていたかを聞いています。わたしは、徹底的に神の教会を迫害し、滅ぼそうとしていました。」（ガラテヤ1：13、またフィリピ3：6、使徒8：3、9：1〜2も参照）

　ところがキリスト教の迫害者であったパウロはまもなく一転して熱心なキリスト教の宣教者に変わった。この**回心**の出来事は32〜33年頃に起こったと推測されている。使徒言行録はそのいきさつをパウロが幻の中でイエス・キリストと出会ったという劇的な物語として伝えているが（9：1〜22、他）、パウロ自身の残した書簡にはそうした記述は一切出てこない。パウロは先ほどのガラテヤ書の続きにおいて、「しかし、わたしを母の胎内にあるときから選び分け、恵みによって召してくださった神が、御心のままに、御子をわたしに示して、その福音を異邦人に告げ知らせるようにされた」（1：15〜16）と記しているだけである。この箇所で彼が強調しているのは、まず第1に神の恵みが直接的に彼に働きかけたという確信、第2にこの神の意志によって「御子／神の子」であるイエス・キリストがパウロに啓示されたという認識、そして第3にその結果としてパウロは異邦人に対する宣教の使命を与えられたという自覚である。

　第1の点に関していえば、人間の救いはただ神の一方的な恵みによるのであって、人間はただ神への絶対的な信頼によってこの救いを受け入れるのだという、**信仰義認論**に通じるものがある。

　第2の点で強調されているのは、パウロにおけるイエス・キリストとの出会いは人間的な仲介や伝達によるものではないということである。実際にはパウロはイエスについて周囲の人々から一定の知識や情報を事前に得

ていたと思われるが、少なくとも決定的な啓示は彼とイエスの間の直接無媒介の出会いによるものであったとパウロは主張する。

　不思議なのは、第3点において、こうしたパウロの回心体験がただちに（ユダヤ人同胞に対してではなく）外国人に対する宣教の責任という意識に結びついていったことである。換言すればパウロの回心は異邦人宣教への**召命**と表裏一体をなしていた。これについて、研究者の中には、パウロはファリサイ派の一員であった時から異邦人に対する宣教の使命を強く意識していた人物であり、回心の後、その方法が「律法による救済」から「福音による救済」へ移行したということであって、パウロの異邦人宣教に関する姿勢は一貫したものであったと考える人々もいる。

　聖書学者の佐竹明は、「要するにパウロの回心とは、神がキリストを通して律法主義からの自由という新しい事態を歴史の中に導入したという信仰的事実の受け入れであった」と記し、「その新しい事態が、それに即応する生き方への転換を彼に可能とし、またそれへと彼を促したのであった」と述べている（『使徒パウロ』80頁）。

〔宣教旅行と使徒会議〕

　パウロの回心はダマスコにおいて起こった。回心の後、彼はアラビアに向かい、さらにその後ふたたびダマスコに戻ったが、この間の消息は伝わっていない。ガラテヤ書には、「それから三年後、ケファ〔ペトロのこと〕と知り合いになろうとしてエルサレムに上り、（中略）ほかの使徒にはだれにも会わず、ただ主の兄弟ヤコブにだけ会いました」（1：18）と記されている。その後、パウロはバルナバという人物によってシリアの大都市アンティオキアにあった教会に招かれ、ここを拠点として本格的な異邦人宣教を開始した。アンティオキア教会はユダヤ人と異邦人が混在する有力な教会であり、この町で「弟子たちが初めてキリスト者と呼ばれるようになった」と使徒言行録は伝えている（11：26）。

　パウロはその生涯において３回にわたる長途の宣教旅行を行ったが、一説によればその全行程は１万５千キロに及んだという。最初の旅行では、パウロはアンティオキア教会から派遣されるかたちで、バルナバと共にキプロス島や小アジアの各地を訪れている（使徒15：30 ～ 35）。すでに記したように、パウロたちは悪霊祓いや治癒奇跡を行い、また各地のユダヤ人コミュニティのネットワークを活用しながら、ヘレニスタイばかりでなく異邦人の間からも信徒を獲得していった。しかしまたそうしたやり方に反発したユダヤ人によって、パウロたちは何度も町から追い出されたり暴行を

コラム⑤〜パウロの回心〜その心理分析の試み

　「パウロの回心」は「罪人が劇的な回心体験を経て信仰に目覚める物語」として後世の多くのキリスト教徒に大きな影響を及ぼしつづけてきた。今日でもこうした回心による「再生／新生」の体験を重んじる教派や教会は少なくない。その意味でパウロのこの経験は超歴史的で普遍性を有するプロトタイプ的な出来事であったといえよう。他方、パウロの経験を同時代の社会的宗教的環境の中に位置づけ、心理的観点から解釈する試みもしばしば行われてきた。ここではその一例として聖書学者の上村静の説を紹介しよう。上村によれば、パウロは極端な民族主義と律法主義に立ち、それらを基準とする他者との比較の上に成りたつ自己肯定感を得ていた人物だったという。しかしそれは絶えざる自助努力によって他者に対する優位を保ちつづけねばならない不安定な自己肯定にすぎなかった。初期キリスト教会が提起した「民族差別を無化する活動」（律法の相対化や異邦人の受容など）はパウロのこうした不安定を揺り動かすものであったために、彼はむきになって教会を否定した。しかし最後にパウロはそれまでの自らの過ちに気づき、「むしろ人は自らの努力によってではなく、ただ一方的に神によってすでに肯定されているのだということ、そのために神はキリストを遣わしたのだということを受け入れるにいたった」という。それが「自力救済」（律法主義）から「他力本願」（信仰義認）への転換であり、パウロの回心の本質だったというのである（『旧約聖書と新約聖書』221頁参照）。

受けることになった（13：44 〜 51、14：2 〜 6、19 〜 20）。

　この宣教旅行からパウロたちが帰還した後、「**エルサレムの使徒会議**」が開催された。48年頃に開催されたこの会議はその後のキリスト教の歩みをうらなう上できわめて重要な意味をもっていた。会議の主たるテーマは、異邦人への宣教においてユダヤ教的な伝統や慣習をどのように位置づけるかという点にあった。具体的にいえば、新たに教会に加わる異邦人に対して、ユダヤ教の入信儀礼であった割礼や律法の遵守を求めるべきか否かが問題となったのである。すなわち、異邦人がキリスト教徒になるためには、まずユダヤ教徒となり、次いでキリスト教徒になるという二段階の入信プロセスが必要なのか、それとも洗礼のみで十分なのかということが問われたのである。

　割礼や律法の遵守を求めるエルサレム教会の保守的なキリスト教徒たちとそれらを不要とするリベラルな立場に立つパウロやバルナバたちの間で討論が交わされた。その結果、パウロ書簡や使徒言行録によれば、異邦人には割礼や律法などのユダヤ教的な伝統や慣習を要求しないという共通の合意が形成されたと伝えられている（ガラテヤ2：9 〜 10、使徒15：1 〜 29参照）。

　しかしそれにもかかわらず、その後まもなくアンティオキア教会においてユダヤ人キリスト教徒と異邦人キリスト教徒の関係を分断するような事件が生じた。それまでこの教会では皆が「共同の食事」を守っていたにもかかわらず、エルサレム教会から「ある人々」がやって来たことで、彼らはこの習慣をやめてしまったというのである（ガラテヤ2：11 〜 14）。この「ある人々」とはユダヤ教の慣習を守ることを主張していた人々であったと思われる。ユダヤ人の習慣において食事を共にすることは宗教的な意味を持つものであり、彼らはアンティオキア教会のやり方を非難したのであろう。「ある人々」というのがエルサレム教会を代表する人々であったかどうかはわからないが、彼らの出現と主張がアンティオキア教会のユダヤ人キリスト教徒に大きな影響を及ぼしたことは明らかであった。

　聖書学者のE・トロクメは、こうした出来事と先の使徒会議で決められた異邦人キリスト教徒に対する取り扱いとの整合性について次のように推測している。すなわちエルサレム教会の人々は、たしかに異邦人に対してユダヤ教の伝統や慣習を強制しないとしても、「しかしだからといって、ユダヤ人キリスト教徒と異邦人出身の兄弟たちとが、全的な交わりにおいて生活することができるのではない。それぞれのグループは別々に共同体を形成しなければならない」（『キリスト教の揺籃期』106頁）と考えていたのだろうという。また一説によれば、ユダヤ人キリスト教徒たちのこうした態度には、当時、パレスチナのユダヤ人社会で高まりつつあった反ローマ的な雰囲気や民族主義的な気運が反映していたという理解もある。

　共同の食事はキリスト教徒の一致と交わりを表現する行為であり、ユダヤ人キリスト教徒と異邦人キリスト教徒が食卓を共にすることはひじょうに重要な意味をもっていた。それゆえにパウロは食事を別々にすることは信仰共同体の破綻を意味すると考え、このような事態に真っ向から反対する立場をとった。しかしバルナバも含めてアンティオキア教会のユダヤ人キリスト教徒たちは異邦人キリスト教徒との交わりを断つ方向に傾いていった。

　その結果、この事件をきっかけとしてパウロはアンティオキア教会と袂を分かち、独自の宣教活動を繰り広げることになった。「**異邦人の使徒**」を自認するパウロは同労のシラスやテモテらと共に第2回宣教旅行を行った。49年から数年間に及んだこの旅行で、パウロの一行は小アジアから海を渡ってマケドニアやギリシアを訪れ、フィリピ、テサロニケ、コリントなどの町に教会を設立した。パウロの宣教はまず大都市に力を集中し、そこで生まれた地元の教会と信徒たちにその周辺領域への宣教を委ねるというものであったようである。パウロは「天幕作り」によって自活したが（第1コリント9：1以下、第1テサロニケ2：9、使徒18：3参照）、時には教会からの金銭的な援助を受けることもあった（フィリピ4：10、16）。

　第 3 回宣教旅行は53年から始まり、パウロたちはふたたび小アジアを経てギリシア各地をめぐっている。この旅行の主な目的は先に設立した教会を再訪して問安すると共に、エルサレム教会への献金を集めることにあった。この献金は異邦人教会とユダヤ人教会の連帯を表すものであり、先の使徒会議においてパウロに課せられていた責任でもあった。パウロはユダヤ的伝統を異邦人に押しつけようとするエルサレム教会には批判的であったが、他方、ユダヤ人と異邦人がキリスト教徒としての一致と交わりを維持することを重んじ、そのために尽力したのである。この宣教旅行の間、パウロは数か月にわたってエフェソで投獄されたり、コリント教会内部の混乱に直面してその解決のために労苦した後、56年の春頃にエルサレムに向かった。

　当時のパレスチナは、王であったヘロデ・アグリッパ 1 世（ヘロデ大王の孫）が44年に急逝した後、ふたたびローマから派遣された総督による直接統治が行われるようになっていた。しかしこの時期に相次いで起こった天変地異や支配者の横暴などによってユダヤ人たちの間に不安と不満が生じ、ナショナリズムが高まると共にローマ帝国に対する反感が広がりつつあった。ユダヤ人社会のこうした不穏な状況は、パウロのように異邦人に寛容な立場をとろうとする者にとっては危険なものとならざるをえなかった。

　エルサレムに到着したパウロは、律法を否定し神殿をけがす者としてユダヤ教徒によって捕らえられ、激しい暴行を受けた。この騒動はローマ兵によって取り鎮められたが、パウロは総督の尋問を受け、その後、カイサリアで監禁されることになった。この時にパウロは自身が有していた「ローマ市民権」という特権を用いて皇帝に上訴したため、彼の裁判はローマで行われることになった。

　海路、パウロは帝国の首都に護送されたが、ローマ到着後の裁判の結果やその後の彼の生涯については聖書にはなにも伝えられていない。多くの研究者はおそらくパウロは60年代の初めにローマで処刑されたと考えて

いるが、他方、解放されて自由の身となりイスパニア（スペイン）にまで宣教したという伝承も残っている。

〔パウロの思想とその影響〕

　パウロは初期教会の神学者としても重要な位置を占めている。その思想を知るための第1次史料は彼の真筆と考えられている7つの**パウロ書簡**（ローマ書、第1コリント書、第2コリント書、ガラテヤ書、フィリピ書、第1テサロニケ書、フィレモン書）である。

　パウロはユダヤ教の基本的な神理解（「唯一神」「創造主」「歴史の導き手」「終末的な審判者であり救済者」など）を継承した上で、この神が終末においてすべての人間の救済者としてイエス・キリストを地上に遣わしたことを強調する。パウロの救済論の要点は、イエスが「神の子」また「主」であること、そのイエスが神から与えられた使命に対して「十字架の死」にいたるまで誠実・忠実であったこと、それゆえ神はイエスを「復活」させ、あらゆるものに優るものとして「天」に挙げられたのであり（「高挙」）、これによって人間を支配していた悪しき諸力（サタンやもろもろの霊力）は打ち破られ、終末的な救いが成就したということにある。

　パウロはまた、イエスの十字架の死は私たち人間の「罪」を贖う出来事であり、すべての人間は無償で神の前に「義」とされ、救われると主張した。このような「救い」は神の一方的な恵みとしてすべての人々に対して与えられるのであり、人はただ神への信仰・信頼によってこの救いにあずかるのである（「**信仰による義／信仰義認**」、ローマ3：21〜26、28、ガラテヤ2：16）。こうした「信仰による義」に対置されるのが「律法による義」であるが、パウロによれば、律法を守ることによって救われることはありえないという。ユダヤ教（ことにファリサイ派）が強調する律法の役割はただ人間の罪をあらわに示すことであって、律法自体が人を救いにいたらせる手段ではない。すなわちパウロは、律法は信仰による救いの前段階に位置づ

けられる準備的なものに過ぎないというのである。

　さて神による終末的な救いはイエス・キリストにおいて始まったが、それはまだ完成したわけではなく、人は「すでに始まった救いの時」（過去）と「やがてそれが成就する時」（未来）の「中間の時」を生きている。終末の成就はイエス・キリストの「再臨」という出来事と結びつけて考えられており、当初、パウロは彼の生存中に再臨が起こることを期待していたようである（第1テサロニケ4：15〜17）。

　またパウロは、**「教会」（エクレシア）** はキリストを信じる人々から成る「キリストの体」であると説く。キリスト教徒はキリストを中心とする交わりにあずかり、キリストによって示された倫理を守り、キリストの再臨を待ち望みつつ生きる群れであり、そこには民族や身分や性などによる差別は一切存在しない（ガラテヤ3：28）。パウロが複数の書簡の中で記している具体的な倫理項目の多くは同時代の一般的な徳目と共通するものが多いが、第1コリント書の中には**「愛」（アガペー）** についての教えが「最高の道」として次のように記されている。

　　　「愛は忍耐強い。愛は情け深い。ねたまない。愛は自慢せず、高ぶらない。
　　　礼を失せず、自分の利益を求めず、いらだたず、恨みを抱かない。不義を
　　　喜ばず、真実を喜ぶ。すべてを忍び、すべてを信じ、すべてを望み、すべ
　　　てに耐える。」「愛は決して滅びない。」

（13：4〜8）

　パウロの思想はその後のキリスト教会の信仰と歴史の上に大きな影響を及ぼすことになった。ことに異邦人教会の形成と発展に際して、ユダヤ人キリスト教徒の律法主義的なキリスト教理解に対抗する上で、パウロの神学は重要な役割を果たしたと考えられる。

　新約聖書の中にはパウロの思想を受け継いだ**第2パウロ書簡**と呼ばれる諸文書も含まれている（エフェソ書、コロサイ書、第2テサロニケ書、第1・第

2テモテ書、テトス書）。これらの文書の存在は初期教会において（少なくと
も一部の教会では）すでにパウロの権威が認められていたことを示すと共に、
パウロの思想をその時々の状況の中で再解釈していった人々がいたことを
証言している。

　ただしパウロとその系譜を継ぐ神学が初期キリスト教における唯一の神
学だったわけではない。新約聖書の中には、信仰義認の思想が実生活上の
倫理道徳を軽視させる結果につながることへの懸念から、むしろ行いの伴
わない信仰を批判し、人間の善行を強調する思想もあれば（ヤコブ書）、ユ
ダヤ教の祭儀的枠組みの中でイエスを「大祭司」として理解しようとする
思想（ヘブライ書）もある。また律法を肯定的に位置づけて評価する思想
（マタイ福音書）、天地創造から始まる全世界の救済の歴史という枠組みの中
でイエスと教会を理解する思想（ルカ福音書）、また観念的な救世主として
のイエスよりも差別され排除される人々と共に生きるイエスの姿に注目す

コラム⑥〜初期教会におけるパウロの位置づけ

　一般にパウロとその思想は初期教会の宣教や神学における第一人者の位置を
占めるものであると考えられている。しかし研究者の中には、1世紀後半の全
体的状況のもとで教会の中心を占めていたのはむしろユダヤ人キリスト教徒と
その活動であって、パウロ系のキリスト教は傍流の少数派にすぎなかったと考
える人もいる。たとえばE・トロクメの『キリスト教の揺籃期』によれば、60
年代にパウロが死去した後、彼の存在はほとんど忘れ去られようとしていたの
であり、彼の設立した教会がふたたび活力を取り戻し、彼の書簡の収集や第2
パウロ書簡の作成、そして異邦人への積極的な宣教が行われるようになるまで
には20年以上の時を要したという。その転機となったのがユダヤ戦争の敗北と
その後のユダヤ教の再建という出来事だったのである。すなわちこの混乱期に
それまで初期教会の主要な勢力だったユダヤ人キリスト教徒たちの中に大きな
動揺が生まれる一方、異邦人への宣教に力を注ぐパウロ系のキリスト教徒たち
の発言権が高まり、パウロの「再評価」につながっていったというのである。

る思想（マルコ福音書）など、実にさまざまな神学が存在することを忘れて
はならない。

（3）ユダヤ教とキリスト教の分離

〔ユダヤ戦争までの状況〕

　これまでに述べてきたように最初のキリスト教会は、イエスの死と復活
の後、エルサレムに誕生したが、その後の教会の歩みは決して平穏なもの
だったわけではない。41〜44年の間、パレスチナはヘロデ・アグリッパ
1世の統治のもとにあったが、彼はイエスの直弟子のひとりであったゼベ
ダイの子ヤコブを殺害し、さらにペトロにも迫害の手を伸ばした。この危
難を逃れたペトロは、その後、エルサレムを離れ、カイサリアやアンティ
オキア、ギリシア各地、そしておそらくローマにまで赴き、宣教者として
の働きを果たすことになった。伝承によれば、ペトロは64年の皇帝ネロ
による迫害でローマにおいて殉教したと伝えられている。その後のエルサ
レム教会の指導者となったのは、イエスの兄弟ヤコブであった。彼のもと
でこの教会は律法に忠実なユダヤ人キリスト教徒の教会としてつづいて
いった（使徒12：17、21：18、ガラテヤ2：11以下）。

　ヘロデ・アグリッパ1世の死後、ローマは総督を派遣してパレスチナを
統治させた。66年のユダヤ戦争の勃発までの間に7人の総督が送られて
きたが、いずれも短期間で交代している。たまたまローマ総督が空位期
間中であった62年に、大祭司アンナス2世はヤコブを律法違反の罪で捕
らえて処刑したと伝えられている（ヨセフス『ユダヤ古代誌』20：200）。この
ようにして初期のキリスト教会は60年代の半ばまでに、ペトロ、ヤコブ、
パウロなどの重要な指導者たちを次々に失うことになった。

　1世紀半ば以降、パレスチナ各地で預言者やメシアを名乗る人物が現れ
て反ローマ的な扇動を行った。また47〜48年には大規模な飢饉が発生し

て民心を大いに揺るがした。第3代総督クマヌスの時にはローマ兵がユダヤ教を冒瀆したために騒動が起こり、またユダヤ人とサマリア人の間の抗争が皇帝を巻きこんだ訴訟にまで発展するという事件も起こった。こうした状況のもとでゼロータイの活動がパレスチナ全土に拡大し、終末待望の雰囲気と相俟ってローマに対する武力闘争へ向かう流れが強まっていった。総督はこれらの運動を弾圧し、反抗する人間たちを十字架刑を含む残虐な方法で処罰した。しかしこうしたやり方に対してユダヤ人の側もますます反感や憎悪を高めていった。こうして、66年5月、総督フロルスがエルサレム神殿の財宝を強奪したことがきっかけとなってついに**第1次ユダヤ戦争**が勃発したのである。

〔ユダヤ戦争とその後の展開〕

　4年間にわたる戦いの後、ローマ帝国の勝利によってユダヤ戦争が終結した時、パレスチナ各地は荒廃し、エルサレム神殿は破壊され、ユダヤ人社会は壊滅的な危機に瀕することになった。こうした事態に直面して、ユダヤ教とユダヤ人社会の再建を担うことになったのが律法学者を中心とするファリサイ派の勢力であった。指導的なラビのひとりであるヨハナン・ベン・ザカイはエルサレム西方の沿岸地方にあったヤムニア（ヤブネ）という町にユダヤ教の教育施設とサンヘドリンを設立した。戦争の結果、ユダヤ教の他の諸宗派（サドカイ派、エッセネ派、ゼロータイ）は消滅したために、これ以降のユダヤ教は律法の遵守を重んじるファリサイ派が支配的な位置を占めることになった（「ラビ・ユダヤ教」）。

　ところでユダヤ戦争に際してエルサレムのキリスト教会はどのように対応したのだろうか。古代の教会史家である**エウセビオス**は、キリスト教徒たちはヨルダン川東方のペラという町に移り、ヤコブの後継者としてイエスの従兄弟クロパスの子シメオンという人物が選ばれたと伝えている（『教会史』Ⅲ、5：3）。しかしユダヤ戦争の後になると、この教会はかつてのよ

うな各地に散在するキリスト教会に対する影響力を失っていった。総じてこの時期のキリスト教会は有力な指導者の欠如や全体的な秩序の喪失によって厳しい状態に置かれていたといえるだろう。

90年代にガマリエル2世を中心とするユダヤ教の重要な会議がヤムニアで開催された。この会議において旧約聖書に含まれる正典のリストが決定された。またシナゴーグ礼拝で唱えられていた「18の祈願／18の祝福」（シェモネ・エスレ）の中に、新たに「異端者たち」（ミニム）に対する呪いの祈願が加えられたが、その異端の中には「ナザレ派」（キリスト教徒）も含まれていた。そしてユダヤ人キリスト教徒に対しては、ユダヤ教に復帰するか、あるいはキリスト教徒としてユダヤ人共同体から去るかという二者択一が迫られることになった。

このような強い締めつけは、危機的状況にあったユダヤ教とユダヤ人社会がみずからのアイデンティティを明確化し、コミュニティの結束と存続をはかるためにはやむをえない選択であったといえるかもしれない。しかしこれによってユダヤ教は閉鎖的な民族宗教に向かう道へ踏み出し、他方、キリスト教はユダヤ教から排除されるかたちで独自の宗教として歩み始めることになった。E・トロクメが記すように、「キリスト教は、三世代から四世代の間、ユダヤ教という保護の枠内で成長したあと、この枠から出て、それ以降は、自分の周りの世界に単独で立ち向かうことにな（った）」のである（『キリスト教の揺籃期』234頁）。

132年、ローマに対するユダヤ人の最後の反抗として**第2次ユダヤ戦争**（**バル・コクバの乱**）が起こった。この戦いも135年夏に最後の要塞ベタルが陥落したことでローマの勝利に終わった。またメシアとみなされた**バル・コクバ**（「星の子」の意／本名シメオン・バル・コスィバ）の戦死によって、ユダヤ教におけるメシア思想は最終的に放棄されることになった。

この戦争の結果、多くの犠牲者が出ただけでなく、エルサレムは「アエリア・カピトリーナ」と改称され、ユダヤ人はこの町に足を踏みいれるこ

コラム⑦〜テクラ〜初期教会における女性指導者の伝承

　近年のフェミニズム神学者たちの研究は、これまでほとんど知られていなかった初期教会における女性の指導者の存在と活動についてさまざまな光をあてるという成果を生んできた（E・S・フィオレンツァ『彼女を記念して』、山口里子『マルタとマリア』など参照）。そうした女性たちの活躍は正典である新約聖書よりも、そこに含まれない外典の諸文書の中に残されている場合が多い。そうした外典のひとつに2世紀末に小アジアで執筆されたと考えられる『テクラ行伝』（『パウロ行伝』または『パウロとテクラの行伝』）がある。そこではテクラという女性がパウロの言葉によって信仰に目覚め、迫害と苦難の後にみずからも宣教者として働くようになる姿が描かれている。

　テクラという女性の歴史上の実在については否定的な意見が多いのだが、研究者の中にはこうした伝承の背後には初期教会の女性たちの働きが横たわっていると考える人々もいる。2世紀半ば以降になると多くの教会では性別による地位や役割の分化、そして父権制的な秩序が生まれていくことになるが、一説によれば、テクラにまつわる伝承はそれとは異なる初期キリスト教の潮流の存在を示唆しているという。いわゆる「正統派」のキリスト教指導者の中には、3世紀の北アフリカの教父であったテルトゥリアヌスのように、テクラ的な女性の宣教活動を全否定する人物もいた。しかしテクラへの崇敬は小アジアを中心に数百年にわたって存続したことが知られている。とりわけ彼女が没したとされる小アジア南東部のセレウケイア近郊のハギア・テクラは古代末期における著名な巡礼地として知られ、5世紀には『聖テクラの生涯と奇跡』という詳細な史料も作成された。

　山田広明は、初期教会における女性の活躍について、その背後に性別を含む地上的な役割分担を無化する終末の到来とそれを祝う雰囲気があったのかもしれないと述べており、「多くの女性は家族から離れてイエスに従い、その後もテクラに象徴されるような単独で歩き教える女性宣教者の伝統は続いた。（中略）教会は男性指導層を中心に、このような独身女性修行者の自由な領域をできるだけ狭めようと努力していたようであるが、古代末期の間はその試みは貫徹しなかったようである」と記している（「古代キリスト教とジェンダー　テクラ信仰」、粟谷・松本編『ジェンダー史叢書7』39頁）。

とを禁じられた。サンヘドリンもヤムニアから戦火の少なかったガリラヤ地方のウーシャに移された。そしてキリスト教もまたその活動の場をパレスチナという限定された地域からローマ帝国の支配する地中海世界という広大な領域へ広げていくことになったのである。

〔第2章の主な参考文献〕

青野太潮『パウロ　十字架の使徒』（岩波新書、2016年）

上村静『旧約聖書と新約聖書』（新教出版社、2011年）

小河陽『パウロとペトロ』（講談社、2005年）

笠原義久『新約聖書入門』（新教出版社、2000年）

H・コンツェルマン『原始キリスト教史』（日本基督教団出版局、1999年）

佐竹明『使徒パウロ』（NHKブックス、1981年）

E・P・サンダース『パウロ』（教文館、1994年）

E・トロクメ『キリスト教の揺籃期』（新教出版社、1998年）

N・ブロックス『古代教会史』（教文館、1999年）

松本宣郎『ガリラヤからローマへ』（講談社学術文庫、2017年）

西方ラテン語地域

東方ギリシア語地域

（保坂高殿『多文化空間のなかの古代教会』教文館）

第3章　ローマ帝国とキリスト教（1）
キリスト教の拡大と迫害

　パレスチナで誕生したキリスト教はローマ帝国各地に広まっていった。キリスト教はなぜこの時代の人々に受け入れられたのだろうか。また、この時代はキリスト教に対する迫害の時代でもあった。なぜキリスト教徒は迫害されたのだろうか。そしてその実態はどういうものだったのだろうか。これらの点を中心に2～4世紀のキリスト教を考察する。

（1）ローマ帝国における宣教

〔キリスト教徒の増加〕

　初期のキリスト教はローマ帝国の東方領域を中心に広まっていった。1世紀後半には首都ローマやギリシアの諸都市にも教会が存在したことが知られており、2世紀の終わりまでにエジプト、イタリア、ガリア、ゲルマニア、ヒスパニア（スペイン）、北アフリカ一帯にキリスト教は進出し、さらにローマ帝国の東部国境を越えて東シリア、メソポタミア、アルメニアにも広がっていった。もっともキリスト教徒の人口がかなり後の時代になるまで帝国の東方に偏っていたことは明らかである。シリアから小アジアは1世紀後半からキリスト教の有力な地盤でありつづけたし、4世紀以降、5総大主教区の置かれた都市（ローマ、コンスタンティノポリス、アンティオキア、エルサレム、アレクサンドリア）のうち4つまでが東方領域に属していたという事実は、この地域が古代のキリスト教において占めていた重要性を反映している。

　4世紀初頭までには相当数のキリスト教徒が存在するようになったと考えられているが、この時期における信徒の人数を正確に把握するのは困難である。当時のローマ帝国の全人口を仮に6000万人とみなすならば、E・

ローマ帝国とキリスト教に関する略年表

（紀元前753年）	ローマ建国（？）
前27年	共和制から帝政（元首政）へ移行（初代皇帝アウグストゥス）
96～180年	「五賢帝」の時代（ネルウァ帝、トラヤヌス帝、ハドリアヌス帝、アントニヌス・ピウス帝、マルクス・アウレリウス帝）
235～284年	「軍人皇帝」の時代（「3世紀の危機」）
284年	皇帝ディオクレティアヌス、専制君主制へ移行
293年	ディオクレティアヌス、「四分治制」を導入
313年	皇帝コンスタンティヌス、キリスト教を公認（「ミラノ勅令」）
330年	コンスタンティヌス、首都をコンスタンティノポリスへ移す
392年	皇帝テオドシウス、キリスト教を国教化（「異教禁止令」）
395年	東西ローマへ分裂
476年	西ローマ帝国、滅亡
1453年	東ローマ帝国（ビザンツ帝国）滅亡

ギボンはその5パーセント（300万人）、E・R・グッドイナフは10パーセント（600万人）という数字を挙げ、L・V・ヘルトリンクは750万～1500万人、またC・マルクシースは4世紀半ばに30～40パーセントと推定しているが、定説といえるものはない。

　社会学者のR・スタークはキリスト教徒の増加に関する独自の算定方法を提案しており、それによると最初期のキリスト教徒の増加は微々たるものにすぎなかったという。スタークは、「信者の人口が、わたしの推定では180年にはじめて10万人台を突破したあたりから、ようやく彼らの存在の形跡が後世に残るようになったのではないだろうか」（『キリスト教とローマ帝国』21頁）と述べ、350年の時点でキリスト教徒が帝国人口の半分を占めていた可能性があると示唆している。古代末期のローマ帝国の研究で知られるP・ブラウンも、キリスト教徒が歴史に登場するようになるのは3

世紀以降のことであると考えている。

　キリスト教は農村部よりも都市部で多くの信徒を獲得していったと思われる。これは最初期の宣教が各地の都市に形成されていたディアスポラ・ユダヤ人のコミュニティに依拠する面が大きかったことにもよるが、後述するように、その他にも都市部において通用する言語上のメリットなどいくつかの理由があったと考えられる。

　ローマ帝国において新たにキリスト教を受け入れたのはどういう人々だったのだろうか。3世紀までは社会の上層に位置する元老院議員や騎士身分に属するようなキリスト教徒の存在はほとんど知られていない。この時期の信徒の大半は都市在住の中下層の人々が占めており、その中には奴隷も含まれていた。改宗者の中には高い教育を受けた人々も含まれており、それらの人々は外部に対してキリスト教の正当性をアピールする護教家・弁証家としても活躍した。

　松本宣郎は解放奴隷のキリスト教徒が早くから増加した可能性があることを指摘する。解放奴隷とは主人によって自由民としての地位を与えられた奴隷のことで、富裕な主人の奴隷だった者の中には、解放後、富裕な社会層の仲間入りをする場合もあったという。「彼らの多くは知的で伝統にとらわれることもない。また奴隷の出自ゆえに社会において安定した立場や当該共同体への帰属心を得にくかったかもしれない。その彼らだからこそキリスト教を受け容れやすかったのではないか、と主張する学者もいる。」(『キリスト教徒が生きたローマ帝国』31頁)

　外部の新しい人々に対する宣教と並んで重要だったのは、家族や近親者に対する宣教、すなわち親から子へという世代間の信仰の継承であった。**幼児洗礼**の起源は明らかではないが、すでに新約聖書の時代に行われていたとする説もある。文献上、幼児洗礼の実践が確認されるのは2世紀以降のことであり、教父テルトゥリアヌスは幼児洗礼を否定する論文を残している。いずれにしてもひとつの家族の中でキリスト教信仰を伝えるという

方法は最初期のキリスト教におけるもっとも堅実な宣教方法となっていった。

　一般に古代世界では人口比においても社会的身分においても男性が優位を占めていたにもかかわらず、初期のキリスト教会では女性の数的比率が高かったことが知られている。その理由としては、少なくとも最初期の教会においては男女の性的な平等性が高かったこと、寡婦への扶助が行われていたこと、教会内に女性の担当する特定の職務が存在したことなどが考えられる。女性の信徒が家庭内で異教徒の夫を改宗させたり、子どもたちに信仰を伝えるということも起こったと思われる。また当時の社会では子捨てや子殺しが頻繁に行われていたが、キリスト教徒は信仰上の理由から中絶や間引きを拒否したために自然と子だくさんになる傾向があった。このような子捨てや子殺しは女児を対象とすることが多かったために、そうしたことを行わなかったキリスト教徒の家庭では結果的に一般社会と比較して女性の割合が高くなったとする説もある。

［キリスト教がローマ帝国に広まった**客観的な条件**］

　キリスト教はなぜ古代のローマ帝国において急速に多くの信徒を獲得することに成功したのだろうか。ここではまずキリスト教の宣教に有利に作用した客観的条件として3つの点を挙げてみたい。第1は五賢帝の時代（96〜180年）に現出した「ローマの平和」という安定した環境、第2にディアスポラ・ユダヤ人の存在、第3に「3世紀の危機」から生じたローマ帝国内の住民たちの精神的状況（「不安の時代」）である。

　まず第1の点として、「**ローマの平和**」（パックス・ロマーナ）はローマ街道に代表される交通網の整備や治安の確立をもたらし、地中海世界における人間や物資の移動と情報伝達を容易にした。また都市部などでは共通の言語（東方ではギリシア語、西方ではラテン語）に象徴される文化的な一体性が生まれ、キリスト教を伝達する好条件を提供することになった。こうし

た状況のもとで、パウロは長大な旅行を何度も行うことができたのであり、また諸教会の間で頻繁に書簡をやりとりすることもできたのである。私たちは新約聖書の諸文書がすべてギリシア語で書かれていることの意義についても熟考する必要があるだろう。ローマ帝国がもたらしたこれらの利点を活かしたのはキリスト教に限ったことではなく、すでにユダヤ教がその先駆け的なものとして各地に広まっており、ミトラ教やマニ教といった東方系の諸宗教もこの時代にローマ帝国各地へ伝播していったのである。

　第2に、前章でも記したように、ディアスポラ・ユダヤ人（ヘレニスタイ）の共同体とネットワークがキリスト教の宣教にとって橋頭堡（きょうとうほ）的な役割を果たすことになった。彼らの共同体は帝国各地の都市に存在し、シナゴーグ礼拝やギリシア語に訳された旧約聖書（**セプチュアギンタ**）などを通して、キリスト教と共通するユダヤ教の信仰や倫理は異邦人の間でもすでに知れわたっていた。パウロが行ったように、キリスト教の宣教者たちはこうしたユダヤ教の遺産や成果を活用するかたちで各地に進出し、ヘレニスタイのユダヤ人に宣教すると共に異邦人の中からも信徒を獲得していった。N・ブロックスは、「キリスト教は、ユダヤ教を侵食するようにしてかなりの伝道の成功の部分を達成した」（『古代教会史』38頁）とはっきり記している。

　通説によれば、ユダヤ戦争の後、ヤムニヤ会議などを経てユダヤ教とキリスト教の分離が進んだことによって、2世紀以降になるとユダヤ人キリスト教徒は急速に減少していったと考えられている。他方、R・スタークはこれに異論を唱えており、「ヘレニズム化したユダヤ人こそキリスト教を受け入れるのに最も備えができたグループだった」のであり、「少なくともはるか四世紀まではユダヤ人が大きな源としてキリスト教への改宗者を供給し、ユダヤ人キリスト教が五世紀に至っても影響力があった」と主張している（『キリスト教とローマ帝国』83、67頁）。

　第3に「**3世紀の危機**」を取りあげよう。この言葉はローマ帝国の内外

で生じた３世紀の大規模な動乱を指している。五賢帝の時代の後、アレクサンデル・セウェルス帝の暗殺（235年）からディオクレティアヌス帝の即位（284年）にいたるまでの時代は「軍人皇帝の時代」と呼ばれ、軍隊に擁立された皇帝たちが次々に交替・乱立し、帝国の分裂という事態にまで発展した。この間に元老院が承認した皇帝だけで26人を数え、それ以外にも皇帝を僭称する人々が各地に出現した。こうした内憂に加えて、この時期には北方からのゲルマン人の度重なる浸入や東方の新興国家ササン朝ペルシアによる侵略といった外患も相次いで起こった。こうした危機的な状況に対処するため、後述するディオクレティアヌス帝は帝国の政体を従来の「元首制」（プリンキパトゥス制）から皇帝権を強化した「専制君主制」（ドミナートゥス制）へ移行し、また民心の統一をはかるために皇帝をユピテル神の化身と称して**皇帝礼拝**を強制するなどのさまざまな改革を行った。

　このような「３世紀の危機」による政治的経済的混乱は社会不安を高め、人々の生活を脅かしたばかりでなく、既存の価値観や伝統を揺るがす結果を生み、人々の関心を新しい宗教や哲学に向けさせるようになっていったと考えられている。この時代にはインド・イラン起源とされるミトラ教、エジプト由来のイシス・オシリス信仰、セム系の大地母神信仰などの東方系の諸宗教が、地域や民族を超えて普及拡大し、また宗教混淆という事態も生じた。ある意味でキリスト教の拡大もこうした時代の潮流の中で生じた現象のひとつとみなすことができるだろう。

〔宣教の主体と方法と内容〕

　さて次に、ローマ帝国におけるキリスト教の拡大について、上述した客観的な条件を踏まえて、教会が行った主体的な宣教の実態を考察することにしよう。

　第２章でも述べたように、キリスト教の誕生から数世紀間にわたってカリスマ性を帯びた奇跡行為者や巡回説教者などが存在し、各地で宣教者と

コラム⑧〜「ふたつの国民」とキリスト教の拡大

　古代キリスト教の研究者の中には、ローマ帝国におけるキリスト教の受容を、本文で取りあげた「3世紀の危機」に限定せず、さらに長いスパンにおける社会的変化のもとで捉えようとするものもある。たとえばP・ブラウンは、キリスト教の拡大の要因を、ローマ帝国において長期間にわたって進んできた宗教的心性と価値観の変化が4世紀に明確なかたちで表出した結果であると考えている（『古代末期の世界』『古代末期の形成』参照）。ブラウンによれば、3世紀のローマの都市には「ふたつの国民」が存在したと主張する。すなわち一方には既存の伝統や宗教を尊重する支配層がおり、他方にはそうした伝統や宗教を顧みることなく交通の利便やさまざまなチャンスを生かして勃興してきた下層民がいて、両者が対峙していたという。しかし後者の社会的地位はまだ不安定であり、精神的には「根無し草」のような人々であった。これらの人々が求めたのは新たな価値観と帰属感であり、そうしたニーズにキリスト教がもっとも適合したというのである。たとえばキリスト教の超民族的で普遍的な性格は、従来の社会の限定的な枠組みや人間関係を超えて活動する彼らにとって馴染みやすいものであり、またキリスト教における平等主義の主張は伝統的な支配的地位にある人々への引け目を克服する契機となったと考えられる。教会はそうした価値観を共有する独自の共同体として登場し、彼らを受け入れる場となった。ブラウンは、「キリスト教徒は、教会に属していたからこそ周囲の人々から独立して生活することもできた」といい、「信仰ゆえに周辺の古い仲間集団は拒否したが、逆に、どこに行っても信仰を同じくする仲間がいたのである。伝統的な仲間集団の消滅に多くのローマ人が戸惑うなかで、はやくからキリスト教徒は「新しい種族」を形成していた」（『古代末期の世界』59頁）と述べている。

して活躍したことが知られている。ペトロやパウロたちもそうした宣教の専門家というべき存在であった。しかしこの時代におけるもっとも重要な宣教の担い手は、こうした専門家たちではなく、むしろ一般の信徒たちであったと考えられている。数多くの無名の信徒たちが、男女の別なく、日常の生活や仕事の場を通して周囲の人々にキリスト教を伝達していったのである。宣教学者D・ボッシュによれば、「初代教会の宣教において、巡

回説教者や修道士の働きよりもはるかに重要だったことは、信徒の行い、すなわち彼らの口と生活によって伝わった「愛の言語」であった。それはいわば、「行いによる布教」である」（『宣教のパラダイム転換（上）』325頁）と述べている。「平凡なキリスト者の模範的な生活」、すなわち信仰に基づくその生き方や仲間意識こそが、キリスト教の最初の数世紀間における急速な成長の原動力となったのである。各地に定住するキリスト教徒が近隣の人々に宣教する一方、長い距離を移動するキリスト教徒たち、すなわち船員、移住者、商人、役人、兵士、奴隷、そして戦争捕虜となったキリスト教徒たちも帝国の各地にキリスト教を伝える役割を担った。

　これらの人々が宣教した内容は、「創造主である唯一の神」、「その独り子であるイエス・キリストの生涯と受難と復活」、「来たるべき審判と救い」、そして「死後における永遠の生命」といったキリスト教の主要な教えや信仰であり、また洗礼という入信儀礼から始まる新たな倫理的道徳的な生き方の勧めであり、教会という新しい共同体への招きであった。彼らはキリスト教徒が神や世界や人間についての真正の知と信じたものを、すべての人々に伝えようとしたのである。

　キリスト教徒がみずからの生活や行動を通して信仰を伝えるという宣教の働きの中には、非常時における病人の看護、死者の埋葬、貧者への慈善なども含まれていた。一例を挙げれば、165年と251年にローマ帝国で大規模な疫病（天然痘？）が流行した時、多くの人々が都市から逃げ出したが、キリスト教徒は仲間のみならず異教徒を含めて看護を行い、ついにはそれによってみずからの命を失う者も出たという。しかしこうした災厄をキリスト教徒はみずからに課された信仰的な試練とみなし、その死は殉教に比すべきものとして、また神による「永遠の命」への解放として受けとめられた。このような信徒の行為と信念が多くの人々を魅了し教会に引き寄せる結果を生んだことはまちがいない。

　キリスト教徒のこうした姿は当時の異教徒たちの上にも強い印象を及ぼ

した。キリスト教を否定し、異教の復興をはかった皇帝ユリアヌス（在位
361 ～ 363年）ですら、このようなキリスト教徒の親切や徳性が人々を惑わ
していると非難しながらも、次のように記さざるをえなかった。

　　　「不敬なガリラヤ人〔キリスト教徒〕たちは貧しい仲間だけでなく、わ
　　　れらの貧者にも救いの手を差し伸べるというのに、われわれにはそうした
　　　慈悲の心が欠けているのは恥ずべきことだ。」

　　　　　　　　　　　　　　　　　（異教の神官に宛てられた362年の書簡より）

　初期のキリスト教の宣教におけるこうした信仰と倫理、また神学と実践
の結びつきに関して、R・スタークは次のように指摘している。

　　　「ユダヤ・キリスト教思想の発展とともに、それまでにない何かが社会
　　　に現れたのだ ── 宗教と高度な社会的倫理思想の結合である。（中略）神は
　　　神を愛する者を愛するというキリスト教の教えは多神教にはなかった。（中
　　　略）同じく、神が人類を愛するゆえに、人は互いに愛しあわなければ神を
　　　喜ばすことができないというのも、多神教にはない考え方だった。要は、
　　　神が犠牲を通じて彼の愛を示したように、人間は互いに犠牲を払うことに
　　　よって愛を示さなければならず、さらにそうした責任は家族のあいだにと
　　　どまらず、「至るところでわたしたちの主イエス・キリストの名を呼び求
　　　めているすべての人々（1 コリ1：2）」にまで及ぶとされたのだ。こうした
　　　思想が革新的だった。」（『キリスト教とローマ帝国』113 ～ 114頁）

　E・R・ドッズは、キリスト教の宣教が成功した要因として、キリスト
教が排他的な宗教であったこと、そしてそれと同時に教会がコミュニティ
としての強い一致と連帯感を有し、精神的にも物質的にも信徒のニーズに
十分に応えたことを挙げている。キリスト教の排他性は「不安の時代」を

生きる人々に強い確信を与え、人々を惹きつける力をもっていた。さらにドッズによれば、キリスト教はたんに排他的であっただけではなく、他方ではつねに外部に向かって積極的に宣教しつづける開かれた団体でもあったという。

このようにして教会はつねに新たな人々を迎え入れつつ、「国家内国家」のようなコミュニティを形成していった。それは実生活における物質的な困窮（住居、仕事、食物、病気の看護など）に対する相互扶助の場となっただけでなく、現世と来世における一貫した価値観と帰属感を与えることのできるコミュニティだった。教会は死後にまで及ぶ「永遠の命」という究極的な希望と安心を人々に提示したのであり、こうした信仰と霊性が次項で取りあげる殉教という行為の背後にも横たわっていたのである。

（2）キリスト教への迫害と殉教

〔民衆によるキリスト教迫害〕

ローマ帝国各地にキリスト教が広まるにつれて、キリスト教徒に対する反感や迫害も強まっていった。こうした迫害は大別して民衆による私的なものと皇帝などの公権力によるものがあった。当初は民衆による偶発的なキリスト教徒への暴行や迫害が多かったが、後には国家による組織的迫害がしばしば生じるようになった。もっともそうした公的な迫害の場合も、帝国全域で継続的に行われるというよりは、限定的な範囲や期間にとどまることが多かった。

まず民衆による迫害を取りあげよう。なぜ人々はキリスト教徒を攻撃したのだろうか。その主な理由は、人々がキリスト教徒を「異質な存在」、さらに「反社会的存在」とみなしたことが原因だったと考えられている。そうした異質性や反社会性の中には、第1にキリスト教徒が兵役などの公的な義務を認めなかったこと、第2に犯罪者として処刑された人間（イエ

ス）をメシアとして礼拝するような無教養で迷信的な集団とみなされたこと、第3に反倫理的であること、第4に無神論者であることが含まれていた。

　第1の兵役拒否は、初期のキリスト教が**絶対平和主義**を掲げていたことや軍隊における忠誠の誓いを拒否したことに由来している。つねに異民族や外敵の来襲に脅かされていたローマ帝国の住民からすれば、このようなキリスト教徒の態度は社会をないがしろにする許しがたいものに映ったのである。第2のキリスト教徒に対する無知で無教養という非難の中には、信徒の中に奴隷を含む下層の人々や女性が多く存在したことも反映されていたと思われる。第3の反倫理的とは、キリスト教徒が「殺人」「食人」「近親相姦」を行っているというたぐいの噂が広まっていたことと関わっている。これはキリスト教の礼拝における聖餐式に関する誤伝（意図的な偏見？）や信徒同士の親密な関係に対する誤解に由来するものであった。第4の無神論者という非難はキリスト教徒が他宗教の神々や祭儀を拒否する態度に向けられた批判である。古代の神々は都市や国を守る守護神でもあったから、それを否定するキリスト教徒は国家社会に対して無関心で無責任な人間として攻撃されたのである。

　N・ブロックスは当時の民衆がキリスト教徒に対して抱いたであろう心象を次のように要約している。

　　「改宗への熱意は、しつこいと思われるほどであった。選ばれているという意識〔キリスト教徒の選民意識〕はグロテスクにさえ見えた。さらに、キリスト教徒は国家と社会の事柄には興味を示さないと批判された。キリスト教の伝道の成功は、キリスト教徒に対する広汎な不人気を増大させた。なぜなら、キリスト教によって、結婚と家族がこわされ、先祖が守ってきた尊い伝統から、多くの人々を背反させたからである。行動においては挑戦的だが、実質は原始的な迷信であり、それが社会に及ぼす結果は、帝国

の荒廃である。これが、人々がキリスト教に対して批判的に抱いた、広く受け入れられていたイメージであった。」（『古代教会史』55頁）

　民衆による迫害は、キリスト教徒の反社会性などを官権に告発するケースと直接的な集団的暴力に訴えるケースがあった。後者のケースとしてよく知られているのが、スミルナ（現在のトルコのイズミル）の主教**ポリュカルポス**の殉教やルグドヌム（現在のフランスのリヨン）の迫害などの事例である。前者は156／157年頃に起こった迫害で、ポリュカルポスは官権によって逮捕された後、皇帝への祭儀を拒んだために円形闘技場に引き出され、民衆の要求通り火刑に処せられたと伝えられており、最初期の殉教文学のひとつである『ポリュカルポスの殉教』にその記録が残されている。後者はマルクス・アウレリウス帝（在位161〜180年）の統治下で、177年に生じた迫害である。このケースではまず最初に興奮した群衆がキリスト教徒たちに罵声を浴びせて殴打や投石を行い、信徒たちを引きずり回したあげく、略奪や監禁といった迫害を加えた。その後、キリスト教徒たちは総督に引き渡され、さらに激しい拷問と虐待を受けた後、群衆への見世物として、円形闘技場で猛獣による刑、火刑、斬首などによって殉教した。このふたつの事例に共通するのは、それぞれの都市における大きな宗教行事の時期にこのような迫害が起きた点である。祭りは人々の楽しみであると同時に、その町を守護する神々への敬意と住民の宗教的一体感が高まる機会でもあった。そのような時に常日頃から潜在していたキリスト教徒への反感や憎悪が爆発し、あからさまな迫害という結果につながったと考えられている。

〔皇帝によるキリスト教迫害〕

　皇帝と国家によるキリスト教への組織的な迫害が本格化するのは3世紀半ば以降のことである。そうした迫害ではキリスト教徒に棄教や改宗が要

求され、命令に従わない者は追放されたり処刑されたりした。また教会の財産が没収された。こうした皇帝たちのキリスト教迫害は、多くの場合、それだけが単独の政策として行われたというわけではなく、衰退しつつあったローマ帝国の行政・防衛・財政を含む社会全体の構造改革の一環として実施されたものであったと考えられている。

　さてしかし、そもそもなぜローマ帝国がキリスト教徒をそこまで警戒し迫害したのかということになると、その厳密な理由は必ずしも明白ではない。かつては皇帝を神として礼拝せよという要求にキリスト教徒が頑強に抵抗したことが原因だったとする説もあったが、近年の研究では皇帝礼拝とキリスト教徒迫害を直結させる主張は弱くなっている。たとえば歴史家の弓削達は『ローマ皇帝礼拝とキリスト教徒迫害』という著作において、皇帝礼拝は必ずしも帝国の住民の中には浸透しておらず、迫害を激化させる主な要因にはならなかったことを綿密に論証している。

　そうであるとすれば、いったいなにが問題だったのだろうか。一般論としていえば、民衆が独自の信仰と生活スタイルにこだわり、他の宗教や伝

皇帝による主なキリスト教迫害

1世紀の迫害	ネロ帝、ローマ大火をめぐる最初のキリスト教徒迫害（64年／ローマ）
	ドミティアヌス帝の迫害（1世紀末／ローマ、小アジア）
2世紀の迫害	マルクス・アウレリウス帝の迫害（ローマ、ガリア／ユスティノス殉教）
3世紀の迫害	セプティミウス・セウェルス帝の迫害（3世紀初頭）
	デキウス帝の迫害（250〜251年）
	ウァレリアヌス帝の迫害（257〜260年）
4世紀の迫害	ディオクレティアヌス帝の「大迫害」（303〜309／311年）

統を尊重せず、一般住民となじもうとしないキリスト教徒に対して嫌悪や反感を抱いたのと同じように、為政者の立場からしても、こうしたキリスト教徒たちの存在が社会の安寧と秩序を乱すものとみなされ、警戒心が働いたということが考えられる。

　皇帝による最初の迫害として知られているのは、64年に**ネロ帝**（在位54～68年）がローマ在住のキリスト教徒に対して行った迫害である。この迫害はローマ大火に際し、皇帝が放火したという民衆の非難をかわすために、ネロが市内に住むキリスト教徒を犯人としてでっちあげたものであった。それはまさに偶発的かつ一時的な迫害であり、その範囲も都市ローマに限定されていたという点で、後世の組織的な迫害とは様相を異にしている。ただしこの出来事で注目に値するのは、すでに1世紀半ば過ぎの時点で、民衆の間に「キリスト教徒は犯罪を犯す可能性をもった怪しげな連中である」という意識が生まれていたと思われること、そしてネロがそうした民衆の意識を利用してキリスト教徒をスケープゴートに仕立てあげることができたということである。

　キリスト教に対するローマ帝国の公的な対処の基本的方針となったものが、112年頃に**トラヤヌス帝**（在位98～117年）がプリニウスに送った書簡の中に示されている。ビティニア（小アジア北西部）の総督であったプリニウスが現地のキリスト教徒への取り扱い方について問い合わせた文書に対し、皇帝はおおよそ次のように回答した。すなわち、キリスト教徒であることの告発は正式の訴訟によって判断されるべきこと、匿名の訴訟は無効であること、信徒には棄教を要求すること、それを拒否する場合は処刑に値すること、などである。ここで重要なのは、キリスト教徒は「その名」のゆえに処罰されるべきか、それともキリスト教徒の犯したなんらかの具体的な犯罪のゆえに罰せられるのかというプリニウスの質問に対して、皇帝がはっきりと「その名」のゆえに罰せられると答えている点である。つまりキリスト教徒の個々の言動が問題ではなく、その人物がキリスト教徒

であること自体が処罰に値するというのである。換言すれば、そこではキリスト教徒の存在そのものが社会の安寧秩序に反するという認識が前提されていたのであり、「理由はどうあれ、既に二世紀の初めには、然るべき警告を受けてもなお信者であり続けるキリスト教徒は、死刑に処せられるべき存在となっていた」（A・ジョーンズ『ヨーロッパの改宗』50頁）のである。

　ただしトラヤヌスの方針は必ずしもキリスト教徒を積極的に探し出すことを命じるものではなく、もし彼らが官憲のもとに引き出されることになった場合には処罰するというものであった。それは比較的穏健な対処方法を示したものであって、この方針はそれ以降の時代のキリスト教徒に対する取り扱いの一般的な指針となった。

　こうした方針が大きく変化するのが3世紀半ば以降のことである。とりわけ**デキウス**帝（在位249〜251年）と**ウァレリアヌス**帝（在位253〜260年）の時代の迫害は、積極的にキリスト教の撲滅をねらいとする本格的な迫害として行われた。死刑を含む過酷な弾圧が行われ、異教の祭壇に犠牲を献げることがキリスト教徒に求められた。教会は深刻な打撃を受け、多くの殉教者、そしてそれ以上に多くの棄教者・背教者を生んだ。しかしウァレリアヌスの死によって迫害が終息すると、その後はおよそ40年間にわたって平穏な時代を迎え、この時期にキリスト教は大きく発展した。教会の財産や墓地が返還され、追放されていた信徒の帰還や礼拝が許され、実質的な公認状態がつづくことになったのである。

　こうした平穏を打ち破って「**大迫害**」と呼ばれた空前のキリスト教弾圧を行ったのが**ディオクレティアヌス**帝（在位284〜305年）である。ある意味で「名君」ともいわれたこの皇帝がその統治の始めに目の当たりにしたのは斜陽のローマ帝国の惨憺たるありさまであった。その根本原因は2世代以上にわたってつづいた軍隊の規律のなさ、そして軍の指導者たちの政治的野心にあった。これに加えて外部からはゲルマン人の圧力やササン朝ペルシア帝国の侵攻が続き、経済的には常備軍の維持に伴う財政困難から

貨幣の悪鋳が行われ、破滅的なインフレが生じた。軍も蛮族も頻繁に略奪や徴発を行ったためにローマの基幹産業である農業は荒廃し、農民は土地を放棄して都市へ流れこみ、不安定な都市住民を多数生み出した。この中からは集団強盗のような働きをする者たちも現れた。こうしたことの結果として、飢饉の頻発、伝染病の流行、人口の激減といった状況が生じることになったのである。

　さらに深刻だったのは、それまでのローマ社会を支えていた精神的な秩序と心性が失われ始めたことであった。A・ジョーンズによれば、「今や貴族階級の間ではノーブス・オブリージュ〔「高貴な者に伴う義務」の意〕の感覚は消えつつあり、中間階級の間では都市に対する愛郷精神は急速に雲散霧消しつつあり、軍隊の規律はなくなりつつあり、そして、それらにとって代わるものは存在しなかった」という（『ヨーロッパの改宗』23頁）。

　ディオクレティアヌス帝はこうした事態に対処するためにさまざまな改革を断行した。彼はまず広大な領域にまたがる帝国を効率的に統治するために、全土を2人の「正帝」（アウグストゥス）と2人の「副帝」（カエサル）によって治める制度を考案した（「四分治制」）。さらに税制や公定価格に関する経済改革、軍制と官僚制の再整備など、帝国の統一を維持し、効果的な統治と防衛の態勢を確立するために尽力した。皇帝はそうした国家再建政策の一環として伝統的な国家祭祀の復興を企てたが、その妨げになるものとしてキリスト教会に対する徹底した迫害が遂行されることになったのである。

　303年、皇帝は帝国の全域において、以下の内容を含む勅令を公布した。キリスト教会（建物）の破壊、礼拝を含む信徒のあらゆる集会の禁止、聖書を含む書物や宗教的祭具などの没収と焼却、上流階級のキリスト教徒にそれまで認められてきた拷問免除などの社会的特典の剥奪、キリスト教徒は法廷で自分を守る権利を含むローマ法の認める保護のすべてを失う、教会資産の没収、キリスト教徒の公職からの追放。

　こうした勅令のもとで、司祭や主教などの聖職者の逮捕や投獄、また
ローマの伝統的な神々の祭儀への参与の強要などが行われた。後になる
と、キリスト者であるという噂だけで追求・探索・拷問の対象となったり、
死刑や強制労働に処する措置がとられるようになった。その結果、おび
ただしい数の棄教者が出現した。303〜304年がこの迫害の最盛期だった
が、305年にディオクレティアヌスは皇帝を引退し、309年にはキリスト
教迫害を命じる勅令も廃止された。そして後継者のガレリウス帝が311年
に「寛容令」を発布したために、この最後の大迫害も終わりを告げたので
ある。

〔**殉教をめぐって**〕

　ローマ帝国におけるキリスト教迫害は断続的につづいたが、それによる
殉教者の数は数百人から数千人と推測されている。**殉教者**を意味するギリ
シア語の「マルトゥス」の原意は「証人」であり、これらのキリスト教徒
たちはその死を通じてもっとも劇的な信仰の証しを立てた人々とみなされ
た。殉教者は**聖人**であり、その記録（「殉教者伝」）が作られていった。ラテ
ン教父のひとりである**テルトゥリアヌス**（160？〜220？年）は、「殉教者の
血は種子であって、血が流されれば流されるほど、キリスト教徒も増えつ
づける」と語ったという。

　先述したポリュカルポスの殉教を伝える記録の中にも、次のような文章
が残されている。

　　「確かに、神のみこころにかなった殉教は、すべて祝福された気高い行
　　為である。」「実際、殉教者の気高さ、忍耐強さ、主（なる神）に対する愛、
　　を前にして驚嘆しない者があろうか。」「彼らは、その思いをキリストの恵
　　みへと向け、この世の拷問の苦しみを蔑み、区切られた一つの時間（の中
　　の苦しみ）をとおして、永遠の刑罰から解放されたのである。」

　（「聖なるポリュカルポスの殉教」2：1〜3、『キリスト教教父著作集22　殉教
　者行伝』7〜8頁）

　殉教者の中には女性も含まれていた。たとえばセウェルス帝（在位193〜
211年）の時代に殉教した北アフリカ・カルタゴ出身の**ペルペトゥア**という
女性がいる。この女性は名門の出身で教養も高く、既婚者であったが、赤
ん坊を抱いたまま数名の仲間と共に逮捕された。その殉教録は彼女自身が
記したものとされており、裁判や（見世物として行われた）獣刑による処刑
にいたるまでの経過を描くと共に、ペルペトゥアが見たという豊富な幻視
体験を含んでいる。この記録の中に、彼女の父親がなんとかして娘を助け
るために、信仰を捨てるように強く説得する場面が出てくる。しかしペル
ペトゥアは「壺や水差し」ですらそれらを「実際の名以外の名で呼ぶこと
はできない」と語り、「私も、自分をあるがままの私、つまりキリスト教
徒以外のものと言うことはできません」と答え（「聖なるペルペトゥアとフェ
リキタスの殉教」3：1〜2、『キリスト教教父著作集22　殉教者行伝』79頁）、203年
に殉教したと伝えられている。
　ペルペトゥアの殉教録の冒頭には、「古い時代の信仰の模範には、神の
恵みを証しするとともに、人間を教え強める働きがある。それ故、そのよ
うな模範（の記録）を読むことによって、（中略）神が崇められるとともに、
人間が慰めと力づけを得るようにと、先人の模範は文字で書き留められて
きた」（前掲77頁）と記されている。すなわち殉教録は他のキリスト教徒に
対する「模範」を示す教育的意図をこめて作成されたものでもあったので
ある。
　迫害を受けたが殉教にまでいたらなかった人々は**証聖者**と呼ばれ、殉教
者と同様に教会の中で大きな敬意を受ける対象となった。
　他方、こうした迫害に耐えきれず、棄教する人々も数多く生まれた。棄
教者たちの中には、聖書や祭具を官権に引き渡したり、仲間のキリスト教

徒を密告するような者も存在した。やがて迫害が終わった後、こうした棄教者たちの中から教会に復帰することを願う人々が出てきたが、このことは当時の教会に深刻な問題を提起することになった。多くの教会では棄教者の復帰を認める方針をとったが、それらの人々をふたたび受け入れる過程において教会は悔悛（贖罪）の制度を整えていくことになった。しかし棄教者に対して厳しい対応を求める教会も存在した。とりわけ北アフリカの教会ではこの問題が発端となってドナティスト派（第4章参照）と呼ばれる集団が出現し、長期間にわたって大きな問題を残すことになった。

（3）教会組織と制度の発達、信徒の生活

〔キリスト教と古代の異端的運動〕

　初期教会の人々はそれぞれの宣教活動を通じて多様な展開をとげ、相対的に独立したかたちで各地に教会を形成していった。しかし2世紀半ば以降になると、諸教会は**主教**を中心とする教会の組織化を進め、教理や正典の確立などを通して全体的なまとまりを形成し、やがて「**公同的**」（ギリシア語「**カトリコス**」に由来）として知られる古代の教会が出現することとなった。この時代の教会を「**初期カトリシズム**」と呼ぶこともある。

　こうした展開の背後には、すでに述べた外部からの迫害の問題と並んで、教会の内部に生じた異端的運動の出現という問題が横たわっていた。古代の教会はこのような外と内からの二重の脅威に対処するかたちで自己防衛と自己形成を進めていったのである。ここではこの時代に登場した異端としてよく知られているグノーシス主義、マルキオン、モンタヌスの運動について概観しておこう。

　グノーシスとは「知識」を意味するギリシア語であるが、ここでは人間に救済をもたらす宗教的哲学的な知識を指している。グノーシス主義の起源はキリスト教以前に遡り、ギリシアやオリエントの思想の混淆がみられ

るとされ、「善と悪」、「真の神（至高者）と偽の神（デミウルゴス）」、「霊と肉」、「イデアと物質」などの二元論を特徴としている。グノーシス主義にはさまざまな宗派や思想が含まれているが、一説によれば、人間はもともと天的な至高者に属するものであったが、今ではデミウルゴスの創造した物質世界に閉じこめられ堕落した存在になってしまったという。それゆえに人間が救済されるためには、至高者のもとから送られてくる啓示（者）によって「知識」を獲得し、肉体を離れ、天界において至高者と一体化することが必要であるというのである。こうした思想から生じる倫理的主張においては、物質や肉体を否定する禁欲主義が強調される場合もあれば、反対にそれらを軽視して放逸的な傾向に向かう場合もあった。グノーシス主義は早くからキリスト教とも関わりを持ち、新約聖書に含まれるヨハネ福音書や外典の諸文書（ナグ・ハマディ文書など）にはその影響が反映されていると考えられている。

　マルキオン（85 ?〜160年?）はポントス州シノペ出身の人物で、139年頃、ローマにやって来て独自の聖書正典の編集を行い、多数派の教会から分離した教会を創設した。マルキオンの教会は東方を含むローマ帝国の各地域に広まり、正統派の教会に対する大きな脅威となった。マルキオンは旧約聖書の神と律法を否定し、みずからが改訂したルカ福音書とパウロの10の書簡（牧会書簡を除く）を正典として提示した。マルキオンの思想にはグノーシス主義的なものも含まれており、その影響は5世紀頃までつづいたといわれている。

　モンタヌス（?〜179年?）は迫害の頻発した2世紀後半の小アジアにおいて独自の運動を展開した。彼はプリスキラとマクスィミラという2人の女性指導者と共に、終末の接近、禁欲と聖化を説き、聖霊の働きを強調する運動を通じて大きな影響力を及ぼした。藤代泰三はモンタヌスの運動について次のように記している。

　「ハルナックによれば、この運動は、教会が、その発展途上の制度主義
と世俗化との時代に原始教団の熱烈さに復帰しようとする試みであった。
この運動は、キリスト教史にたえず起こった黙示的運動の一つと理解でき
る。」（『キリスト教史』54頁）

〔職制の発達、聖書正典と信条の形成〕

　外からの迫害と内からの異端の出現に対する教会の具体的な対応として、
ここでは職制を含む教会制度の発展、聖書正典や教理の形成、そして礼拝
を含む信仰生活の側面を取りあげよう。

　新約聖書の中には教会における職位または職務として「使徒」「長老」
「執事」「監督」などの名称が出てくるが、その実態や相互の関係は必ずし
も明確ではない。おそらく当時はまだ統一された聖職者の制度（**職制**）は
存在せず、地域や教会によってそれぞれ独自の職位や職務が実践されてい
たのであろう。

　1世紀末から2世紀初頭にかけて、「**エピスコポス**」「**プレスビュテロ
ス**」「**ディアコノス**」という三職から成る階層的な職制が現れてきた（これ
らの職位の日本語訳については「コラム⑨　日本の教会における三職の呼称（訳語）」
参照）。これらの三職は教会内の上級職であり、後には「守門」（「香部屋係」、
会堂管理を務める）、「読師」、「祓魔師」、「侍祭」（礼典担当）などの下級の役
職も生まれていった。

　こうした古代の教会の職制において、中心的な位置を占めたのが「使徒
性の継承」を担うとされたエピスコポス（以下、「主教」と記す）である。**使
徒性**とは最初期の使徒たちにまで遡るとされる伝統で、教会の「正統性」
を保証するものであって、三職の中の主教がそれを継承すると考えられた。
主教は正統信仰の保護者とみなされるようになり、やがて「主教のいると
ころが教会である」（ubi episcopus, ibi ecclesia）という理念が生まれること
になった。

コラム⑨〜日本の教会における三職の呼称（訳語）

　本文で取りあげたギリシア語の「**エピスコポス／プレスビュテロス／ディア
コノス**」の三職は英語ではそれぞれ「**ビショップ／プリースト／ディーコン**」
（bishop ／ priest ／ deacon）と訳される。しかし日本語訳においては、時代や教派
によっていろいろ異なる訳語が用いられてきた。東方系の正教会（日本ハリストス
正教会）では「**主教／司祭／輔祭**」と訳され、西方系のローマ・カトリック教会
では「**司教／司祭／助祭**」と訳されている。プロテスタントの場合、英国国教会（聖
公会）では「**主教／司祭／執事**」である。またルター派（ルーテル派）やメソジス
ト教会などのように監督制をとる教派の場合、「**監督**」はエピスコポスに該当す
る。なお日本語訳の『新共同訳聖書』などでは、三職はそれぞれ「**監督／長老
／執事**」と訳されている。

　1世紀末になるとアンティオキアや小アジアで**単独主教制**と呼ばれる制
度が登場し、ローマやアレクサンドリアなど帝国各地の主要都市に拡大し
ていった。この制度は主教がその都市の支配が及ぶ周辺地域を含めて単独
で統括するというものであり、主教は礼拝、宣教、人事、そして財政を含
む、教会全体の指導にあたった。単独主教制は教会の一致と連帯を促し、
迫害と異端の脅威から教会を守る働きを果たすものとなった。

　教会はローマ帝国における属州などの組織を手本として**教会管区**を組織
した。そして各地域における単独主教制と並ぶものとして、2世紀半ば以
降になると主教が招集して全教会的な問題を討議する会議が開催されるよ
うになった。こうした**教会会議**は個々の教会の上位にあるものとして位置
づけられ、教会組織の中央集権化が進んでいった。最初期の教会会議の
一例として知られているのは160年頃に小アジアで開催された会議であり、
モンタヌスの運動を異端とする決定を行っている。

　正統派の公同教会における聖書正典の制定、すなわち**新約聖書**の確定の
きっかけとなったのは、先述したマルキオンによる正典制定の刺激による

ものであった。２世紀半ば以降、使徒的伝統に立つ規範的文書（**正典**）の確定が求められるようになり、さまざまな提案や議論を経て、397年のカルタゴ会議で現在の27文書から成る新約聖書が正典として承認された。また公同教会はマルキオンの主張に対抗して**旧約聖書**の規範性を擁護し、複数の福音書やパウロ以外の諸文書の権威を公認した。

　この時期には正典の確定と共にキリスト教信仰の要項をまとめた**信条**（**信仰告白**）の形成が進められた。西方の教会で入信時に用いられていた「古ローマ信条」は、後に「**使徒信条／使徒信経**」となっていった。この信条の内容のほとんどはグノーシス派の主張と対立する信仰を表明するものであり、荒井献によれば、「この信条は「正統」か「異端」かを識別する「信仰の基準」（regula fidei）として機能した」（『総説キリスト教史１』79～80頁）という。

　教会は外部からの偏見や攻撃に対処すると共に内部の異端に反駁するために、護教的な著作を行う活動を繰り広げていった。そうした著作の例として、**殉教者ユスティノス**（？〜165年頃）の『第１弁明』『第２弁明』、**エイレナイオス**（130？〜200年？）の『異端論駁』、カルタゴの**テルトゥリアヌス**（160？〜220年？）の『護教論』、アレキサンドリアの**オリゲネス**（185？〜254年？）の『ケルソス駁論』などが知られている。これらの人々は当時の異教の哲学者たちが用いた概念や議論を神学的に活用しながら、キリスト教信仰の理論的な解説と弁証に努めた人々であった。

〔キリスト教徒の信仰生活〕

　この時代の一般のキリスト教徒の信仰生活の中心は「主日」（日曜）に行われる**礼拝**であった。信徒は早朝もしくは夜に集まって、祈り、聖書朗読、勧告（説教）、聖餐などで構成された礼拝を守った。この時代の礼拝は、信者と未信者を含む「**言葉の礼拝**」と信者のみが参加できる「**感謝の祭儀**」（**エウカリスティア**、**聖餐**）の二部から構成されていたようである。ユスティ

ノスはローマにおける礼拝の様子を次のように記している。

　　「太陽の日と呼ぶ曜日には、町ごと村ごとの住民すべてが一つ所に集い、使徒たちの回想録か予言者の書が時間のゆるす限り朗読されます。朗読者がそれを終えると、指導者が、これらの善き教えにならうべく警告と勧めの言葉を語るのです。それから私共は一同起立し、祈りを献げます。そしてこの祈りがすむと前述のように、パンとブドウ酒と水とが運ばれ、指導者は同じく力の限り祈りと感謝を献げるのです。これにたいし会衆はアーメンと言って唱和し、一人一人が感謝された食物の分配を受け、これに与ります。（中略）次に、生活にゆとりがあってしかも志ある者は、それぞれが善しとする基準に従って定めたものを施します。こうして集まった金は指導者のもとに保管され、指導者は自分で孤児ややもめ、病気その他の理由で困っている人々、獄中につながれている人々、異郷の世界にある外国人のために扶助します。」（「第一弁明」67:3 〜 7、『キリスト教教父著作集1　ユスティノス』85頁）

　初期の礼拝は信徒の家で行われていた（**「家の教会」**）。専用の礼拝施設（教会堂）の存在が確認されるのは信徒の数が増してきた3世紀以降のことである（デュラ・エウロポスの遺跡）。

　この時代のキリスト教会の特徴のひとつは**入信**に際しての厳格な規定と訓練にあった。教会は入信希望者に対して長期（約2年）にわたる洗礼志願期間を設け、厳格な教育と審査を課した。その上でイースター（復活祭）の未明に洗礼を含む入信式を行った。入信者はキリストと結ばれて新生した存在となり、教会に受け入れられて聖餐にあずかった。このような入信に関する入念な準備と教育は、高い自覚的信仰を持つ信徒の育成につながり、またそうした人々から成る強固な信仰共同体の形成を促すことになったのである。

〜〜〜〜〜〜〜〜〜〜〜〜〜〜〜〜〜〜〜〜〜〜〜〜〜〜〜〜〜〜〜〜〜〜

コラム⑩〜ローマ帝国の住民としてのキリスト教徒

　キリスト教公認以前のローマ帝国とキリスト教徒の関係は迫害や殉教といったイメージに覆われがちだが、松本宣郎は「キリスト教の心性が古代地中海世界都市市民の心性と重なる面が多かったことも無視されてはならない」(『キリスト教の歴史1』51頁)という。兵役拒否という点に関しても2世紀後半以降になるとキリスト教徒の兵士の存在が確認されるようになるし、同時期には教会もしだいに富裕化していき、「神と富とに仕えることはできない」(マタイ6:24)といった清貧の思想は必ずしも貫徹されない状況が生まれてきた。またローマ皇帝に対して敬意を表し、請願や裁定を求めたという点でも、キリスト教徒は他の住民と異なるところはなかった。要するに、迫害時には殉教者のように劇的な信仰や行動を実践するキリスト教徒が存在する一方で、通常時の日常生活においてはキリスト教徒もローマ帝国の一市民として多くの慣習を共有していたのである。

〜〜〜〜〜〜〜〜〜〜〜〜〜〜〜〜〜〜〜〜〜〜〜〜〜〜〜〜〜〜〜〜〜〜

〔第3章の主な参考文献〕

G・クラーク『古代末期のローマ帝国』(白水社、2015年)

R・スターク『キリスト教とローマ帝国』(新教出版社、2014年)

土井健司『古代キリスト教探訪』(新教出版社、2003年)

E・R・ドッズ『不安の時代における異教とキリスト教』

(日本基督教団出版局、1981年)

P・ブラウン『古代末期の世界』(刀水書房、2002年)

　　　　　『古代末期の形成』(慶應義塾大学出版会、2006年)

　　　　　『貧者を愛する者』(慶應義塾大学出版会、2012年)

　　　　　『古代から中世へ』(山川出版社、2006年)

N・ブロックス『古代教会史』(教文館、1999年)

松本宣郎『キリスト教徒が生きたローマ帝国』（日本基督教団出版局、2006年）

　　　　『ガリラヤからローマへ』（講談社学術文庫、2017年）

Ｃ・マルクシース『天を仰ぎ、地を歩む』（教文館、2003年）

弓削達『世界の歴史５　ローマ帝国とキリスト教』（河出文庫、1989年）

　　　　『ローマ皇帝礼拝とキリスト教徒迫害』（日本基督教団出版局、1984年）

『キリスト教教父著作集22　殉教者行伝』（教文館、1999年）

第4章　ローマ帝国とキリスト教（2）
公認とその後の変化

　313年、キリスト教はローマ皇帝コンスタンティヌスによって公認された。そして4世紀の終わりにはキリスト教は国教の位置を占め、国家と宗教が一体化した「キリスト教世界」（コルプス・クリスティアヌム）が出現することになった。本章ではコンスタンティヌス帝を中心に、この時代のキリスト教が経験したさまざまな変化を考察する。さらにローマ帝国の末期、古代から中世への転換期に生きた教父アウグスティヌスの生涯と思想について取りあげる。

（1）コンスタンティヌス皇帝とキリスト教の公認

〔コンスタンティヌス皇帝の登場〕

　コンスタンティヌスの父コンスタンティウス・クロルスは農民出身の叩きあげの軍人であったという。彼はディオクレティアヌス帝の四分治制において西方の副帝に任じられ、ブリタニア、ガリア、ヒスパニア、マウリタニア（北アフリカ西部）などの属州を統治した。305年にディオクレティアヌスが引退するとガレリウスと共に正帝となったが、306年7月25日に死去した。

　この父と母ヘレナの子として、**コンスタンティヌス**は272年にナイスス（現在のセルビア）に生まれた（正式名はフラウィウス・ウァレリウス・コンスタンティヌス）。青年期の彼は東方の正帝ディオクレティアヌスの宮廷に随行していたが、父の死後、ブリタニアに戻った。306年秋、コンスタンティヌスは正式に西方の副帝の地位に就くことが認められた。

　ディオクレティアヌスの引退後、4人の皇帝による分割統治という方法は継承されることなく、ふたたび単独の皇帝による権力の独占をめぐる争いが始まり、帝国は内乱状態に陥った。この権力闘争の過程でコンスタン

ティヌスが最初に対立した相手がイタリアと北アフリカを勢力下に置いていたマクセンティウスであった。312年、コンスタンティヌスはローマに進軍し、マクセンティウスを破って西方の正帝（313 〜 324年）の地位に就いた。

　伝承によれば、この年の10月28日にローマ北方のティベル川にかかるミルウィウス橋の周辺で行われた決戦において、コンスタンティヌスはキリスト教の神の守護によってマクセンティウス軍に勝利をおさめたと伝えられている。すなわち行軍中のコンスタンティヌスが空中に浮かぶ十字架の幻を見て「これにて勝て」という啓示を受け、またその晩の夢にキリストが現れ、彼が見たしるしを軍旗として使うように命じたという。後にコンスタンティヌスの伝記を記したカイサリアの主教エウセビオスはこの話を皇帝自身から聞いたと記している。この幻の実否はともかくとして、この後、コンスタンティヌスがキリスト教に接近していったことは歴史的事実であった。

　313年6月15日、コンスタンティヌスは東方の正帝リキニウス（在位308 〜 324年）と連名で「**ミラノ勅令**」を発した。この勅令はキリスト教を公認し、礼拝の自由を認め、没収されていた教会財産の返還を命じるもので

コラム⑪〜キリスト教のシンボル〜XとP

　本文ではコンスタンティヌスの軍隊が用いたのは「十字架」であったと記したが、異説によると「☀」であったともいわれている（ラクタンティウスの記述）。これはギリシア語の「クリストゥス」（キリスト）の綴りの最初の2文字である「X（キー）」と「P（ロー）」を組み合わせたものである。このように特定の文字を用いたシンボルをタングラムといい、古代の教会ではギリシア語の「A（アルファ）」と「Ω（オメガ）」を組み合わせて「最初と最後」「全体」を象徴したものや、「ナザレのイエス、ユダヤ人の王」のラテン語の頭文字を集めた「INRI」などがよく知られている。

あった。もっともこの勅令はキリスト教のみを優遇していたわけではなく、「キリスト教徒にもすべての者にも、各々が欲する宗教を営む自由な権限を我らは与える」という主旨のものであり、広く信教の自由を認めるという性格のものであった。

　その後、コンスタンティヌスは東方の支配者であるリキニウスと対決し、324年についに単独皇帝の地位を確立した。コンスタンティヌスはこうした抗争の過程でその本拠をトリーア、アルル、バルカン半島の諸都市（シルミウムなど）、ニコメディアへと移していったが、最終的には330年に**コンスタンティノポリス**（現在のイスタンブール）に新たな帝国の首都を定めた。

コンスタンティヌスの勢力拡大図

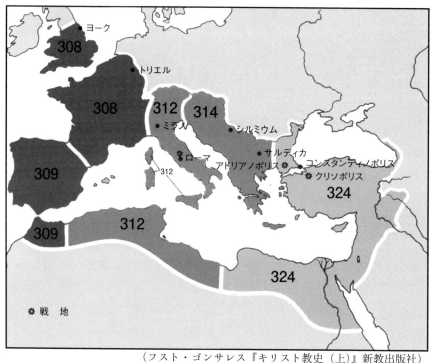

（フスト・ゴンサレス『キリスト教史（上）』新教出版社）

ローマからコンスタンティノポリスへの遷都は東方の強敵であるペルシア
に備えるためであったといい、また元老院をはじめとする古い伝統や束縛
を離れて独自の政策を実施するためであったともいう。

　コンスタンティヌスはディオクレティアヌス以来の帝国再建政策を継承
し、独裁的な専制君主政の確立に尽力した。これ以降のローマ帝国は**「後
期ローマ帝国」**とも呼ばれるが、その体制は西ローマ帝国が滅んだ後も、
東ローマ帝国（ビザンツ帝国）によって千数百年間にわたって受け継がれる
ものとなった。このようなコンスタンティヌスの国家再建プログラムの一
環として、キリスト教に対する新たな政策も実施されることになったので
ある。

〔コンスタンティヌスとキリスト教〕

　ミラノ勅令はキリスト教に対するローマ帝国の新たな方針を示すもので
あった。しかし厳密にいえば、東方の正帝ガレリウス（在位305 ～ 311年）
はすでに311年に寛容令を発布し、それまでの迫害政策の終結を宣言して
いた。ガレリウスはディオクレティアヌス帝の時代の副帝であり、かつて
はキリスト教迫害を積極的に主唱した人物であった。死の直前に発布した
この勅令の中で、彼はキリスト教徒たちが皇帝と帝国のために祈りを献げ
ることを求めていた。N・ブロックスは、この要請こそキリスト教の神が
国家を支えるものとなることを為政者が公然と認めた初めての事例であり、
「ローマ帝国とキリスト教の関係の転換点であった」と主張している（『古
代教会史』63頁）。

　コンスタンティヌスのキリスト教公認やその後のキリスト教に対する優
遇措置の背後にも、ガレリウスが望んだような、キリスト教の神の力が帝
国の統一と強化に資することへの期待が横たわっていたことは明らかであ
る。コンスタンティヌスはさまざまなかたちで教会に対する支援を行っ
た。国費を用いて数多くの教会が建てられ、教会の所領や主教に対する税

は免除された。また遺産贈与や裁判における特権などが与えられ、聖職者はもろもろの公的義務を免除された。教会は皇帝や富裕な人々からの寄贈によって豊かな資産を持つようになっていった。321年には**日曜日**（「太陽の麗しき日」）が法律によって休日と定められ、人々はキリスト教の礼拝に参加するように促された。**テオドシウス１世**（在位379～395年）の時代にはキリスト教が**国教**と定められ（380年）、さらに「**異教禁止令**」（392年）によってキリスト教以外の宗教が禁じられた。このような優遇策を講じることへの対価として、ローマ帝国は国家を護持する働きをキリスト教会に求めたのである。

　ミラノ勅令以前のコンスタンティヌスが、キリスト教に対してどのような意識をもっていたかはさだかではない。コンスタンティヌスの母は早くからキリスト教に入信しており、彼の周囲にはその他にも多くのキリスト教徒が存在したことからすれば、コンスタンティヌスがキリスト教について一定の情報や知識を得ていた可能性は高いといえよう。ミラノ勅令の前後にコンスタンティヌスはいわゆる「改宗」を経験したとされているが、それが個人的な信念によるのか、政治的理由によるものだったのか、またその実態がどのようなものだったかは明確ではない。

　おおよそいえることは、コンスタンティヌスはキリスト教の神を「力の神」として受け入れたということである。Ａ・ジョーンズによれば、「彼の好んだ表現は、「力ある者」「最も偉大なる神」、或いは「至高なる神」「万物の主」「全能の神」「すべてをみそなわす神」であり、そして彼は神を、そのしもべに勝利をもたらし、敵を滅びへといたらせる方だと描いている。ごく稀にのみ、彼は神のことを救い主として語っており、「愛なる神」とか「憐れみ深い神」といった言い方は一度もしていない」（『ヨーロッパの改宗』235頁）という。つまりコンスタンティヌスはキリスト教の神を彼自身とローマ帝国の新たな守護神として期待し、教会で行われる礼拝と祈りがそれらの命運に大きな影響力を及ぼすと考えていたのであろう。こ

のことは312年頃の皇帝の書簡に記された次の文章からもうかがうことができる。

> 「至聖なる天的な力の枢要なる名誉を守っているところのかの宗教がないがしろにされていると、それは公の諸事に対して多大なる危険をもたらし、また、その宗教が合法的に受容され守られていると、それはローマの名に対してきわめて大きな幸運をもたらし、人々の諸事万般に対してもとびきりの幸運をもたらすということが、非常に多くの事情から明らかなので、かの男たち、すなわち、しかるべき聖性とこの世の法に対する信従とを以て自ら神の宗教の礼拝のために奉仕を行う者たちが、自分たちの労苦に対する報償を受け取るのが良いと〔余には〕思われたのだ。」

> （『ヨーロッパの改宗』87 〜 88頁より引用）

　神への祈りや献げ物とそれに対する神からの応報（繁栄、豊作、戦争の勝利など）という、言わば「等価交換的な応酬」（弓削達）あるいは「互恵的な関係」（島創平）はローマの伝統的な宗教的信条であり、それは個々人の利害と同様に国家的な繁栄の次元にまで関わるものと考えられていた。島創平によれば、「古代の人びとにとって「宗教」とは、個人の内面的な信条というよりも、まず第一に正しく神々を礼拝し、ふさわしい供義を捧げて恩恵をいただく公共的な行為であり、「敬虔」とはこうした神々に対する祭儀、神殿の建立等を行うことであった。さらにまた、こうした神々の祭儀や礼拝に全市民が参加することにより、市民相互の結束が強められた。反対に、「不敬虔」とは、正しい礼拝を行わないこと、すなわちこうした礼拝に参加しないことであり、このような行為は神々による厄災を招くものであると考えられた」（『初期キリスト教とローマ社会』12頁）という。

　コンスタンティヌスもこうした理解のもとで、それまでの異教の神々からキリスト教の神へ乗り換えたのだといえるかもしれない。さらに弓削達

に言わせれば、それは「乗り換え」というよりも「勘ちがいによる改宗」
だったのではないかという。すなわちコンスタンティヌスは彼自身がす
でにいろいろな神々の中の最高神とみなしていたもの、おそらく「不敗
の太陽神」（sol invictus）と呼ばれる存在を、キリスト教の神と同定するに
いたったのであって、「それは、いままでの神をすて、新しい神をとった、
という意味での改宗ではなかった。かれの神は、むかしと同じ神であった。
ただ、むかしと同じその神が、キリスト教の教会で礼拝されている神だと
思い込んでいる点だけ、むかしとちがっていた」（『ローマ帝国とキリスト教』
407頁）と述べている。

　コンスタンティヌスの改宗、そして彼の個人的な信仰理解がどのような
ものであったにせよ、ローマ帝国の皇帝がキリスト教を公認し、支持し、
みずからもその信仰を受け入れたことは、帝国のすべての住民、そしてキ
リスト教会に対して甚大な影響と変化をもたらさずにはおかなかった。

　他方、キリスト教の側からすれば、この公認の結果、教会は国家の庇護
と恩恵のもとに置かれると共に、教会は国家に協力し、国家のために奉仕
することが求められるようになった。そしてそれは必然的に世俗権力が教
会の活動に介入する結果を生んだのである。以下の項においてその影響と
変化を見ることにしよう。

（2）キリスト教公認後の変化

〔教会の組織・制度・習慣の変化〕

　教会と国家の結びつきは、キリスト教の思想信条や活動、組織・制度な
どの隅々にいたるまで多大な変化をもたらすことになった。

　キリスト教公認後のもっとも明白な変化は、信徒の急増という現象で
あった。今やキリスト教は迫害される対象から、皇帝と国家によって保護
され優遇される存在に変わった。キリスト教徒となることは社会的なデメ

リットからメリットをもたらすことへと転じ、時には特権や地位を獲得するための手段とさえみなされるようになった。主教をはじめとする聖職者たちの中にすらそうした傾向や雰囲気が生じ、世俗の権力者や富裕な人々が教会内で大きな力を持つ状況が出現した。それ以前の時代に行われていたような、未信者に長い期間をかけて信仰教育を施し洗礼にまで導くという入信制度はもはや不可能となった。4世紀までには入信に関わる儀式や教育は数週間という短期間に行われるようになり、やがて幼児洗礼が一般化する時代を迎えることになる。

　このように急増した多数の信徒を礼拝に収容するために「バシリカ」という建物が用いられるようになった。この施設は本来、裁判など公共の活動に用いるためのものだったが、日曜日に限って礼拝の場として使われるようになり、やがてその形態が教会堂一般のかたちとして定着していった。バシリカの内部はモザイク画やさまざまな飾りで覆われ、とくにその正面にはキリストを全宇宙の支配者の姿で描いた絵画が置かれるようになった。これは「新たな政治状況がキリスト教美術に反映された典型的な例であり、玉座に座るキリストの姿は、ローマの皇帝のそれをモデルとしたものであった」（松本宣郎編『キリスト教の歴史1』153頁）という。

　礼拝の内容や聖職者の服装などにも変化が現れた。すなわち宮廷で用いられる儀式や装飾が教会の中に持ちこまれるようになった。たとえば礼拝の始めに行われる聖職者たちの入祭行列、聖歌隊の発達、礼拝の場における薫香の使用、さらに皇帝への敬意を示すために行われていた動作や身振りなどが教会内でも行われるようになり、司祭の服装もしだいに豪華な飾りをつけた衣装に変わっていった。

　4世紀になると教会はローマの行政単位に対応するかたちで帝国全土に及ぶ組織を整えていった。それは都市とその周辺地域を含む「小教区／教会」が基礎となり、複数の小教区が「主教区」を形成し、「主教区」が集まることで「大主教区」を、さらに「大主教区」が集まって「総大主教

区」を形成した。ニカイア公会議（325年）においてローマ、アレクサンドリア、アンティオキアが総大主教区として認められ、さらにカルケドン公会議（451年）においてエルサレムとコンスタンティノポリスが加えられて、**5総大主教区**が誕生した。これらの総大主教区は対等の関係にあるとされたが、ローマの教会が伝統的に強い指導権を有し、全教会に対する首位権を主張した。しかし東方の教会はそうした主張を必ずしも容認しなかった。とくに4世紀後半以降はコンスタンティノポリスの教会が有力となり、東西の教会の分化傾向を促進することになった。

　主教の権威が教会の内外で高まると共に、主教と世俗権力との関わりも深まっていった。主教の任免をめぐって皇帝が関与することが起こり、また教会側も皇帝に取り入ってその力を利用することが起こった。さらに皇

コラム⑫〜「教父」（教会教父）について

　「教父」（**教会教父**）とは古代から中世初期にかけて、正統とされた信仰を守るために著作などを通して活躍した人物に対する尊称である。2世紀頃までの教父は使徒たちの時代と結びついた存在として「使徒教父」と呼ばれる（ローマのクレメンス、アンティオキアのイグナティオス、スミルナのポリュカルポス）。これらの人々につづくのが護教家としてキリストを弁証したローマのユスティノス（殉教者ユスティノス）やエイレナイオスなどの教父である。3世紀以降になると東方では、アレクサンドリアからクレメンス、オリゲネス、アタナシオスなど、またアンティオキアからモプスエスティアのテオドロス、クリュソストモスなど、多くの教父が輩出した。西方教会の教父としては、テルトゥリアヌス、キュプリアヌス、アンブロシウス、ヒエロニムス、アウグスティヌスなどがよく知られている。また修道士の中にもアントニオスやパコミオス、ヌルシアのベネディクトゥスなど多くの教父がおり、教皇グレゴリウス1世も教父と呼ばれている。一般にギリシア語で著述した人物を「ギリシア教父」、ラテン語による人物を「ラテン教父」と呼ぶ。

帝が主教に裁判の一部を担当させたため、教会は市民の訴訟や請願にも対応するようになっていった。

　宣教に関していうと、キリスト教はローマ帝国以外の領域にまで広く伝道活動を展開していった。3世紀末にアルメニアがキリスト教化し、5世紀にアルメニア文字が生まれると共に聖書の翻訳も行われた。また3世紀末にはペルシアへの伝道も始まった。キリスト教の公認後、インドとエチオピア（アビシニア）に宣教師が派遣され、後者は急速にキリスト教化が進んだ。ゲルマン人に対する宣教においても、ゴート族への伝道が3世紀末ないし4世紀初めに始まり、聖書のゴート語訳が行われ、後にはヴァンダル族にもキリスト教が伝えられた。また帝国北西部のガリアやブリテン島にはローマ教会と結びついたキリスト教が伝えられた。しかし410年にローマ帝国がブリテン島から撤退したため、教会は6世紀に改めてこの地に伝道を行うことになった。

　他宗教に対するキリスト教の姿勢も変化した。聖職者や修道士の中には、信徒を率いて異教の神殿を破壊したり祭儀を妨害する者たちが現れた。キリスト教徒はユダヤ教のシナゴーグを襲うこともあった。P・ブラウンは、「司教〔主教〕にいわせれば、異教の神殿は「よからぬ影響」の源であった。修道士にいたっては、異教の神殿を「悪魔の巣窟」と考えていたほどである」と記し、4世紀の終わりに起こったこうした暴行の事例を列挙している（『古代末期の世界』96〜97頁参照）。キリスト教がローマ帝国の唯一の宗教となった後、393年には異教の祭儀との関わりを理由として古代オリンピックも廃止されるにいたった。

〔公会議と信仰告白〕

　国家によるキリスト教の公認がもたらした変化は、キリスト教信仰の内容そのものにまで及んだ。すでに見てきたようにキリスト教という宗教はその成立当初からさまざまな思想や実践を主張する集団を含みつつ、緩や

かに結びついた組織・運動として存続してきた。2世紀以降、迫害と異端という脅威に対応する過程で、この運動は統一的な公同教会の形成という方向に向かったが、それはあくまでもキリスト教会という任意の団体による自主的な選択であり決定であった。

　しかし「国家宗教」となったキリスト教において、今や事情はまったく一変した。キリスト教の公認以前と以後の決定的な違いは、こうした信仰に関する議論のただ中に皇帝が介入するようになったことである。皇帝が招集した公会議において**「正しい信仰」（教義）**が決定されることとなり、それによって「正統」と「異端」が峻別され、前者には公権力による支持と擁護が、そして後者には同じく公権力による排除と弾圧が行われるようになったのである。このあたりの事情をゴンサレスは以下のようにまとめている。

　　「キリスト教の初めの数世紀には、的確な議論と聖なる生活を守ることが、論争に勝利を収める唯一の方法であった。」「ところが、コンスタンティヌスの回心以後はまったく様相が異なってきた。神学的論争に決着をつけるために国家権力に訴えることが可能になったからである。帝国にとっては、教会が一致していることは不可欠であった。」「帝国の支配者たちは、教会の中で問題が即決されずに延々と議論が続けられるような事態を容認したりはしなかった。そこで彼らは、帝国の権威をもって、どちらが正しく、どちらが沈黙させられるべきかを速やかに判定した。その結果、論争の当事者たちにとっては、論争相手や教会を議論によって納得させることよりも皇帝を納得させるほうが重要になってきた。」（『キリスト教史（上）』173頁）

　コンスタンティヌスは教会の会議として、アルル会議（314年）とニカイア公会議（325年）を開催している。俗人に過ぎない、そして厳密にいえば

ローマ帝国による公認後の主な教会会議

313年	皇帝コンスタンティヌス、キリスト教を公認（「ミラノ勅令」）
314年	アルル会議（ドナティストを弾劾）
325年	ニカイア公会議（第1回全地公会議、「ニカイア信条」を制定。アタナシウス派を「正統」と認め、アレイオス派を「異端」として排斥
381年	コンスタンティノポリス公会議（第2回全地公会議、「ニカイア・コンスタンティノポリス信条」を制定。三位一体論を承認）
392年	皇帝テオドシウス、キリスト教を国教化（「異教禁止令」）
395年	東西ローマの分裂
431年	エフェソス公会議（第3回全地公会議、皇帝テオドシウス2世が招集。ペラギウス派とネストリオスを排斥）
451年	カルケドン公会議（第4回全地公会議、「カルケドン信仰定式」を制定）
476年	西ローマ帝国滅亡
553～555年	コンスタンティノポリス公会議（第5回全地公会議、皇帝ユスティニアヌス1世と皇妃テオドラの主導で開催）
680～681年	コンスタンティノポリス公会議（第6回全地公会議、ネストリオス派とキリスト単性論者を否定）
787年	ニカイア公会議（第7回全地公会議、皇帝コンスタンティヌス6世とその母エイレーネの主導で開催。イコノクラスム（聖像破壊運動）を糾弾）

キリスト教徒ですらない人物（コンスタンティヌスは死の直前まで洗礼を受けなかった）が聖職者の代表を集め、キリスト教の信仰について決定する会議を主催したのである。もっとも皇帝は伝統的にローマ帝国における「最高神祇官」（pontifex maximus）として宗教上の最高責任者の役割を兼務する存在であったから、コンスタンティヌスはこうした行動を皇帝の果たすべき本来の職務のひとつと理解していたのかもしれない。いずれにしてもコンスタンティヌスは会議を招集したものの、会議の運営そのものには関与しなかったといわれている。皇帝が望んだことは、宗教的な問題に対する

迅速かつ明確な決定と解決がもたらされることであって、神学的な真理性は二次的なことがらにすぎなかったのである。

東西の教会全体が参加した古代の**公会議**は7回行われた。東方正教会ではこの7回までを正式の公会議として認め、**全地公会議**と呼んでいる。西方教会（カトリック）はその後に開催された公会議も認めており、現在までに公会議は21回開催されたとしている。ここではコンスタンティヌスの時代に皇帝のイニシアティブで開催された教会会議としてアルル会議とニカイア公会議について概説しよう。

まず**アルル会議**である。これは公会議ではなかったが、コンスタンティヌスの招集によって開催された最初の教会会議である。その主なテーマは北アフリカのドナティスト（ドナトゥス派）をめぐる論争であった。後述するように、この論争の主題は、303〜304年のディオクレティアヌス帝によるキリスト教の大迫害の際に棄教した聖職者が行ったサクラメントの有効性を問うものであった。アルル会議はドナティストを断罪したが、その後もこの集団の活動は活発であったため、コンスタンティヌスは316年から321年にかけて軍隊を動員して弾圧を行った。この弾圧は多くの殉教者を生んだが、所期の目的を達することはできなかった。結局、ドナティストの勢力はイスラム勢力が北アフリカを支配下に置いた7世紀にいたるまで存続することになったのである。

325年に開催された最初の公会議である**ニカイア公会議**（ニケア、現在のトルコのイズニク）ではキリスト教の**神論**が主要なテーマとなった。国費によって招集された主教は300人ほどで、全教会を代表する人々とみなされたが、大半は東方の教会からの出席者であり、西方からは数名が参加したにすぎなかった。この会議においてアレクサンドリアのアレクサンドロスや**アタナシオス**は「父なる神」と「子なる神」（イエス・キリスト）と「聖霊」から成る「三位一体の神」（三一神）を主張した。これに対して**アレイオス**（アリウス）が「父」と「子」の同質性を否定し、「父」だけが唯一永

遠であって、「子」と「聖霊」は「父」に創造されたものであり従属的かつ限定的な存在であると説いた。またこの会議には多数派として両者の中間的な神論を支持する人々も参加していた。結局、ニカイア公会議はアタナシオスの主張に沿って、アレイオス派の主張を明確に排除する信条（信仰告白）を制定した（「**ニカイア信条**」）。この信条に署名することを拒んだアレイオス派の主教たちは異端宣告を受けて解職された。コンスタンティヌスはこれらの人々を追放刑に処した。このように教会法に加えて市民法による処罰が行われたことは、教理をめぐって世俗権力が介入する前例となり、後の時代に重大な影響を及ぼすことになった。

コラム⑬〜キリスト論〜イエス・キリストは神か人間か

　古代教会における神学論争の2大テーマとなったのが、**神論**（キリスト教の神はどういう存在か）と**キリスト論**（イエス・キリストにおける神性と人性の関係）であった。前者については本文で記したように「三位一体の神」（三一神）が正統信仰とされたが、次に問われたのは、それでは「子なる神」であるイエスは神なのか人間なのか、それとも両方の性質が含まれるのかという問題であった。このことをめぐっていわゆる「アンティオキア学派」と「アレクサンドリア学派」の間に神学論争が展開された。両者ともイエスにおける神性を認めていたが、前者はイエスが人間の救い主であるためには完全な人性をも保持していなければならないと強調したのに対し、後者は神の真理を啓示する救い主としてイエスの神性を重んじる傾向があった。こうした議論の中から、イエスの中に神性しか認めない説（単性論）、イエスの中に人性と神性が併存すると説く説、あるいは両者が融合しているという説などが生まれ、激しい論争が交わされた。こうした論争に決着をつけるために開催されたのが、第3回公会議（エフェソス公会議）、第4回公会議（カルケドン公会議）であった。第4回公会議は、イエス・キリストにおける人性と神性の併存を消極的なかたちで表現した「カルケドン信仰定式」と呼ばれる文書を採択したが、すべての人々が承認するにはいたらなかった。

　アレイオス派の主張は退けられたが、これで決着がついたわけではない。公会議以降もおよそ半世紀にわたって議論は続き、一時はアレイオス派の巻き返しが功を奏して、皇帝さえもアレイオス説を支持するという事態が生じた。しかしアレイオス派の主張が極端になるにしたがって、ニカイア公会議の決定を支持する勢力が多数派となっていった。アタナシオス派の中からも**カッパドキアの三教父**（カイサリアのバシレイオス、ニュッサのグレゴリオス、ナジアンゾスのグレゴリオス）と呼ばれる人々が現れ、「三位一体論」における３つの「位格」（hypostasis）と１つの「本質」（ousia）という概念を提起したり、３位格の関係性を明確にするなど、一定の修正を加えていった。こうした神理解は381年に開かれたコンスタンティノポリス公会議において、ニカイア信条を補足するかたちで制定された**「ニカイア・コンスタンティノポリス信条」**に結実することになった。なおアレイオス派のキリスト教はゲルマン人の間に伝えられ、後にローマ帝国に侵入した部族の多くはこの派のキリスト教を受け入れていた。

　皇帝の主催する公会議はこのようにしてその時々の教会の問題を取りあげ、信仰と教会の一致をはかるために議論を繰り広げた。キリスト教の神論につづいて大きな問題となったのが**キリスト論**（コラム⑬参照）であったが、この問題をめぐって東方の教会ではいろいろな人物や神学的主張が異端として排除されることになった（第6章参照）。

（3）アウグスティヌスと「神の国」

〔アウグスティヌスの生涯〕

　コンスタンティヌスの登場からおよそ70年あまり後、西方教会の歴史と神学にはかりがたい影響を及ぼすことになったもうひとりの人物が回心を経験した。北アフリカ第2の都市ヒッポ・レギウスの主教となったアウグスティヌスである。

　アウレリウス・アウグスティヌス（ヒッポのアウグスティヌス）（354 〜 430 年）は北アフリカのタガステに生まれ、青年期にカルタゴで学び、後にローマやミラノで修辞学の教師となった。この時期の彼の望みは世俗的な成功をおさめ、富と名誉を得ることに向けられていた。

　後にアウグスティヌスは回心にいたるまでのみずからの半生を『**告白録**』という文書にまとめている。それによると、「19歳から28歳までの9年間、わたしはさまざまな情欲のなかで、誘惑されたり、誘惑したり、騙されたり、騙したりして、過ごしました」（4：1：1）とあり、演劇やスポーツに情熱を傾けるかと思うと、友人との乱痴気騒ぎなども盛んに経験していたようである。アウグスティヌスは16歳の頃、アフリカ出身のある女性（名前は伝えられていない）と出会い、およそ15年にわたって同棲した。この間には子どもも生まれ、アデオダトゥス（「神の贈り物」の意味）と名づけている。後にアウグスティヌスに正規の結婚の話が持ち上がった時、この女性は離別されてアフリカに帰った。しかしその後もアウグスティヌスの異性関係は乱れたものであった（『告白録』6：15参照）。

　この時期のアウグスティヌスは精神的な領域においてもさまざまなものに関心を向けていた。19歳の時にキケロの書いた『ホルテンシウス』という書物を読んで哲学の世界に導かれたり（この書物は現存しない）、当時は一種の科学的な学問とみなされていた占星術に凝るということもあった。また宗教に関しても、当時、キリスト教と並んで多くの人々を魅了していた**マニ教**という、グノーシス主義の影響を受けた二元論的な宗教に長く関わりつづけていた。

　彼の母**モニカ**は熱心なキリスト教徒だったので、アウグスティヌスも早くからキリスト教になじんではいた。しかし彼がキリスト教と真剣に向きあうきっかけとなったのは、**アンブロシウス**（340 ？〜 397年）との出会いによるものであった。アンブロシウスは帝国西方ではローマに次ぐ第2の都市であったミラノの主教であり、雄弁な説教者、司牧者、神学者として

知られていた。また皇帝テオドシウス１世がテサロニケの暴動に際して住民の大虐殺を行った時（390年）、アンブロシウスは公衆の面前で皇帝を批判して悔悛させるなど、政治的な影響力を発揮したことも少なくなかった。アウグスティヌスはアンブロシウスの人格と説教に感化され、さらに聖書の比喩的な解釈方法などを彼から学んだ。

386年夏、アウグスティヌスに回心の時がおとずれる。たまたま隣家から聞こえてきた「取れ、読め、取れ、読め」という子どもの声に啓示を受けたアウグスティヌスは、その時、手もとにあった聖書を開き、最初に目にとまった章句を読んだ。そこには「酒宴と酩酊、淫乱と好色、争いとねたみを捨て、主イエス・キリストを身にまといなさい。欲望を満足させようとして、肉に心を用いてはなりません」（ローマ13：13〜14）とあった。アウグスティヌスはこの時の経験を「平和の確かな光のようなものが、わたしの心に注ぎ込まれ、すべての疑いの闇は消え去ってしまった」と記している（『告白録』8：12：29）。

翌年の復活祭にアウグスティヌスは息子や彼の信頼する友人アリビウスと共にアンブロシウスから洗礼を受けた。回心の直後からアウグスティヌスは数人の仲間と共にミラノ郊外で修道院的な共同生活に入った。その後、故郷タガステに戻って修道院を作り、さらにヒッポの司祭となった際にも教会の傍らに修道院を建てて生活した（アウグスティヌスと修道制の関係については第5章参照）。アウグスティヌスは聖職者として礼拝と説教、信徒のための司牧、さらに修道院の指導にあたる一方、当時の西方教会で問題となっていたさまざまな論争に関わり、神学者として膨大な数の書物を著すことになった。

396年、アウグスティヌスは主教に任じられたが、すでにこの時にはゲルマン人がローマ帝国の各地に浸入しつつあった。ゲルマン人の一派であるヴァンダル族が北アフリカにまで進出し、ヒッポの町を包囲するにいたった430年、アウグスティヌスは修道院の一室でその生涯を終えた。幸

いにも彼の著作の大半は消失を免れ、その後のキリスト教会の歴史に多大な影響を及ぼすことになった。

〔ドナティスト論争〜サクラメントの有効性をめぐって〕

　アウグスティヌスが当時の教会における実践的な問題や神学論争に取り組む中で展開していった思想の中から、ここではドナティスト論争におけるサクラメント論、ペラギウス論争における救済論、そして主著ともいうべき『神の国』に示された彼の神学的歴史観について概説する。

　ドナティスト論争のポイントは**サクラメント**の有効性をめぐる議論にあった。サクラメントとは、アウグスティヌスによれば「見えない恩恵の見えるしるし」であるが、一般には神が人間に与えられるさまざまな恵み（恩恵、恩寵）を具体的なかたちで人間に伝達すると考えられた行為（儀式）やモノを指している（コラム⑭参照）。洗礼や聖餐などのサクラメントを執行するのは聖職者の職務とされているが、**ドナティスト論争**で問題になっ

コラム⑭〜サクラメントについて

　サクラメントの日本語訳はキリスト教の教派によって異なり、**「秘跡」**（カトリック）、**「機密」**（正教会）、**「聖奠」**（聖公会）、**「聖礼典」**（プロテスタント）などと訳されている。ラテン語の「サクラメントゥム」はもともと新約聖書のギリシア語の「ミュステーリオン」（奥義、秘儀）の訳語として用いられた言葉であった。古代においてはサクラメントの具体的な数や内容は確定されていなかった。アウグスティヌスは「主の祈り」や信条のようなものも含めてサクラメントとみなしており、一説には70ほどのサクラメントがみとめられていたともいう。中世末期になると7つのサクラメント（洗礼、聖餐、堅信、婚姻、塗油／終油、悔悛、叙階）がカトリックや正教会の承認するところとなった。他方、宗教改革期のプロテスタントは洗礼と聖餐のふたつのみをサクラメントとみなした。なお現在のプロテスタントの中には、クエーカーや救世軍などのように、サクラメントをまったく認めない（実践しない）教派や集団も存在する。

たのは、サクラメントの効力がそれを執行する聖職者の人格とどのように関わるのかという点であった。

　ドナティスト論争の発端は、ディオクレティアヌスの時代の迫害で一度は棄教したフェリクスという主教が教会に復帰した後、彼がカルタゴの主教としてカエキリアヌスを任職（叙階）したことにあった。聖職者の叙階はサクラメントのひとつとされていたが、棄教した者の行うサクラメントは無効であると主張する主教たちが現れたのである。彼らは新たにマヨリヌスをカルタゴ主教として選出し、その死後にはさらに**ドナトゥス**を主教に選んだ。このドナトゥスにちなんでドナティスト（ドナトゥス派）と呼ばれるようになった人々は、いわゆる「正統派」（多数派）の教会と鋭く対立することになった。

　先述したアルル会議の決定や軍隊による弾圧にもかかわらず、ドナティストの勢力は衰えることがなかった。アウグスティヌスがヒッポの主教となった頃には、その勢力は北アフリカの教会を二分するほどにまで大きくなっていた。ドナティストはこの地域以外には広まらなかったが、この神学論争の背後には倫理的厳格さを強調する北アフリカの教会の伝統やこの地域の住民の民族感情なども関わっていたといわれている。

　ドナティストによれば、任職や洗礼などのサクラメントの効力はその執行者自身の聖性と不可分に結びついた出来事、言わば属人的な性格のものであって、教会は聖なる人々から成る共同体であると考えられていた。これに対してアウグスティヌスは、サクラメントは神の恵みがその源泉であって、正しい手段と方法によって行われるならば（執行者の人格に依拠することなく）有効であると主張した。アウグスティヌスの主張はサクラメントを属人的な「**人効論**」（ex opere operantis）ではなく、客観的な「**事効論**」（ex opere operato）に基礎づけるものであり、これがキリスト教におけるその後のサクラメント理解の基本となっていった。

　なお教会論に関していえば、アウグスティヌスは、マタイ福音書13章14

節以下の「毒麦のたとえ」を引きながら、教会の中には善人も悪人も共に存在するのであって、たとえ問題のある人間が含まれているとしても最後の審判の時まで裁いてはならないとして、「混合した共同体」としての教会論を説いた。アウグスティヌスが提示したのは、迫害の時代に強調された「この世から分離した聖徒から成る純粋な教会」というモデルではなく、「すべての人間を包括する普遍的教会」という中世に通じるモデルだったのである。

〔ペラギウス論争～自由意思と救い、あるいは信仰と倫理をめぐって〕

　この論争はブリタニア出身の**ペラギウス**（360 ？～ 420 ？年）が述べた、人間の救いに自由意思が積極的な役割を果たすという主張をめぐって交わされた神学論争である。別の角度からいえば、それはキリスト教における罪と恩恵の理解をめぐる論争でもあった。ペラギウスは、人は罪なくして生まれてくるのであって、その後の人生においても神に与えられた自由な意思によって罪に陥ることなく生きることができると説いた。これに対してアウグスティヌスは、すべての人間は生まれながらに**原罪**を負っており、それは人間の意思によって克服しうるようなものではなく、人間の救いはただ神の恵みによってのみ可能となると考えた。

　こうした神学的対立の背後には、人間理解に関する両者の実存的相違が横たわっていたと思われる。ペラギウスはストア主義の哲学に通じる自律的で自然主義的な人間観に立ち、当時の社会のモラル低下を批判して、禁欲的で厳格な生活を送った人物であった。これに対して、アウグスティヌスはみずからの人生経験から罪の深刻さと人間の弱さ、そして神の恵みのはかりがたい大きさを経験した人間であった。

　またペラギウスとアウグスティヌスの論争の焦点は信仰と倫理の関係にあったと考えることもできる。すなわち前者がみずからの意思による倫理的行為を通して救いにいたる道が開かれることを説いたのに対し、後者は

先行する神の恵みを受けいれた結果として人間の新生と善きわざ（倫理）が生じるというのである。藤代泰三によれば、「彼〔アウグスティヌス〕の神学思想の中心は、罪と恩恵の教理である。これらにおいて彼はパウロからルターへの系列の中間地点に立つ」（『キリスト教史』129頁）という。

　この論争は長期間にわたって続き、ペラギウスとその後継者エレスティウスの影響はブリタニアだけでなく地中海の各地に及んだが、最終的に431年のエフェソス公会議において異端とみなされることになった。しかしペラギウス論争において提起された自由意思をめぐる議論、そして人間の罪と救い、信仰と倫理をめぐる問題は、この後のキリスト教の歴史において何度も繰り返し提起され議論されるテーマとなった。

　事実、早くも5世紀にはアウグスティヌスとペラギウスの中間的な立場に立つ**半ペラギウス主義**と呼ばれる主張が南フランスの修道士たちの中に生まれた。これは原罪に関するアウグスティヌスの思想を受け入れながらも、神の絶対的な恵みという思想は行きすぎであると批判し、救いに関して自由意思に基づく人間の努力を認めるものであった。一説によれば、この半ペラギウス主義は「現在にいたるまでつねに教会の思索の一つのあり方を代表しており、今日のキリスト教会の大勢はあるいは半ペラギウス主義的であるとも考えられる」という（菊池榮三・菊池伸二『キリスト教史』176〜177頁）。

〔『神の国』とアウグスティヌスの歴史観〕

　アウグスティヌスは『**神の国**』という著作において彼の歴史神学、そして終末論的な歴史観を記している。この著述のきっかけとなったのは、410年に起こったアラリック王の率いるゴート族によるローマ占領と劫掠（ごうりゃく）という事件であった。永遠の都ローマの陥落という出来事はキリスト教徒を含め多くの人々に衝撃を与えた。キリスト教を国教として受け入れたにもかかわらず、なぜこのような悲劇が起こったのか。これについて、ロー

マの伝統的な神々を捨て去ってキリスト教に改宗したことがこの出来事の原因だと主張する人々も存在した。こうした動揺と非難に直面して、アウグスティヌスは歴史における神の経綸について解き明かす著作の執筆に取り組んだのである。それは413年に着手され、13年間を経て彼の晩年に完結した。その内容は単なる弁証的護教的なモチーフにとどまることなく、全人類と世界の根底にある原理とその展開としての歴史を描き出すという壮大なテーマに向けられていた。

　アウグスティヌス以前の時代には、ローマ帝国と教会の関係をめぐって、主として2つの歴史観が支配的であった。すなわち第1はローマ帝国を神の摂理のもとにある国家とみなして肯定的に評価する歴史観であり、第2はこれと反対にローマ帝国を教会に対立する存在として否定的に理解する歴史観である。教会教父の多くは（とくに313年の公認後は）前者を支持していた。カイサリアのエウセビオスはコンスタンティヌスの伝記を著してこの皇帝の存在そのものが神の計画の一部であると主張したし、アウグスティヌスの師であるアンブロシウスもこの説に立っていた。アウグスティヌスも最初は第1の説を支持していたが、『神の国』において第3の新たな視点を提示することになったのである。

　この著作の主たる論点は、「神の国」（civitas dei）と「地の国」（civitas terrena）を対比させつつ、歴史における神と人間の関係を叙述することにあった。アウグスティヌスによれば、前者は神への愛によって作られた国であり、後者は人間の自己愛に基づいて作られた国である。ここで注意すべきことは、彼によれば、教会がただちに「神の国」というわけではなく、ローマ帝国が「地の国」と同一視されるわけでもないという点である。教会の中にも自己愛に満ちた人間は存在するし、逆に世俗の国家の中にも神への愛に生きる人々は存在する。ドナティスト論争におけるアウグスティヌスの教会論でも述べたように、現存する教会は善人と悪人の「混合した共同体」であり、国家もまた同様である。彼は教会や国家ばかりで

なく、個々の人間の中にもこうした自己愛と神への愛が混在し葛藤する現実があることを説く。宮谷宣史によれば、「アウグスティヌスは、歴史を聖と俗に分けずに、また終末までは二つの国は区別できないし、人間が勝手に区別したらいけない、という立場をとる」といい、そのような現実にあって「人間が今生きているこの世界、この世、この時代と深く関わりながら生きていくことの大切さを示唆する」と述べている（『アウグスティヌスの神学』306頁）。アウグスティヌスはいくつもの聖書の章句を引用しながら、来たるべき終末における歴史の完成と個人の救いの成就を解き明かそうと努めている。すなわち現世において私たちが経験する数々の艱難を耐え忍びながら、聖書に示された「希望」（ローマ8：24〜25）を抱きつつ、神の恵みのもとで生きることを、アウグスティヌスはこの著作を通して勧めているのである。

〔第4章の主な参考文献〕

P・ヴェーヌ『「私たちの世界」がキリスト教になったとき　コンスタンティヌスという男』（岩波書店、2010年）

大澤武男『コンスタンティヌス　ユーロの夜明け』（講談社、2006年）

S・A・クーパー『はじめてのアウグスティヌス』（教文館、2002年）

島創平『初期キリスト教とローマ社会』（新教出版社、2001年）

A・H・M・ジョーンズ『ヨーロッパの改宗　コンスタンティヌス《大帝》の生涯』（教文館、2008年）

P・ブラウン『古代末期の世界』（刀水書房、2002年）

　　　　　　『アウグスティヌス』（全2巻、教文館、2004年）

J・ブルクハルト『コンスタンティヌス大帝の時代』（筑摩書房、2003年）

ベルトラン・ランソン『コンスタンティヌス　その生涯と治世』（白水社、2012年）

松本宣郎『キリスト教徒が生きたローマ帝国』（日本基督教団出版局、2006年）

弓削達『世界の歴史5　ローマ帝国とキリスト教』（河出文庫、1989年）

第5章　古代の修道制

　本章ではキリスト教史の各時代に重要な働きを担った修道制の始まりと古代
におけるその展開を考察する。キリスト教の修道制は教会の職制や諸制度とは
別個に成立した信徒の運動であった。しかしやがて修道制は数多くの有力な聖
職者や神学者を輩出し、古代から中世、さらには現代にいたるまで教会を支え
る重要なリーダーシップを担うこととなった。

（1）最初の修道士たち

〔禁欲と修道士〕

　修道士を意味する英語の「モンク」（monk）はギリシア語の「モナコ
ス」（ラテン語「モナクス」）に由来し、その原意は「孤独に暮らすこと」で
ある。キリスト教の修道制は3世紀後半以降、世俗から遠ざかり禁欲的な
生を送ることを理想とする**隠者**（**隠修士**）の登場によって始まった。

　なぜこうした人々が現れたのだろうか。一説によれば、313年のキリス
ト教公認以降、キリスト教徒が急増した反面、信仰生活や倫理的実践のレ
ベルが低下していったことに対する批判的反動的な現象であったとする見
解がある。しかし最初期の修道士は公認以前の時代にも存在したことから
すれば、それが唯一の原因だったとは思われない。

　禁欲的な生を理想とする考え方は、古代のさまざまな宗教や哲学の中に
見出される。パウロ書簡の中にもこの世から距離をとって生活することや
独身主義を肯定する主張がみられるし、キリスト教の母胎となったユダヤ
教の中にもバプテスマのヨハネやエッセネ派などのように禁欲を実践して
いた人々がいる。またキリスト教が進出していったヘレニズムの世界にも、
プラトン的な思想やストア派の教えの中には肉体と霊魂の二元論に立っ
て、真理に達するためには霊魂の「牢獄」であり「墓」である肉体の欲望

（とくに情欲）を抑制し克服しなければならないとする思想があった。人間的な感情や周囲の事物に支配されない「自由な境地」（アパティア）に達するために、禁欲や苦行の実践が重んじられたのである。またグノーシス主義の中には「現世」を悪しき神の産物と考え、結婚や出産をも拒否するラディカルな禁欲を主張した一派も存在したという。巨視的に見れば、キリスト教の禁欲主義も古代世界一般に広まっていた禁欲を肯定するこのような環境と雰囲気の中で誕生したものといえるだろう。

　注意すべきことは、古代世界やキリスト教における**禁欲**という概念がたんに身を慎むとか欲望を抑えるといった消極的なものにとどまるものではなかったことである。禁欲を意味するギリシア語「アスケーゼ」がそもそも「体を動かして行う訓練やトレーニング」を指すように、それは一定のライフスタイルを積極的に追求することであり、当時の世界において禁欲はひとつの魅力的な生き方として受けとめられていたのである。

　キリスト教における最初の禁欲は通常の市民生活の中で営まれるものであり、それは教会内における禁欲であった。しかし3世紀になると教会外の禁欲、さらには一般的な日常生活の場から離れた禁欲というスタイルが登場してきた。この時に教会を離れた禁欲主義者たちは教会を否定したわけでもなければ、新たな教会を形成しようとしたわけでもない。彼らがめざしたことは誰にも妨げられることなく、すべての時間と場においてひたすらキリストの福音に従う生活を送ることだったのである。

　しかしながら、その結果として、古代教会における「禁欲的なキリスト教」と「非禁欲的なキリスト教」という対立項が生まれることになった。このことはキリスト教において、「高次の倫理」を求められる修道者と「低次の倫理」で十分とされる一般のキリスト教徒の分裂という現象を生むことになった。そして、K・S・フランクによれば、「この対立は、よりなじみ深い「俗世と修道院」の対立という形で、緊張をもたらす要因として教会史全体について回ることになる」という結果を生んだのである

（『修道院の歴史』32頁）。

〔修道士の出現～エジプトのアントニオス〕

　禁欲主義を特徴とする最初の修道士が出現したのは３世紀後半から４世紀頃のことであり、場所はエジプトのナイル川のデルタ地方南西部一帯から北エジプトのテーベの地域に集中していた。これらの人々は俗世間を離れて荒野や砂漠の中に移り住み、結婚することもなく、すべてを捨てて、貞潔と清貧の生活を送った。基本的にはひとりで生活していたが、日曜日の礼拝や生計を立てるための手仕事をする際には共に集うこともあった。ゴンサレスはこうした初期の修道士たちの生活ぶりを以下のようにまとめている。

　　「〔それは〕たいへん単純なものだった。中には畑を作っている者もあったが、大多数の人々は、かごや敷物を編んで、それらをパンや油と交換して生活していた。葦が身近に入手可能であったことに加えて、この労働にはもう一つの利点があった。かごを編みながら、祈ったり詩編を歌ったり聖句を暗記したりすることができたことである。」「彼らの所有物は、生活に最低限必要な衣類と、眠るためのマットだけであった。彼らのほとんどは、高ぶりの原因になると考えて本を所有することを避けた。彼らは聖書全部、中でも特に詩編と新約聖書をそらんじて、互いに教え合った。また、最も尊敬を集めていた隠修士たちが伝えた珠玉の智恵や教育的小話などを互いに分かち合った。」（『キリスト教史（上)』158頁）

　４世紀にはとりわけメソポタミア地方で修道士が多くなり、そこからシリア、エデッサ、アルメニア、アンティオキア、コンスタンティノポリス、さらにはミラノやカルタゴといった地中海沿岸に広まっていった。Ｐ・ブラウンによれば、この時代に修道士が急増した理由は、時代の転換期に

あった古代末期において、「それ〔キリスト教の禁欲主義の実践〕が新しく人生をやり直す方法を具体的に示していたからである」(『古代末期の世界』91頁) という。

　修道士はその禁欲生活のゆえに「最後の審判」の恐ろしい罰が軽減されることになると考えられていた。また修道士は厳しい修行の結果、「聖者」の力を身につけた人とみなされるようになり、悪霊・悪魔を退治し、残忍な動物 (蛇や猛禽、ジャッカルやライオンなど) を自由に操り、さらに「全能の神と自由に話をする能力」を持つようになるとも考えられていた。こうした力によって修道士は地域や人々のために貢献し、時には皇帝に対して意見や助言を与えることすらあった。修道士は孤独な生活を送りながら決して孤立していたわけではなく、個人的な救いを探求しながらも公的な存在として認められていたのである。ある説によれば、修道士たちは都市の生活を否定して砂漠や荒野に出て行ったが、それはキリスト教を都市の周縁部や農村地域に普及させる宣教的効果を生むことにつながっていったという。

　こうした最初期の隠者的な修道士の中でよく知られている人物として、エジプトのアントニオスとシリアの柱頭行者シメオンを取りあげよう。

　アントニオスの生涯は彼と親交のあったアレクサンドリアの司教アタナシオスの『アントニオス伝』によって伝えられている。ギリシア語で記されたこの書物は、4世紀にラテン語に訳され、アントニオスは修道士の祖として知られるようになっていった。

　アントニオス (250 ?〜356年) はナイル河畔の町コマでキリスト教徒の高貴な家系の両親のもとに生まれた。青年期に両親を失ったが、家は豊かであったという。ある時、アントニオスは、教会で「もし完全になりたいのなら、行って持ち物を売り払い、貧しい人々に施しなさい。そうすれば、天に富を積むことになる。それから、わたしに従いなさい」(マタイ19:16〜22) というイエスの言葉が朗読されるのを聞いた。彼はその言葉をみずか

らへの呼びかけであると受けとめ、莫大な財産を処分した後、町を離れて修道生活を始めた。その時期のエジプトにはすでに多くの修道士が存在しており、アントニオスはこれらの人々から修道生活の教えを受けた。その後、約20年間にわたってアントニオスは祈り、断食、読書、瞑想に励んだ。『アントニオス伝』の中には、彼の修行を邪魔する悪魔が女性や野獣に姿かたちを変えて誘惑したり脅したりするエピソードが数多く記されている。

　やがてアントニオスの周辺には彼と同じように日常生活を捨て、禁欲と孤独の中で修道に励む者たちが現れてきた。これらの修道者たちはそれぞれ独居したが、アントニオスを「父」（アッバ）と呼び、その指導や教えを受けるために頻繁に彼のもとにやって来た。さらには、病気の治療、悪霊祓い、霊的な導き、紛争の調停などを求める多くの人々もアントニオスのもとを訪れるようになった。その様子は次のように伝えられている。

　　「そこで、諸秘義を学び神によって神的なものに満たされていたアントニオスは、請われて、あたかも隠れ場から出て来るかのように、人々の前に姿を現した。」「そこに居合わせた、病にうちひしがれていた大勢の人を、主は〔アントニオス〕を介して癒やされた。また、悪霊に憑かれた人々も癒され、浄められた。さらに、主は〔アントニオス〕に語るための恵みをも与えられたので、悲しみに沈んでいる人々を慰め、争っている人々を和解させ、この世にある何ものをもキリストの愛より優先させてはならないと、すべての人に語った。」（「アントニオス伝」14：2、5〜6、『中世思想原典集成1　初期ギリシア教父』786頁）

『アントニオス伝』を記したアタナシオスによれば、アントニオスは異端に対して断固とした態度で臨んだとされており、とくにアレイオス派に対して厳しい姿勢を取ったという。ディオクレティアヌスによる迫害の時代、アントニオスは殉教することを望んでアレクサンドリアに赴いたが、

その望みを果たせずに終わった。後に彼はアレイオス論争に際してふたたびこの地を訪れ、コプト語で（ギリシア語を知らなかったために）議論を行ったと伝えられている。

　この時代のアントニオスやその他の修道士たちの生涯や教えは伝記や『砂漠の師父の言葉』などの文書にまとめられて広く読まれ、後世の人々に影響を与えることになった。

〔シリアの柱頭行者シメオン〕
　初期の修道士たちは孤独で禁欲的な修行という点で共通していたが、そ

コラム⑮〜『砂漠の師父の言葉』より（1）

　禁欲と厳格な修行に生きた3〜5世紀の修道士たちの残した教えが『砂漠の師父たちの言葉』という文書にまとめられている。この文書からいくつかの言葉を引用しながら、修道士たちの重んじた思想と行動に触れてみよう。修道士たちは神と共にある生をつねに願い求めていた。「どこに行こうとも、そなたの目の前につねに神を思い浮かべるがよい」「目の前につねに神への畏れを持て」（アントニオス）。彼らの修行には険しい試練が伴ったが、それもまた必要なことであり、とりわけ重要なのは自分自身を注意深く見つめることであった。「試練を取り除いてみよ。そうすれば何人も救われることはないであろう」（アントニオス）、「試練は善いものである。というのも、それは人間を鍛えることを教えるからだ」（ポイメン）、「自分自身に注意せよ。わたしに関して言うならば、諸々の罪がわたしと神の間の暗い闇となっている」（アンモエス）、「自らを無とせよ。自らの意志を後ろに投げ捨てよ。そうすれば平安を得るであろう。」（シソエス）。修道士たちは自らを厳格に律することを求めた。「人を避けよ、沈黙せよ、静寂を守れ。これらこそが罪を犯さぬ元である」（アルセニオス）、「自分の正しさを過信せず、過ぎ去ったことをいたずらに悔やまず、自らの舌と腹とを制するがよい」（アントニオス）、「清貧、苦悩、厳格さ、断食こそ、隠修生活の道具である」（ポイメン）。

の形態や程度は地域によって異なっていた。シリアでは積極的に自分の肉体に責め苦を与えるような修道士たちが現れた。その中には、重い鉄の鎖を身につけたり、ひとつの場所に閉じこもって生涯を送ったり、雨露をしのぐ手だてを放棄して完全な野外生活者として過ごす人々もいた。おそらくこうした修道者たちの中でもっとも広く知られているのが「柱頭行者シメオン」である。

　シメオン（396 ?〜459年）は早くから修道士としての厳格な修行に励んだ人物であったと伝えられている。彼はその修行地であるテラニッソス（現在のシリアのディル・サマーンまたはカラト・サマーン）において、2メートルほどの柱から始めて最後は15メートル以上もの高い柱の上で30年以上の修行の年月を過ごしたという。なぜ高い柱の上で修行する方法が選ばれたのか、その理由は必ずしも明らかではない。同時代の伝記作者などによれば、旧約聖書に登場するモーセやエリヤが高い山の上で神の啓示を受けたことに倣ったともいうし、あるいはキリストの受難を模倣するものだったともいい、さらには人々を信仰に目覚めさせるために神が命じられたことであったともいう。いずれにしてもこうした奇矯ともいうべき行動に、厳しい禁欲と苦行を尊ぶシリアの修道生活の特徴が反映されていることは間違いない。

　シメオンの周囲にも彼と同じような柱頭行を志す人々が集まったが、ここでも修道士たちはそれぞれ別個に生活し、画一的な組織や規則は存在しなかった。シリアにおけるこうした柱頭行者の伝統は数世紀間にわたって存続した。

　シメオンは新たに開墾される土地の悪霊を除いたり、土地や水利をめぐる争いを調停するなど、その地域の人々のために貢献した。またアンティオキアで起こった問題に介入し、皇帝にも助言したと伝えられている。シメオンの評判は広くスペインやブリテンにまで知れわたり、各地から多くの巡礼者が彼のもとを訪れるようになった。テラニッソスは門前町として

発展し、シメオンの死後には彼の柱を囲むかたちで大聖堂が建てられ、長く巡礼地として繁栄した。

　この時代にはエジプトやシリア以外にも、パレスチナや小アジアなど東方の各地に修道制が伝えられていった（これら各地域における初期の修道制の詳細については、K・S・フランク『修道院の歴史』42〜48頁を参照）。

（2）東方における共住修道制の始まりと展開

〔パコミオスの生涯と共住修道制〕

　個人の隠修士という形態で始まったキリスト教の修道制は、やがて**修道院**という集団型の組織へと発展していった。その嚆矢となったのが**パコミオス**（290 ？〜346年）の始めた共住修道制である。

　兵士であったパコミオスは隠修士パレモンの感化を受け、320年頃、ナイル川上流のタベンナという土地で共同生活による修道の試みを始めた。この集団が成長し、やがて自分たちの働きで自給しつつ祈る組織となっていった。修道院は外界から厳格に閉ざされた土地に設けられ、修道士たちは共同の礼拝と食事と労働にあずかり、修道院長への服従、私有物の拒否、貞潔の尊重などを守って生活した。

　パコミオスは優れた組織家であり、また指導者であった。彼はその生涯のうちにエジプトに9つの男子修道院と2つの女子修道院を建てたが、その影響を受けてガザやアルメニア、ポントスにも修道院が生まれた。またパコミオスは194条から成る修道院の会則（戒律）を作成したが、これは後世の修道院の規則に影響を及ぼすことになった。

　パコミオスの修道院は4世紀末には七千人もの修道士を擁するにいたったといわれているが、その後の成り行きは伝えられていない。その理由は、エジプトにおいて独居型の隠修士と共住修道士の対立が生じたこと、修道士が教会政治や神学論争に巻きこまれたこと、地元のコプト人（エジプト

コラム⑯〜『砂漠の師父の言葉』より（2）

　みずからに対して厳しくあろうとした修道士たちは、他方で隣人に対しては配慮と寛容をもって関わることを尊重していた。祈りの時間に居眠りをしている仲間をどうしたらよいかという問いに、ポイメンという修道士は次のように答えた。「わたしならば、兄弟が居眠りをしているのを見たら、彼の頭を膝の上に置いて休ませる。」修道士たちは人を裁いたり非難することに関して、あくまでも慎重であることを勧める。「誰にも悪を為さず、誰をも裁いてはならない。これを守れ。そうすれば救われよう」（エジプトのマカリオス）、「立て、神はおまえをお赦しになった。だが、これからは、神が裁く前に他人を裁かぬように心せよ」（テーベのイサク）。さらにこうした隣人に対する関係は、修道士たちと神との関係、さらに救いの問題にまで通じるものとみなされていたようである。「生も死も隣人から来る。というのも、われわれが兄弟を獲得するならば、神を獲得し、兄弟を躓かせるならば、キリストに対して罪を犯すことになるからである」（アントニオス）。修道士たちが究極において望むべきものは謙遜という徳であり、畏れおののきつつ神の前にたゆまず進み出ることである。「わたしたちを救うのは、苦行でも徹夜でも、どのような労苦でもなく、ひとえに真の謙遜です」（テオドラ）、「謙遜と神への畏れとは、あらゆる徳にまさる」（ヨハネ・コロボス）、「神に近づけば近づくほど、自分が罪人であることが分かる」（マトエス）。

人）修道士と移住してきたギリシア人修道士の間で問題が生じたこと、さらに5世紀初めに外来の蛮族の襲撃が相次いだことなどによって、多くの修道士が同地を去っていったからである。またパコミウスによって人口稠密な修道士の共同体が形成されたものの、その後、有能な後継者を得ることができなかったためにこの地の修道院は衰退していったともいう。

　しかしパコミオスの修道院がこうした結末を迎えるにいたった、より重大な理由として、修道院という組織そのものが抱える本質的かつ内在的な要因を挙げる研究者もいる。すなわち熱心に活動する修道院であればあるほど、その労働は豊かな富を蓄積させ、その組織や権威の成長は修道院の

内外にさまざまな権力関係や問題を生じさせる。このようにして生まれた富と権力が修道院の理念や活動の根幹を掘り崩し、自壊作用をもたらすというのである。事実、こうした現象は、この後の修道院の長い歴史においてしばしば繰り返されることになった現実であった。K・S・フランクは次のように記している。

　　「四世紀末以降、パコミウスのこの独創的な事業がどうなったかは、もはやよくわからない。共同の修道院生活、大規模な修道院連合を指向したこの最初の試みにおいて既に、後の修道会史で規則的に繰り返される法則が提示されている。それは、修道制において偉大な創始者から発する刺激は、三、四世代もすれば内側では消耗してしまう、ということである。新たな力の流入が必要なのである。」（『修道院の歴史』39 〜 40頁）

　その意味において修道院に求められることは、つねにその原点に立ち帰りつつ不断の改革を進めることであったといえるだろう。そしてまたこのことは歴史的存在としての教会、さらにはキリスト教そのものに求められた課題でもあったのである。

〔バシレイオスと修道規則〕

　東方教会における共住修道制の伝統を引き継いだのは、カッパドキアの三教父のひとりとして知られるカイサリアの**バシレイオス**（大バシレイオス、330 ？〜 379年）であった。バシレイオスはパコミオス以上に共住と労働を重んじ、また孤児を含む他者への奉仕を強調した。彼が作った修道院規則はギリシア正教やスラブ系の東方の修道院で広く受け入れられるようになり、現在にいたるまで基本的な規則として守られつづけている。その規則には55項目から成る詳細な『**修道士大規定**』と313項目の『**修道士小規定**』があり、共に問答形式で書かれている。

　バシレイオスによれば共住制を勧める理由として、まず第１に私たちが物質的に必要なものにおいて誰ひとり自足している人はなく、「創造主である神は、私たちが互いに結びつくように、私たちは互いの助けを必要とすべきものと定められたからである」という。第２の理由として、「独居生活においては、彼を咎め、穏やかに同情をもって正してくれる人がいないので、各人は自分の欠点に容易に気がつかないだろう」という。バシレイオスは第１コリント書12章12節以下を念頭に置きながら、共住する修道士たちが「キリストを頭と戴く一つの体」であることを強調し、自己満足を求めるのではなく、共通の利益のために互いに配慮し合いながら祈り、学び、労働し、交わることの重要性を説いている（『修道士大規定』第７問、『中世思想原典集成２　盛期初期ギリシア教父』203〜207頁）。

　またバシレイオスは祈りと労働のバランスをとることを勧め、早朝、午前、正午、午後、夜、真夜中の定時に祈りをささげることを定めた（『修道士大規定』第37問）。これは後に**聖務日課**（**時課、時祷**）として知られるようになる、キリスト教会における日々の礼拝の最古の規定と考えられている。

　バシレイオスは後に主教の要請で修道院を離れて教会を指導する働きを担ったが、それによって彼は脱俗的な修道院と世俗の中にある教会をつなぐ役割を果たすことになった。杉崎泰一郎によれば、「それまでの修道院は、世俗の生活だけでなく教会の活動からも離れて、超人的な力を持った修道士が僻地で暮らし、信徒からの施しを得て奇跡を期待されることが多かった。バシレイオスは修道院を教会組織の中に組み入れる道を開いたのである。四五一年のカルケドン公会議では、各地の司教〔主教〕に修道院の建立と監督権が認められることとなった」（『修道院の歴史』30頁）と記している。後にふれるベネディクトゥスが西方教会の修道制の始祖とされるように、バシレイオスは東方における修道制の始祖の位置を占める人物となった。

（3）西方の修道制とベネディクトゥス

〔西方における修道制の始まり〕

　東方のキリスト教世界で生まれた修道制は、ヒエロニムスやヨハネス・カッシアヌス、アウグスティヌスなどによって西方へ伝えられ普及していった。

　ヒエロニムス（347 ？〜 420年）は聖書をラテン語に訳したことで知られるラテン教父のひとりである（この聖書は**ウルガタ**と呼ばれ、カトリック教会の公式の聖書となった）。彼はダルマティア地方（クロアチアのアドリア海沿いの地方）に生まれ、ローマで学問を修めた。371年、エルサレムへの巡礼の途上、病気のためアンティオキアに長く滞在したが、そこで修道生活を体験することになった。382年にローマで東西教会の会議が開かれた際、ヒエロニムスも東方からの随行員として参加し、教皇ダマスス１世（在位366 〜 384年）と親交を結んだ。ヒエロニムスは３年にわたってローマに滞在し、この時期に東方の修道制を西方の教会に伝えたと考えられる。384年に記した『書簡22』において、ヒエロニムスは当時のエジプトの修道士の３つの形態について記している。すなわち大勢で共住する者、独りで住む者、少人数で都市に住む修道士がいると述べ、この中の最初の形態、すなわち上長に従い、生活の時間割をきちんと決め、組織的に運営する共住生活を推奨している。ヒエロニムスは385年にベツレヘムに修道院を建て、没するまで同地で活動した。

　ヨハネス・カッシアヌス（360 ？〜 430 ？年）はスキュティア（現在のハンガリー）に生まれ、380年頃にベツレヘムの修道院に入り、その後、エジプトで修行した。399年にコンスタンティノポリスに移り、さらにローマで司祭に叙階された。415年頃、マルセイユで男女併存の修道院を建てたが、男子修道院であるサン・ヴィクトール修道院は中世の南フランスを代

表する修道院となり、現在にいたっている。カッシアヌスは、ゲルマン人の浸入という混乱の時代、西ローマ帝国各地に作られていった修道院に対し、共住修道制の実践的な手ほどきを行った。カッシアヌスはエジプトで経験した修道生活について記した多くの書物を残したが、その中でも『霊的談話集』は、後にベネディクトゥスが『戒律』の中で朗読を勧めたために、西方の多くの修道士たちに読み継がれるものになった。

　ヒッポの**アウグスティヌス**もまた西方の修道制の基礎を作った人物のひとりである。アウグスティヌスの師であるアンブロシウスも修道制には大きな関心を寄せ、彼が主教を務めたミラノとその周辺には複数の修道院が存在し、初期の西方の修道制の重要な中心地のひとつとなった。アウグスティヌスは最初期の修道士であるアントニオスの伝記を読み、深い感銘を受けたと伝えられている。彼は391年にヒッポの司祭となった時に最初の修道院を建て、395年には主教となって第2の修道院を建てたが、この時期に修道規則を著したと考えられている。彼の作った規則は『**アウグスティヌスの修道規則**』（聖アウグスティヌス会則）として知られるようになり、とくに11世紀以降、西方の修道院において、また修道士ではない聖職者の共住生活の場（「律修参事会」または「聖堂参事会」）において広く用いられるようになった。この規則はバシレイオスの『修道士規定』、ベネディクトゥスの『戒律』、13世紀の『フランチェスコの会則』と並んで、修道院に関わる四大規則のひとつに数えられている。

　ローマ帝国の時代には現在のフランスからスイス、ベルギー、ドイツや北イタリアの一部を含む広大な地域がガリアと呼ばれていたが、この地に最初の修道院を建設したのはトゥールの**マルティヌス**（316？〜397？年）であった。伝説によれば、軍人であったマルティヌスは物乞いの姿で現れたイエス・キリストに自分のマントを半分裂いて与えたことが入信のきっかけとなったという。361年、ポワティエ近郊に修道院を創立し、多くの人々に感化を与え、後にトゥールの主教に任じられた。

　西方における修道制の歴史に特異な位置を占めているのが、アイルランドの修道士（ケルト系の修道士）たちの活動である。**「アイルランドの使徒」**と呼ばれる**パトリック**（パトリキウス、389？〜461？年）と**ニニアン**（？〜430？年）がキリスト教と共に修道制をアイルランドに伝えたのは5世紀のことであったという。アイルランドでは修道院が信仰生活の中心となり、修道院長がキリスト教の指導的存在となった。修道士たちの厳格な禁欲はアイルランドを「聖人の島」として知らしめ、また修道院学校における熱心な学問は同じくアイルランドを「学者たちの島」として知らしめることになった。さらに特筆すべきことはアイルランドの修道士たちが積極的にヨーロッパ大陸への宣教活動を行ったという点である。このように故郷を遠く離れて宣教に従事することは「キリストのための遍歴」として理想化され、この地の修道士の伝統となっていった。

　6世紀末、**コルンバヌス**（543？〜615年）に率いられたアイルランドの修道士たちがガリアに上陸し、ヴォージュの荒野にリュクスイユ修道院を創設し、この地における修道制の新しい中心地を形成した。彼らは自分たちの独自の生活様式にこだわったために、ガリアの主教たちやフランク王国（メロヴィング朝）との間に緊張関係が生まれた。結局、コルンバヌスはこの地を追われイタリア北部で亡くなったが、その活動はアイルランドの修道制が大陸に広まり、また彼の作った厳格な修道院規則（『**コルンバヌスの規則**』）が普及するきっかけとなった。この規則の中には「修道士たちの戒律」「共住修道戒律」「贖罪規定書」が含まれていた。

　その後、イングランドでアイルランド人修道士とローマの教会の間に復活祭の日取りや修道士の剃髪方法をめぐって論争が生じた。664年の**ホイットビー教会会議**ではローマの方式が採用されることとなったために、これを契機としてアイルランドの教会は孤立化し、その活動も低下していった。

〔ベネディクトゥスと『戒律』〕

ヌルシアのベネディクトゥス（480 ？〜 550 ？年）は「**西欧修道制の父**」
と呼ばれ、また「**ヨーロッパの守護聖人**」とされる人物である。ローマ北
東のヌルシア地方に生まれ、ローマで修辞学を学んだ。しかしその地で多
くの学生が悪徳の道に踏み迷うさまを見て学問を断念し、財産も捨て、世
俗から離れて神を求めて生きる道へと転じた。回心を経験した後、ベネ
ディクトゥスはスビアコという荒れ野で祈祷と瞑想の生活を送り、また
悪魔の誘惑を経験しつつ隠棲の日々を過ごした。やがて周囲に集まった
人々と共に修道生活を送るようになった。彼は弟子たちを12の小さな修道
院に分けて住まわせたが、各修道院は12名以内の修道士から構成されてい
た。ベネディクトゥスはスビアコで30年近くを過ごしたが、近隣の司祭
がベネディクトゥスの名声に嫉妬し毒殺未遂などの事件を起こしたために、
529年頃にその地を引きはらい、ローマの南方にあたるモンテ・カッシー
ノ（カシノ山）に修道院を創設し、亡くなるまでそこで生活した。

　ベネディクトゥスの建てた修道院は西ローマ帝国滅亡後の時代にあって、
キリスト教の宣教を積極的に行い、農耕をはじめさまざまな事業を計画的
に実践する修道士たちを生み出した。修道士たちは哲学や芸術、薬学、神
学などを研究する学校やそれらの資料を保存する図書館の仕事にも携わっ
た。**モンテ・カッシーノ修道院**は後にランゴバルド族やイスラムによる破
壊、地震による被害などを被ったが、そのたびに再建された。また第2次
世界大戦においても焦土と化したが、戦後、再建されて現在にいたってい
る。

　ベネディクトゥスの最大の貢献は『**戒律**』を生み出したことであろう。
これは西方教会の修道院規則としてもっとも広く普及したものであり、今
日もなお大きな影響を及ぼしつづけている。この規則は「**祈りかつ働け**」
（ora et labora）をモットーとして共住生活におけるあらゆる側面について
取りあげると共に、極端な禁欲や節制を戒める「分別の精神」（ベネディク

トゥスの伝記を記した教皇グレゴリウス1世の言葉）によって知られている。

　『戒律』は530年以降にモンテ・カッシーノで執筆されたと考えられている。ベネディクトゥスはみずからの長年の修道生活の経験に基づいてこの規則を編みだしたが、またバシレイオスなどの初期の東方の修道院規則や同時代のカッシアススの著作を参考にしており、とくに5世紀から6世紀初頭にローマで成立した『師の戒律』と呼ばれる規則に多くを負っていることが知られている。その意味でこの『戒律』はそれまでの時代のさまざまな修道院規則の集大成であったといえるだろう。

　『戒律』は「序」をはじめとして73章から構成されている。ベネディクトゥスは「序」の中で修道院を「主のための奉仕の学校」と呼び、「これを設立するにあたり、厳しすぎあるいは難しすぎることを課すつもりはない」と記し、神を真剣に求めようとする人々に向けて修道生活への招きを告げている。本文は「修道士の種類」「修道院長」「修道院における会議」についての3つの章から始まり、第4章以降では修道士としての「善い行い」「従順」「沈黙」という徳目について記している。第8章から第20章までは修道院でもっとも重んじられた定時の祈り（聖務日課）に関する諸規定である。1日8回の祈りのサイクルが定められ、それぞれの祈りで唱える詩編の章句が指定されている。また年間のスケジュールも11月1日から復活祭までの冬の季節と復活祭から始まる夏の季節に分けられている。その後の章には、労働、読書、睡眠、食事、衣服、修道院の秩序や管理運営に関すること、新しい修道士を受け入れる際の手続き、また過失とそれに対する戒め（「破門」を含む）など、修道院の具体的な生活に関わるもろもろの記述がつづく。そこでは修道院長などの上長への服従と共に修道士がお互いに「従順の徳」を示すことが求められており、また高齢者や病気の者に対する配慮、飲食物を含む必需品の分配などに関する具体的で柔軟性に富んだ規則がまとめられている。最後にこの規則は次のような言葉で結ばれている。

　「そこで天の故郷を目指して急ぐあなたは、キリストの助けを得て、初
　心者のために書かれたこの最も控えめな戒律を実行に移すべきである。そ
　のときにこそ、神のご保護の下に、右に記した教えと徳のより高い頂に最
　後には到達するであろう。アーメン。」（『戒律』第七三章、『中世思想原典集
　成5　後期ラテン教父』326頁）

　ベネディクトゥスの『戒律』は、7世紀以降、多くの修道院で用いら
れるようになっていった。『戒律』が外部に広まるきっかけとなったのは、
577年にランゴバルド族がモンテ・カッシーノに浸入した際、修道士たち
がイタリアやガリアに避難して、この規則を各地に伝えたことによる。こ
うして『戒律』は徐々に広まっていったが、他方、6世紀末には前述し
た『コルンバヌスの規則』もガリア東部の修道院で用いられており、7世
紀になると両者が併用されるケースも増えていった。修道院の院長は成文
化された規則をみずからの手引きとして用い、ひとつの修道院で複数の規
則を併用したり、複数の規則からひとつの規則を作ることも行われたとい
う。こうした混合規則を脱して、『戒律』のみを用いるようになったのは
7世紀末のイングランドの修道院であり、やがてこの地の修道士たちが大
陸にそのやり方をもたらすことになった。この時に重要な役割を担ったの
が、ウィリブロルド（？〜739年）、そして「ドイツの使徒」として知られ
るボニファティウス（672？〜754年／第11章参照）である。
　その後、ガリアを支配したフランク王国が宗教政策の一環として『戒
律』を国内の修道院に対する統一規範として採用したために、この規則は
西方のキリスト教界に広く普及することになった。779年にカール1世が
発した「ヘリスタル勅令」の第3条では、修道士がベネディクトゥス戒律
に基づいて生活することが求められており、後継者のルードヴィヒ1世
（敬虔王）もこうした政策を継承した。

　杉崎泰一郎はベネディクトゥスと『戒律』について次のように述べている。

> 　「ベネディクトゥスは若い時の挫折感から得たこと、聖書や教父の書物に学んだこと、そしてアントニオス以来積み上げられてきたキリスト教修道院の生活や規則を、ともに生きる仲間たちや後に続く者たちのために練り上げて体系化し、文章化したのである。彼は人間の弱さとともに法の弱点をも知りぬいていて、リーダーの指導の下で構成員が一つの目的のもとに互いに助け合うという、血の通った共同体を築き上げた。」（『修道院の歴史』68頁）

〔西方における修道制の特徴〕

　修道制は東方で生まれ、後に西方のキリスト教世界に伝えられていった。東方の教会において、修道士は孤立した禁欲主義者だったわけではなく、教会や主教を支え、病院や無料の給食活動、葬儀を執り行うことなどによって民衆にキリスト教をアピールする重要な役割を果たした。3世紀以降、東ローマ帝国でキリスト教が広まったのは修道士のおかげであったとする研究者もいるほどである。

　西方における修道制は、東方に比べ、教会や社会との結びつきがさらに強かったことが特徴であったとされる。西ローマ帝国の滅亡とゲルマン人の諸国家の興亡がつづいた混乱の時代において、修道院は学問、労働、教育など社会的文化的に重大な役割を担うことになった。とくに重要なことは、ローマを中心とする教皇の勢力がまだ未発達だったこの時期に、ゲルマン人やケルト人への宣教に関して修道士たちが大きな力を発揮したことである。すでに見てきたようにアイルランドやブリタニア、そしてガリアなど、ローマ帝国の辺境もしくは域外というべき各地にキリスト教を伝えたのは修道士たちであった。

西方教会ではとりわけ6世紀末の教皇グレゴリウス1世の時代以降、各地に修道院が普及していった。D・ボッシュは、「五世紀から十二世紀にかけての七百年以上にわたり、修道院は文化文明の中心をなしただけでなく、宣教の中核でもあった」（『宣教のパラダイム転換（上）』386頁）と述べている。またP・ブラウンによれば、西方教会の主教は都市の支配層や有力な商人たちの影響を受けることが多く、時には腐敗に染まることもあったが、修道士たちの場合、貞節と清貧の誓いを立て、強い連帯感を持ち、さらには「この世」の者に対する独特の優越感を抱いていたために、そうした影響を受けることが少なかったという（『古代末期の世界』103頁以下参照）。こうした修道士の中からアウグスティヌスやマルティヌスのような有力な主教が生まれ、教会や信徒を導き、さまざまな宣教の働きを担うことに

コラム⑰〜修道士と「笑い」

修道院では笑いが禁じられていたという話を聞いたことのある人は多いのではないだろうか。ウンベルト・エーコの小説『薔薇の名前』でも修道士の笑いがひとつのモチーフとなっている。笑いは堕落につながり、神を侮蔑するものであるがゆえに、修道士は沈黙の掟を守るべきだと考えられていたという。修道院規則として広く知られているベネディクトゥスの『戒律』にも、「無駄口あるいは笑いを誘う言葉は口にしないこと」「しばしば、大声で笑うことを愛さないこと」という戒めがある。さらに時代を遡るとバシレイオスの『修道士大規則』の第17問にも「大きな声を立てて笑ったり、こらえきれずに体を揺すったりすることは、よく整えられた魂の表れではない」と記されている。ついでにいえば、この記述の近くには「肉づきのよさと健康そうな肌の色が競技選手の特徴であるように、痩せた体と節制の実践が生み出す蒼白さはキリスト者を、キリストの命令に関する真の競技者として示している」という文章も残されている。修道士の理想像は「痩身で青白く笑わない人間」だったようである。もっともバシレイオスは「朗らかな微笑によって魂にこみあげる喜びを明らかにすることは見苦しいことではない」と記していることも付記しておこう。

なった。この意味で修道院は有能な教会指導者や神学者を輩出する人物の
プールとしての役割を果たしたのであり、事実、中世以降のカトリック教
会の教皇は修道士出身の人々が多くを占めるようになっていった。

　藤代泰三は西方における教会と修道制の間に一種の緊張関係が存在した
こと、そしてそれが教会の改革と刷新に大きく寄与したことを次のように
まとめている。

　　　「教会が修道院制度を認め、組織的にこれをたてたことによって、教会
　　はつねに自己を批判的に観察する鏡を用意したといえよう。この制度は完
　　全性の立場にあるものと考えられたから、ここからつねに教会の中へ禁
　　欲的刺激が運びこまれた。ローマ・カトリック教会に発生した改革運動で、
　　その起源が修道院になかったものはない。」（『キリスト教史』108頁）

〔第5章の主な参考文献〕

朝倉文市『修道院にみるヨーロッパの心』（山川出版社、1996年）

今野國雄『修道院』（岩波書店、1981年）

佐藤彰一『贖罪のヨーロッパ』（中公新書、2016年）

杉崎泰一郎『修道院の歴史　聖アントニオスからイエズス会まで』（創元社、2015年）

K・S・フランク『修道院の歴史　砂漠の隠者からテゼ共同体まで』（教文館、2002年）

上智大学中世思想研究所編『中世思想原典集成1』、「アントニオス伝」（平凡社、1995年）

上智大学中世思想研究所編『中世思想原典集成2』、「修道士大規定（バシレイオス）」（平
　　凡社、1992年）

上智大学中世思想研究所編『中世思想原典集成5』、「ヌルシアのベネディクトゥス
　　『戒律』」（平凡社、1993年）

『砂漠の師父の言葉』（知泉書房、2004年）

第6章　東方教会の歩み

　ローマ帝国分裂後の東方のキリスト教の歴史的展開を取りあげる。この章では、まず東方系の教会の主なグループを紹介した後、東ローマ帝国（ビザンツ帝国、ビザンティン帝国）における正教会（ギリシア正教会）、そしてその系譜を継ぐロシア正教会の歴史を現代にいたるまで概説し、また日本におけるニコライの宣教とハリストス正教会にもふれる。

（1）東方系のキリスト教

〔東西の教会の系譜〕

　キリスト教をローマ帝国における唯一の公認宗教とする決定を下した皇帝テオドシウス1世（在位379 ～ 395年）は、その死に際して帝国を二分して息子たちに継承させた。これ以降、帝国がふたたび統一されることはなかった。

　西ローマ帝国はミラノ、そしてラヴェンナを本拠としたが、最後の皇帝ロムルス・アウグストゥルス（在位475 ～ 476年）がゲルマン人の傭兵隊長オドアケルによって退位させられた476年をもって、その歴史を閉じることになった。

　一方、コンスタンティノポリスを首都とする**東ローマ帝国（ビザンツ帝国、ビザンティン帝国）**は、西ローマ帝国滅亡後も千年近くにわたって存続した。その最盛期である6世紀には地中海沿岸の大半を版図におさめたこともあったが、7世紀以降、イスラム勢力の台頭によってしだいにその勢力と領土は縮小した。また第4回十字軍がコンスタンティノポリスを占領してラテン王国（1204 ～ 1261年）を建設したために、ビザンツ帝国が一時的に中断した時代もあった。14世紀半ば以降、その支配領域は首都とその周辺に限定されるようになり、オスマン帝国の攻撃によって最終的にビザ

ンツ帝国は1453年に滅亡することとなった。

　こうしたローマ帝国の歩みにあわせるように、キリスト教会も東方と西方というふたつの領域に分岐する歴史をたどることになった。東西の教会が最終的に分離したのは1054年の教会分裂（シスマ）の結果とされているが、実際にはそれよりもはるかに早い時代から東西教会の分離は始まっていた。すでに述べたように古代教会は5つの総大主教区を形成していたが、西方における唯一の総大主教区であったローマは聖ペトロの継承者として全教会に対する首位権を主張し、ローマ帝国の分裂やゲルマン人の移動といった困難な状況のもとで独自の教会形成を模索していった（第7章参照）。これに対してコンスタンティノポリスの総大主教区を中心とする東方の教会は、ビザンツ帝国との一体性を維持しながら、古代からの伝統を継承する歩みを進めていった。やがて東方の教会は**正教会**（**ギリシア正教会**、**東方正教会**）、西方の教会は**ローマ・カトリック教会**と呼ばれるようになっていった。16世紀にカトリック教会から分かれ出たプロテスタントはすべて西方系の流れを汲む諸教会・諸教派である。

　東方では古代の教義論争の結果、正教会から離れた「オリエンタル・オーソドックス教会」や「アッシリア東方教会」が出現した。また近代に

東西教会の系譜（概略）

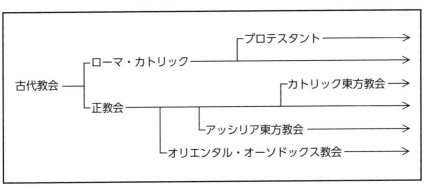

なると正教会の中から西方のカトリック教会に帰属（復帰）する教会が現れたが、これを「カトリック東方教会」と呼んでいる。ここではまずこうした東方系の諸教会について解説することから始めよう。

〔東方系の諸教会〕

①正教会（Orthodox Church）

正教会は**ギリシア正教会**（Greek Orthodox Church）、あるいは**東方正教会**（Eastern Orthodox Church）と呼ばれることもある。古代に開催された最初の7回の公会議（全地公会議）のみを承認する立場をとり、東方系の諸教会の中で最大の信徒を擁する教会である。

「　正　」の原語である「オルソドクシア」は「正しい賛美」「正しい教え」を意味するギリシア語に由来する。なお「ギリシア正教会」には古代以来の正教会全体を包含する用語として用いる場合と、現在のギリシア共和国内のギリシア正教会という個別の地域教会を指す場合があるので注意する必要がある。

これから述べるように、正教会の歴史は最初はビザンツ帝国の歴史と重なりながら展開したが、ビザンツ帝国滅亡後は主としてスラブ人の歴史と深く結びついて展開していくことになった。ただし正教会はカトリック教会のように超地域的・超民族的で一元的な教会ではなく、組織としては主として民族単位の自立した教会としてそれぞれに存在し、諸教会の関係は対等平等のものとされている。他方、その信仰内容や「機密」（サクラメント）の有効性はすべての正教会で共有されている。現在、正教会の多くは、かつての東方の4つの総大主教区のほか、ロシアや東ヨーロッパなどを中心に存在し、その中にはロシア正教会、ルーマニア正教会、セルビア正教会、グルジア（ジョージア）正教会、ブルガリア正教会、ギリシア正教会、アルバニア正教会、アメリカ正教会などが含まれる。日本ではハリストス正教会という名称で知られている。

②アッシリア東方教会 (Assyrian Church of the East)

　アッシリア東方教会はネストリオス派の伝統に連なる教会である。**ネストリオス派** (ネストリオス主義) は (正統派の教義とされた)「受肉のキリストの内に神であると共に人である唯一の位格が存在する」という主張に対して、「キリストの中に人と神の2つの位格が存在する」ことを主張している。431年の**エフェソス公会議** (第3回全地公会議) では、「子なる神」であるイエス・キリストにおける神性と人性の関係 (キリスト論) をめぐって議論が交わされた (コラム⑬参照)。この時にコンスタンティノポリス総大主教であった**ネストリオス** (381 ?〜451 ?年) はキリストにおける神性と人性を認めつつ、両者は分離して存在することを主張したと伝えられている。アレクサンドリアの総大主教**キュリロス**は、この説をキリストの内にふたつの人格があると主張する異端であるとして激しく攻撃した。この議論の背景にはネストリオスの支持者であったアンティオキア学派とこれに対立していたアレクサンドリア学派の教会政治的な確執も横たわっていたといわれ、ネストリオスの主張が曲解されて攻撃されたともいわれている。ともあれエフェソス公会議はネストリオスの主張を否定し、ネストリオス自身も破門宣告を受けて主教職を罷免されエジプトで隠棲に追いこまれた。451年に開催された**カルケドン公会議はカルケドン信仰定式**といわれる文書を制定することによって (ネストリオス派のみならず後述する単性説派も含めて) キリスト論をめぐる論争に終止符を打った。この文書では、キリストの神性と人性は「混同することなく」「変わることなく」「分けられることなく」「分離されることなく」存在すると規定されている。

　後述するように、ネストリオス派はその後、ペルシア、インド、そして中国にまで広まっていったが、やがてイスラム勢力が台頭したことによってその力は衰えていった。16世紀には一部が分裂してカトリック東方教会に属する**カルデア教会**を形成した。

　現在、この教会の信徒は推定40万人とされるが、中東のイランやイラ

クに残っているのは数万人で、その他はアメリカなど世界各地に分散している。

③オリエンタル・オーソドック教会 (Oriental Orthodox Church)

　オリエンタル・オーソドック教会は第3回までの全地公会議を承認するが、カルケドン公会議とカルケドン信仰定式を認めない東方系の教会である。かつては**「単性説派の教会」**と呼ばれていたこともあったが、現在では「非カルケドン派の正教会」として上述の呼称を用いるようになってきている。

　単性説というのはキリスト論における神性と人性の関係をめぐって主張された神学的見解のひとつであるが、その内容は必ずしも一致していたわけではない。たとえばエウテュケス（378？〜454？年）の場合、キリストの本性は人性が神性に飲みこまれたという極端な単性説を主張したためにカルケドン公会議で断罪され追放された。他方、穏健な単性説（「合成説」または「一性説」と呼ばれることもある）として、キリストの内に「神性と人性から成る単一の本性」があると主張した人々もいた。カルケドン公会議はこれらの単性説の全体を否定したために、これを不服とした諸教会が公会議の決定を拒否したのである。

　この結果、カルケドン派の教会と非カルケドン派の教会の間に長期間の論争が繰り広げられることになった。後者の中心となったのはイエスの神性を強調する単性論的傾向の強かったアレクサンドリアなどの諸教会であった。やがてこの問題は東方だけではなく西方の教会をも巻きこむ論争となっていった。歴代のローマ教皇はカルケドン信仰定式の擁護を主張したが、東方では475年にビザンツ皇帝バシリスクス（在位475〜476年）が単性論派を支持したり、またコンスタンティノポリス総大主教アカキオス（在位472〜489年）がこの問題について妥協的な姿勢をとったりしたために、問題は複雑で深刻なものとなっていった。484年、教皇フェリクス（在位

483 〜 492）はアカキオスに破門通告を行い、その結果、東西教会は交わりを断つことになった（「アカキオスのシスマ」）。この分裂は後にビザンツ皇帝に即位したユスティヌス1世（在位518 〜 527年）がカルケドン信仰定式を再確認したことで、519年にひとまず終わりを告げた。

　現在、オリエンタル・オーソドックス教会に含まれる教会としては、アルメニア使徒教会、コプト正教会（エジプト）、エチオピア正教会、シリア正教会が存在する。

④カトリック東方教会（ユニアト教会、帰一教会／ Eastern Catholic Church, Uniat Church）

　近世以降、東方の正教会の中からローマ教皇の権威を認め、カトリックに帰属する諸教会が出現した。これらをカトリック東方教会（ユニアト教会、帰一教会）と呼んでいる。これらの教会ではカトリックの教義を受け入れながら、典礼（礼拝）に関しては従来の東方系のものを維持している。

　カトリック東方教会に含まれる教会は、それぞれの地域における他の東方系の教会と同じような名称のものが多いために混同しがちだが、別個の教会である。具体的には、アルメニア典礼カトリック教会、ウクライナ東方典礼カトリック教会、エチオピア・カトリック教会、カルデア典礼カトリック教会、コプト典礼カトリック教会、シリア典礼カトリック教会、マロン典礼カトリック教会、ロシア東方典礼カトリック教会などがある。

（2）ビザンツ帝国とギリシア正教

〔東方教会における国家と教会〕

　東方のキリスト教の大きな特徴のひとつは、国家と教会の間の一体性や協調性が西方よりもはるかに強かった点にある。西方においてはアンブロシウスなどの主教たちがしばしば皇帝に対する批判や抵抗を行ったのに対

し、東方では皇帝が世俗の社会と共に教会に対しても強い指導力を発揮し、教会がこれに従うということが一般的であった。前者の傾向はやがてローマの主教（教皇）と世俗の皇帝や王たちの間に緊張関係をもたらすことになり、中世ヨーロッパにおいて繰り広げられた教会と国家の激しい葛藤を生む温床となった。他方、後者の傾向は皇帝を地上における神の代理者とみなす「皇帝教皇主義」へとつながっていった。

　東方の教会におけるこうした傾向の源流はいうまでもなくコンスタンティヌス帝の時代に発するものであったが、他方、そうした現実を教会サイドから神学的に正当化した人物として知られているのがカイサリアの**エウセビオス**（260 ？〜 339年）である。エウセビオスは『教会史』や『コンスタンティヌスの生涯』などの著作で知られる古代の教会史家で、後にカイサリアの主教となった。宣教学者のD・ボッシュはエウセビオスを「政治神学の創始者」と呼び、「国家と教会が調和して一致する組織を作り上げた」人物とみなしている（『宣教のパラダイム転換（上）』347 〜 348頁）。

　エウセビオスはディオクレティアヌスの迫害を経験し、またコンスタンティヌスによるキリスト教公認を経験した人物であった。当時のキリスト教徒の多くがそうだったように、エウセビオスはキリスト教の公認と平和の時代の訪れをキリスト教の勝利とみなし、またそれを実現したコンスタンティヌスを神によって選ばれた最高の主権者として賞賛した。エウセビオスの歴史観によれば、ローマ帝国の歴史はキリスト教によって完成にいたるのであり、両者の存在は相即不離のものなのである。

　しかしこの歴史観においては、イエスや初期の教会が待ち望んでいた来たるべき「神の国」という終末的な視点は後景に退けられてしまった。あたかも神の計画はコンスタンティヌスによって実現したかのように受けとめられ、その結果、現状の体制が肯定されると共にその背後に立つ皇帝とその権力も是認されることになった。田上雅徳は、このように終末意識の後退したキリスト教がどのような結果を生むことになるかを次のように記

している。

　「「終末意識」が弱まると、現世とは異なる世界のヴィジョンを描きにく
　くなる。すると相対的に、現世と現世を秩序づけている政治権力の存在感
　が高まる。こうなると、その現世と政治権力とを、手持ちの宗教的なボ
　キャブラリーとグラマーで語るしかない。このような、キリスト教世界に
　特有の政治神学的問題が、エウセビオスその人に集中的に表現されている
　のである。」（『入門講義　キリストと政治』50頁）

　一方、こうした教会と国家をめぐる問題を終末論的な視点から批判的に
捉える思想を展開したのが、すでに紹介したアウグスティヌスの『神の
国』だったといえるだろう（第4章参照）。エウセビオスとアウグスティヌ
スの歴史観は、それぞれ東方と西方の教会に大きな影響を及ぼすことに
なった。一方のエウセビオスが迫害の終焉とキリスト教公認の時代に生き、
他方のアウグスティヌスが西ローマ帝国の滅亡という時代に生きた人物で
あったことを考え合わせるならば、私たちはそれぞれの置かれた状況が彼
らの思想や歴史観に大きな影響を及ぼしたであろうことを思いめぐらさな
いわけにはいかない。

　ともあれ東方のキリスト教は、国家と教会の関係を一体的に捉え、政治
と宗教の目標を一致させるという前提のもとで、国家が教会の宣教に強い
関心を寄せることになった。正教会においては、国家が教会の宣教を支え
るのみならず、まさに宣教の主体そのものとなり、教会もまた「国家のた
めの宣教」を遂行する性格を帯びるようになったのである。こうした現実
はビザンツ帝国とギリシア正教会の伝統となったばかりでなく、その後、
近世から近現代におけるスラブ人国家とロシア正教会の関係などにまで継
承されていくこととなった。

〔ビザンツ帝国と正教会〕

「皇帝教皇主義」（Caesaropapism）に立つビザンツ帝国では、皇帝は聖職者ではなかったにもかかわらず、公会議を招集したりコンスタンティノポリスの総大主教の任免権を保持するなど、教会に対する優越的な立場を占めていた。皇帝は神に選ばれた存在であり、また神によって権威づけられた存在であった。皇帝は行政、司法、立法、軍事における最高の権限を掌握すると共に、教会と正統信仰の庇護者と考えられており、時には皇帝自身が信仰や神学の問題について発言することもあった。もっとも皇帝が教会に対してつねに絶対的な権力者として振る舞っていたというわけではない。主教の任免において皇帝は聖職者たちの同意を得ることが通例であり、信仰や正典の解釈などについての最高決定権は教会会議に委ねることになっていた。皇帝は会議の決定を支持し、それを擁護・推進する役割を担っていたのである。

奉神礼（正教会の礼拝・祈り）は荘厳かつ重厚な装飾と形態のもとで執り行われるようになっていったが、そうしたものは宮廷の儀式から多くを取り入れていた。皇帝は礼拝において特別の入り口から入堂し、また聖職者だけが入ることを許されていた至聖所の中で聖体拝領（聖餐）にあずかった。

第4章でも述べたように、公会議は皇帝の招集によって開催され、ニカイア公会議をはじめとするこれらの会議の主な目的は教会の信仰と組織の一致をはかることであった。それによってアレイオス派の教会、非カルケドン派の教会、ネストリオス派の教会などが異端として排除されていった。しかしこうした神学論争は必ずしも公会議の決定によってすみやかに決着がついたわけではない。アレイオス派の主張はニカイア公会議で退けられたにもかかわらず、その党派や影響は長く残っていたし、またネストリオス派や単性説派の影響がビザンツ帝国の中から消え去るまでには数世紀間を要したのである。

132

　西ローマ帝国が476年に滅んだ後、ビザンツ帝国はローマ帝国の伝統を継承する唯一の国家として残ることになった。ビザンツ帝国の「中興の祖」というべき人物が皇帝**ユスティニアヌス１世**（**大帝**、在位527〜565年）である。ユスティニアヌスはローマ帝国の再興をめざして、ヴァンダル族やゴート族を破って北アフリカやイタリアなど地中海沿岸における西方の領土を回復し、都市ローマをふたたびその版図におさめた。文化的には後世に重要な影響を及ぼした『**ローマ法大全**』の編纂を行ったり、**聖ソ**<ruby>**聖**<rt>ハギア</rt></ruby>**フィア大聖堂**などの建築を行っている。

　ユスティニアヌスは国家の統一の基盤として宗教的な一致を重んじた。それは一方において異教の弾圧というかたちをとると共に、他方ではキリスト教内部の教理論争や異端排除への積極的な関与として現れた。ユスティニアヌスはマニ教徒や各地域の異教の信者を厳しく迫害し、キリスト教へ改宗させた。529年にはプラトン以来のギリシア哲学の殿堂であるアテネのアカデメイアも非キリスト教的な教育機関とみなされて閉鎖された。ユスティニアヌスは皇妃テオドラが単性説の支持者だったこともあって正統派と単性説派の調停をはかろうとしたが、これはかえって問題を混乱させる結果を生むことになった。またモプスエスティアのテオドロスなど３人の神学者の記した文章がネストリオス派的傾向があるとして、皇帝は533年に第２回コンスタンティノポリス公会議（第５回全地公会議）を招集して、テオドロスらを断罪し異端宣告を行ったが（「３章論争」）、これに関してはローマ教皇ヴィギリウス（在位537〜555年）から批判を受けることになった。

　ユスティニアヌスの晩年は相次ぐ軍事行動によって経済的な疲弊が目立つ一方、540年代には伝染病（黒死病）が大流行して国内の人口が激減した。皇帝の死後、まもなくしてイタリアはランゴバルト族によって征服され、つづく１世紀の間に北アフリカの大半やスペインも失われた。またスラブ人やブルガール人の攻撃によってバルカン半島の領土も浸食されていった。

7世紀に新興宗教としてイスラム勢力が勃興したことはビザンツ帝国にとって大きな打撃となった。638年には地中海岸に進出してきたイスラムの軍勢によって聖都エルサレムが失われ、7世紀後半から8世紀初頭にかけては帝国の首都コンスタンティノポリスが攻撃を受けるということも起こった。

　このような帝国勢力の衰退と共に、ネストリオス派の教会や単性説派の教会が正教会から分離し、それぞれ独自の教会を形成したり宣教活動を行うようになっていった。その結果、6世紀のビザンツ帝国は宗教的に分裂した状態に陥った。

　この時期にひじょうに活発な宣教活動を繰り広げたのがネストリオス派である。ネストリオス派は4〜5世紀に異端として排除され迫害を受けたが、それまでの拠点だったシリアから隣接するペルシアに伝えられて盛んになり、エジプトやインド、トルキスタン、中央アジア、そして635年にはペルシア人アラボン（阿羅本）によって中国にまで伝えられた。ネストリオス派のキリスト教は唐の時代の中国では**景教**として知られていた。しかしイスラム勢力の隆盛に伴って打撃を受け、モンゴル帝国がイスラムに改宗した後、14世紀になると急激にその教勢は衰えていった。

　ネストリオス派の教会は古代ギリシアの文化をシリア語によってアラビア人に伝え、イスラムの文化に大きな影響を与えた、またそればかりでなく、西ヨーロッパで見失われていたアリストテレスの著作が、12世紀以降、アラビア人を通じてふたたび西方の教会に紹介され、中世の神学的刷新に大きな影響を与えることになった。

　単性説派の教会は民族的な要素と結びつき、各地でそれぞれの教会を形成していった。エジプトではコプト正教会が生まれ、その影響がエチオピア（アビシニア）にまで及んだ。シリア地方の東方教会は、ギリシア正教会、ネストリオス派の教会、単性説派の教会の3つに分裂した。アルメニアではネストリオス派の広がった隣国のペルシア帝国との対立もあって単性説

派の教会が広まることになった。

〔聖画像論争と東西教会の分裂〕

8世紀になるとビザンツ帝国の中では単性説派やネストリオス派の勢力はほとんど消えていった。その結果、正教会の正統的な教えが国内に浸透するようになっていった。

東方正教会の形成に刺激を与えた要因のひとつは、西方のカトリック教会との対立や論争であった。東西の教会の間で問題となったのは、イタリア半島南部とバルカン半島に関する支配権の問題、礼拝や教会暦における相違、首位権などの序列をめぐる争い、教理上の「フィリオクエ」に関する論争（コラム⑲参照）など多岐にわたっているが、ここでは聖画像をめぐる問題を取りあげることにしよう。

キリスト教の歴史においてシンボルや画像の取り扱いは偶像崇拝との関連でしばしば議論の対象となってきた。この問題は旧約聖書の「十戒」

コラム⑱〜景教と日本

日本に初めてキリスト教が伝えられたのは、フランシスコ・ザビエルによる16世紀のカトリックであったというのが定説となっている。しかし景教（ネストリオス派）が日本に伝えられた最初のキリスト教だった可能性があると示唆する人々もいる。781年に唐の首都・長安（現・西安）に建てられた「大秦景教流行中国碑」によれば、635年に長安を訪れた景教の宣教師は中国語に翻訳した聖書などを皇帝に献上した。それにつづく時代の皇帝たちは景教に対して好意的だったために、景教の寺院（教会）が中国各地に建てられ信徒も増加したという。周知のように、この時期の中国には日本からも遣唐使が何度も派遣され、仏教の経典をはじめさまざまな文物を持ち帰っている。そうした日本からの使節が中国で景教に触れた可能性もあると思われるのだが、残念ながら景教に関わるものがこの時代に日本に伝えられたという確実な証拠は現時点では発見されていない。

（第2戒）における「あなたはいかなる像も造ってはならない」（出エジプト
20：4）という可視的な神の画像の作成を禁じる戒めにまで遡る。しかし
現実には教会は初期の頃から宣教や教育の手段としてさまざまなシンボル
や画像を用いてきた。

　東方の教会では**イコン**と呼ばれるイエスやマリアなどの聖人たちの画像
を礼拝で用いる習慣が3世紀頃に生まれ、4〜5世紀にかけて盛んになっ
た。イコンは「像」や「姿」を意味するギリシア語で、その目的は「見え
るもの」を通して「見えないもの」（神や聖なる存在）へ人間を導くことに
ある。つまりイコンはそれ自体が礼拝対象というわけではなく、それを通
して神の国を見るための「天国の窓」であると説明されている。しかし7
世紀のイスラム勢力からの批判や影響によって、教会の中からも画像の使
用を偶像崇拝として批判する声が高まり、**聖画像破壊運動**（イコノクラス
ム）が起こるようになった。

　726年、皇帝レオン3世（在位717〜741年）は**「聖画像禁止令」**を出すと
共に、西方の教会における画像の使用を非難した。当時、カトリック教会
はゲルマン人への伝道や教化において、キリストやマリアの画像を使用し
ていたからである。これに対してローマ教皇グレゴリウス3世（在位731〜
741年）は皇帝の命令に反対し、皇帝と聖画像破壊論者を破門したために東
西教会の間には深刻な対立が生じた。レオン3世がこのような命令を発
した背後には、740年代にふたたび生じた黒死病の大流行、ゲルマン人や
スラブ人などによる侵略に加えて、726年にコンスタンティノポリスをお
そった大地震を神罰として恐れたからだという説もある。皇帝コンスタン
ティヌス5世（在位741〜775年）は754年に教会会議を開き、レオン3世の
偶像崇拝禁止政策を「正統」と決議した。しかし一般民衆や修道士たちは
この決定に不満を持ち、広汎な反対運動が生じることになった。

　787年に開催された第2回ニカイア公会議（第7回全地公会議）は聖画像
の崇敬を公認した。これはコンスタンティヌス5世の死後、息子であるコ

ンスタンティヌス6世（在位780～797年）の摂政（後に女帝）となった皇后
エイレーネー（在位797～802年）とコンスタンティノポリス総大主教タラ
シオス（在位784～806年）がイコン擁護の立場から推進したもので、754年
の決議を破棄したうえで、イコンの崇敬に関する定理を定めた。

　しかしイコンをめぐる問題はこれで決着したわけではなかった。814年
には皇帝レオン5世（在位813～820年）がふたたび「イコン崇拝禁止令」
を発した。その後の曲折を経て、最終的に論争が決着したのは、ミカエル
3世（在位842～863年）の母であり後見人だったテオドラがイコン擁護派
として論争に介入し、843年に息子の皇帝の支持を得て、イコン崇拝禁止
の決定をふたたび破棄したことによる。正教会はこの日を**「正教勝利の
日」**と呼び祝日としている（現在は「大斎節／レント」の最初の日曜日）。

　こうした長期間にわたる聖画像論争は東西教会の分裂（シスマ）を促す
大きな原因となった。9世紀に起こった**フォリオクエ論争**（コラム⑲参照）
は両者の対立をさらに激化させ、1054年、ついにローマ教皇とコンスタン
ティノポリス総大主教が互いに相手を破門し、東西教会は最終的に分裂す
るにいたった。その後の両教会の和解は20世紀（1965年）にいたるまで
実現することはなかったのである。

〔イスラム勢力とビザンツ帝国の滅亡〕

　7世紀にアラビア半島に興った**イスラム**は、ほぼ1世紀の間に中東地域
から地中海世界の東部と南部、さらにスペインにまで、その勢力を拡大し
ていった。ビザンツ帝国の領土の大部分はイスラム勢力に浸食され、東方
の諸教会にも大きな変化が生じた。イスラムの支配下で正教会の勢力は大
きく限定されることになったが、他方、正教会以外の東方系の諸教会の形
成がエジプトなど各地で進むことになった。

　ビザンツ帝国はイスラムの圧迫に対抗するためにローマ教皇と西ヨー
ロッパのキリスト教国からの援助を求めた。これが11世紀に起こった十字

コラム⑲〜フィリオクエ論争

フィリオクエ論争とはキリスト教の神論である「父と子と聖霊」から成る三位一体論のうち、聖霊の発出に関して東西教会の間で交わされた論争のことである。ラテン語の「**フィリオクエ**」（filioque）は「そして子からも」を意味する。ニカイア信条では「聖霊は父〔なる神〕から発する」と記されていたが、西方の教会では「父」の後に「フィリオクエ」を挿入し、「子なる神（イエス・キリスト）からも発する」という表現が6世紀末頃から用いられるようになった。西方教会では809年のアーヘン教会会議でこの信条が正式に承認され、聖餐の際に広く用いられるようになっていった。こうした信条の変更を東方の教会が批判したことから長期にわたる東西両教会の論争が始まった。この問題は教義内容に関わるものであると同時に、それを決定した教会会議の権威を問う論争でもあった。現在においても正教会では「フィリオクエ」を認めていない。

軍の発端となった。しかし自国の防衛を望んだビザンツ帝国と聖地エルサレムの奪還をめざす十字軍の思惑は必ずしも一致せず、両者の連携協力は良好とはいえなかった。そうした中で第4回十字軍は1204年にコンスタンティノポリスを占領して略奪を行い、ラテン王国を樹立するという予想外の事件を引き起こすことになった（十字軍については第11章参照）。

　一時的に消失したビザンツ帝国は、1261年、皇帝ミカエル8世（在位1261〜1282年）のもとで再興された。帝国再興後、皇帝は西方からの攻撃を避けるために東西教会の合同を考慮するようになり、1273年に開催された第2回リヨン公会議では教皇の首位権やフィリオクエを認めることを決定した。しかし正教会の多くの修道士や司祭、信徒たちはこの決定を承認せず、皇帝もやがて死去したためにこの合同は不成立に終わった。

　15世紀になるとオスマン帝国の脅威が迫る中で西ヨーロッパからの支援を必要としていたビザンツ帝国では、東西教会の合同をめぐる試みがふたたび提起された。バーゼル公会議（1431〜1449年）、そしてフェララ・フィレンツェ公会議（1438〜1439年）において、東西教会の合同問題が討議さ

れた。この会議にはビザンツ皇帝、コンスタンティノポリス総大主教を含む東西の高位聖職者が一堂に会し、合同宣言が作成された。しかし正教会内部では合同に対する賛成派と反対派が対立していた。1452年、皇帝コンスタンティヌス11世（在位1449～1453年）は聖^{ハギア} ソフィア大聖堂で東西教会の合同を正式に宣言したが、翌年、オスマン帝国によってコンスタンティノポリスが陥落し、ビザンツ帝国が一千年に及ぶ歴史を閉じると共に、この度の東西教会の合同もついに実現することなく終わりを告げた。

　フェララ・フィレンツェ公会議では、正教会以外の東方の諸教会とカトリック教会の間にも合同の議論が交わされた。コプト正教会、エチオピア正教会、アルメニア正教会などが対象となったが、やはり合同にまではいたらなかった。

　イスタンブール（旧コンスタンティノポリス）には1720年に総主教聖堂が建立され、現在も正教会の総大主教の座である**総主教庁**が同地に置かれている。

（3）「第3のローマ」とロシア正教

〔スラブ人への宣教〕

　スラブ系の諸民族がキリスト教に触れる契機となった事例としては、7世紀末にローマ・カトリック教会がアルプス南方のクロアチア人に対して行った宣教、8世紀にフランク王国がアルプス北方で行った宣教、ビザンツ帝国が7世紀にセルビア人に対して行った宣教などが挙げられる。しかし正教会がスラブ人に対する本格的な宣教活動を開始したのは、長期間にわたる聖画像論争がひと段落した9世紀後半以降のことであった。この時期には帝国の北方において、モラヴィア人、ブルガール人（ブルガリア人）、セルビア人、そしてロシア人がそれぞれ国家形成を進めていたが、結論的にいえば、これらすべての民族と国家が正教の教えを受け入れることに

なった。

　9世紀後半、コンスタンティノポリス総大主教フォティオス1世（在位
858～867年、877～886年）は、彼の愛弟子である**キュリロス**（キリール、826
～869年）と**メトディオス**（815～885年）というギリシア人兄弟をモラヴィ
アに派遣した。キュリロスは**スラブ文字**を考案し、福音書をスラブ語訳し
た人物である。

　10世紀には後のロシア帝国の系譜につらなることになる**キエフ公国**が正
教を受け入れてキリスト教国となった。キエフ公国の公妃オルガは955年
にコンスタンティノポリスで洗礼を受け、帰国後、キリスト教の伝道に尽
力した。彼女の孫である大公**ウラディミル1世**（在位980～1015年）はビザ
ンツ皇帝バシレイオス2世の妹と結婚し、洗礼を受けて正教に改宗した。
彼は各地に教会堂や修道院を建設し、教会組織や聖職者の位階制、荘厳な
礼拝儀式、美しいイコンや祭具をビザンツ帝国から導入し、国民にキリス
ト教への改宗を強制した。こうしてキエフ公国は正教に属するキリスト教
国としての歩みを始めたが、11世紀半ば以降、度重なる外敵の襲来や東西
の通商交易のルートの変化などによって国力は衰えていった。そして13世
紀にはチンギス・ハーンの孫バトゥ（？～1255年）がロシアを席巻し、キ
プチャク・ハーン国を創立した。2世紀半に及ぶモンゴル人の支配によっ
てキエフ公国が急速に衰退したため、正教の中心地は二転三転した後、や
がて**モスクワ大公国**に移っていった。モンゴル人は宗教的には比較的寛容
だったために、それまで都市を中心としていた正教はこの時代に農村部に
まで浸透するようになった。その宣教において重要な役割を担ったのがこ
の時代に発展した修道院であった。

　ロシア以外の民族への宣教について概説しておこう。バルカン半島の
東部を占めたブルガール人の間に正教が定着したのはボリス・ハーン（ボ
リス1世、在位852～889年）の時代であり、10世紀半ばにはコンスタンティ
ノポリス総大主教からブルガリア総主教座の独立が認められた。セルビア

には7世紀以来、何度か宣教者が派遣されたが、セルビアの国家形成と併行するかたちで正教の導入が進み、大族長ステファン・ネマーニャ（在位1166〜1196年）の時代から発展を遂げた。ダキア人（ルーマニア人）の中には313年以前にもキリスト教徒が存在したといわれるが、本格的な宣教はコンスタンティヌス皇帝時代以降のことと考えられる。ダキア人はブルガール人など周辺諸民族に支配され、宗教的にも正教の影響下に置かれるようになったが、16〜17世紀になるとルーマニア語の聖書や礼拝式文が用いられるようになった。

　スラブ系の諸民族における正教会とビザンツ文化の受容は、当初、もっぱらその支配層の次元にとどまっていたが、やがて民衆の日常生活に深く浸透するようになり、その精神性や日々の伝統習慣を形作っていった。正教会の組織原則は**国家教会**もしくは**民族教会**というものであったために、キリスト教と民衆の結びつきはいっそう強固なものとなった。廣岡正久によれば、両者のこうした緊密な一体化という特徴は、他面において、スラブ人の精神形成に「不吉な刻印を押し、不幸な結果をもたらした」こともあったという。すなわち、「正教を奉じるスラヴ人はしばしば教会と民族、教会と国家とを混同し、教会を世俗国家に従属させるにいたったことも否定できないからである。ナショナリズムは、しばしば正教キリスト教の「躓きの石」となった」と記している。その意味において、良くも悪くも、正教はスラブ人にとって「全民衆の宗教」だったのである（『キリスト教の歴史3』86頁）。

〔ロシア正教の歴史〕

　1453年、コンスタンティノポリスの陥落とビザンツ帝国の滅亡により、正教の中心地はロシアに移り、**モスクワ**は**「第3のローマ」**と呼ばれるようになった。1472年、モスクワ大公国の**イワン3世**（大帝、1462〜1505年）は、最後のビザンツ皇帝の姪と結婚した。彼は周辺の領域や諸国にその支

配を拡大すると共に、いわゆる「タタールのくびき」（ロシアに対するモンゴル人支配）を打ち破った。彼はスラブ人の歴史において初めて**ツァーリ**（皇帝）を名乗った人物である。

　ロシアにおいてもビザンツ帝国の皇帝教皇主義は継承され、皇帝は正教会の首長として位置づけられていた。1589年、**ロシア正教会**はコンスタンティノポリス総大主教区の管轄を離れて独立し、**モスクワ総主教庁**を発足させた。

　西ヨーロッパで16世紀にプロテスタントの宗教改革が起こると、カトリック教会はこれに対して対抗改革を行ったが、その活動の一環として、東方の諸教会に対しても積極的な宣教活動を繰り広げた。その結果、1596年にウクライナの正教会の一部が「ウクライナ東方典礼カトリック教会」としてカトリックに合同（「帰一」）するという事態が生じた。こうした出来事は正教会内部にカトリックと西ヨーロッパに対する反発を強める結果を生むことにもなった。

　モスクワ大公国のフョードル帝（在位1584〜1598年）を最後にリューリク朝が途絶えた後、ロシアは大動乱期に入った。1613年にロマノフ家のミハイル（在位1613〜1645年）が新たな皇帝に選出されるに及んでこの混乱は終息し、およそ三百年間にわたる**ロマノフ王朝**の時代が始まった。ロシア正教は**ロシア帝国**における国教として保護される一方、しばしば皇帝からの干渉や統制を受けることとなった。また西ヨーロッパとの関係が正教会の上にも大きな影響を及ぼすことになった。

　17世紀後半、総主教**ニーコン**（在位1652〜1655年）は正教会の西欧化に危機感を抱き、正教会の伝統を守ると共に正教会内部の改革を進めた。それはギリシア正教の礼拝伝統や祈祷書を取り入れることでロシア正教を世界標準としての位置に擁立しようとする試みだったが、ロシア的な形式と伝統を尊重する人々（「**分離派／古儀式派**」）から反対が起きた。ニーコンは皇帝の摂政として、反対派に対して強圧的な態度に出たため、混乱が全国

的に広がった。その結果、皇帝アレクセイは改革の方針を認めたものの、ニーコンは混乱の責任を問われて総主教の座を追われることになった。

　ピョートル１世（**大帝**、在位1682 〜 1725年）は西ヨーロッパの文化や産業をとりいれ、ロシアの近代化を推進した皇帝として知られている。彼は正教会の改革もはかり、国家行政の一端を教会に担わせるためにさまざまなかたちで規制を強化した。1721年にはモスクワ総主教庁を廃止し、代わりに俗人が指導する**聖宗務院**を創設し、西ヨーロッパのプロテスタントの制度に倣って、教会を皇帝のコントロールのもとにおくことを試みた（総主教制は1917年に復活）。こうした国家による統制の強化に反発する正教徒の中には、皇帝を「アンチ・キリスト」として嫌悪し、抗議の焼身自殺をはかる人々も出現した。

　しかし国家による正教会の統制と西欧化という政策は、基本的にはピョートル以降も継承され、**エカテリーナ２世**（女帝、在位1762 〜 1796年）もこれを踏襲した。他方、エカテリーナは国内のイスラムに対する従来の厳しい対応を緩和し、モスクやイスラム学校の建設を許可した。

　19世紀後半、オスマン帝国の支配下にあったバルカン半島の諸地域で、各民族の正教会がコンスタンティノポリス総大主教の管理から離れた**自立教会**を宣言するということが生じた。このような各地の正教会の独立には、フランス革命後のヨーロッパの民族主義の高揚が影響を及ぼしたと考えられている。各教会の自立の年代は次の通りである。ギリシア正教会（1833年）、ブルガリア正教会（1870年）、セルビア正教会（1879年）、ルーマニア正教会（1885年）。

〔日本への宣教とニコライの働き〕

　ロシア正教会は19世紀半ばからイルクーツクを拠点としてシベリアやアラスカ、そしてアリューシャン列島など東方領域への宣教を展開した。日本への伝道もその一環として行われたものであった。

　1861年（文久元年）、**日本ハリストス正教会**の創立者となった**ニコライ**（イヴァン・ドミートリエヴィチ・カサートキン、1836～1912年）が北海道の箱館（現在の函館）に上陸した。ニコライはスモレンスクやサンクトペテルブルクで神学を学び、在学中に修道士となった。この時にミラ・リキヤの聖ニコライを守護聖人としたことにより、「ニコライ」の修道名が与えられた。

　ニコライは1860年に司祭になったが、ゴローニンの書いた『日本幽囚記』を読み、在学中から日本に関心を寄せていた。彼は在日本ロシア領事館付属礼拝堂の司祭募集に応じ、ロシア正教会の宣教師として1861年に来日した。箱館で日本語、日本史、仏教を含む東洋の宗教、美術などを学び、同年４月には最初の日本人正教徒として**沢辺琢磨**（1835～1913年、後に日本人最初の正教会司祭）ら数名に洗礼を授けた。

　ニコライは1869年に**日本ロシア正教伝道会社**設立の認可を受けるために一時帰国した。再来日後、1873年（明治６年）からは東京に移り、積極的に伝道を行った。ニコライは関東周辺、東海地方、また関西にも活動を広げる一方、「伝道規則」の制定、日本人司祭の任職、正教の神学校の設立などを行い、1880年（明治13年）には主教に任じられた。当時の教勢は、信徒総数約六千人、教会数96、講義所260あまりだったという。

　ニコライは正教会の礼拝堂に不可欠のイコン画家を育てるために、1880年に**山下りん**（1857～1939年）をペテルブルグ女子修道院に留学させた。山下は３年後に帰国し、日本人のイコン画家として生涯活動した。

　1884年（明治17年）には神田駿河台で**東京復活大聖堂**（通称「ニコライ堂」）の建築が始まり、７年後に竣工した。1904年（明治37年）に日露戦争が勃発したが、ニコライは日本に留まることを決意し、日本人信徒には日本の勝利のために祈るように勧めたという。ニコライは1912年（明治45年）に神田駿河台の正教会本部で亡くなったが、1970年、ロシア正教会は彼を**「日本の亜使徒・大主教・ニコライ」**として、**「日本の守護聖人」**に列聖した。

〔20世紀の正教会〕

　第１次世界大戦末期、最後の皇帝**ニコライ２世**（在位1894 〜 1917年）が退位し、ロシア帝国は終焉を迎えた。**ロシア革命**によって**ソビエト社会主義共和国連邦（ソ連）**が誕生したが、無神論を標榜する共産主義国家のもとで正教会は困難な時代を迎えることになった。

　1917年の２月革命の後に成立した臨時政府は、正教会などの宗教的活動の自由を承認する一方、教育については国家がそれを行う政策を打ち出した。７月には初めて国民の宗教的自由が認められ、他の教会・教派へ転会したり無宗教を標榜することができるようになった。他方、保守的な人々の間からはこうした政府の宗教政策への反発が生じ、復古的な組織の再建なども起こったが、もはやかつてのような絶対的権威を誇示するものとはなりえなかった。

　同年11月に**レーニン**（1870 〜 1924年）の指導する**ボルシェビキ派**が臨時政府を打倒し、ソビエト政権が樹立されると状況は一変した。当初、革命政権はキリスト教を根絶することを目的に据え、一連の法令を通して教会の組織、財産、活動に対して弾圧を加えた。教会や修道院の土地・建物がなんらの賠償も伴うことなく没収され、多くの教会や修道院が閉鎖に追いこまれ、教会の経済的基盤が失われていった。政府は教育と家庭生活を教会から分離させる政策を打ちだし、教会が教育にたずさわることを禁じ、また未成年に宗教を教えることを刑事犯とみなした。革命政権は、フランス革命の場合と同様、教会を旧支配体制と一体のものとして理解していたが、ロシア革命に対して加えられた外国勢力の干渉によってこうした意識はいっそう強められ、多くの司祭や信徒が外国のスパイ容疑で逮捕され処刑された。

　他方、教会内部にも革命政権に協力する人々が現れ、その代表者は総主教庁に乗りこみ、いわゆる「活ける教会」と呼ばれる分離派の教会を構成した。藤代泰三は、「教会は政府の政策に関して分裂し、政府は、旧体制

145

に従う者らに反対する分離教会を支援し、教会堂をこの教会に引き渡した。一九二二年のこの教会の綱領は、神学的にはモダニズムの立場であり、典礼の改革を意図し、教職者の選挙、教会行政への信徒の大幅な参与、既婚教職者の主教職への就任可能を主張し、また社会主義の立場をとった」（『キリスト教史』561頁）と述べている。

　革命の後、おびただしい数の聖職者、修道士、修道女、そして一般の信徒が投獄されたり強制収容所に送られたりした。処刑や虐殺された犠牲者の数は明らかではないが、高橋保行によれば1918年から1930年までの間に四万人以上の聖職者が殺され、さらにその後も数万人の聖職者が処刑・投獄されたという（『迫害下のロシア教会』125頁参照）。第2次世界大戦の直前の時期に教会や司祭の数はもっとも減少した。

　大戦後、教会は合法化されたが、その活動には大きな制限が加えられ、キリスト教徒は社会生活においてさまざまな差別や不利益をこうむることになった。しかし1991年にソ連が崩壊すると、正教会はふたたび人々の精神的支柱として勢いを盛り返し、各地で活発な活動を繰り広げるようになった。T・ウェアは、「二〇〇七年からは、二万八千の教区と三万人の聖職者、そして七三二の修道院が数えられる（この数字にはウクライナが含まれている）」と記している（『正教会入門』187頁）。

　東ヨーロッパにおいても、第2次大戦後、ソ連と同様、共産党政権のもとで国家による教会の統制が強まったが、その程度は国によって異なっていた。ルーマニア正教会は国家と比較的良好な関係を築くことに成功した。これと対照的に、「世界で初めて達成された真の無神論国家」（エンヴェル・ホッジャ、首相）を標榜したアルバニアにおいては、正教徒ばかりでなくカトリックやイスラムの信者も激しく弾圧され、宗教活動はすべて禁じられた。1990年代以降、これらの地域でも政治体制の変化が生じ、宗教的自由が認められるようになった。その結果、各国で正教会は再生し、司祭や信徒の増加も含めて、教会の活動と影響力は全般的に拡大傾向にある。

コラム⑳〜現代世界の正教会

　本文で記したように正教会は「東方系の教会」であるが、現在の正教会は東ヨーロッパやロシアにとどまらず、北米大陸をはじめ世界中に存在している。17世紀後半にはロンドンに（一時的ではあったが）初めてギリシア正教会が登場した。18世紀半ばには北米に正教会が存在していた。20世紀になると正教徒は移住、難民、亡命などの理由で各地に離散し、とりわけロシア革命後には百万人を超えるロシア人が国外へ脱出した。また20世紀にロシア正教が行った宣教の結果、アジアでは日本以外にも朝鮮半島や中国などに、またアフリカでもケニア、ウガンダ、タンザニアなどに教会が形成された。Ｔ・ウェアによれば、正教会全体の信徒数は１億５千万人から２億人であるが、そのうちの85パーセント以上は東ヨーロッパとロシアが占めているという（『正教会入門』147頁）。

〔第6章の主な参考文献〕

アズィズ・アティーヤ『東方キリスト教の歴史』（教文館、2014年）

ティモシー・ウェア『正教会入門』（新教出版社、2017年）

廣岡正久『キリスト教の歴史3』（山川出版、2017年）

高橋保行『知られていなかったキリスト教　正教の歴史と信仰』（教文館、1998年）

　　　　　　『迫害下のロシア教会』（教文館、1996年）

第Ⅱ部　中世のキリスト教

　第Ⅱ部では中世という時代を5世紀後半から宗教改革の発端となる16世紀初頭までの期間として扱う。この長大な中世という時代はさらに「**中世前期**」（5～10世紀）、「**中世盛期**」（11～13世紀）、「**中世後期**」（13～15世紀）に分けることが一般的である。中世前期は西ローマ帝国の滅亡やゲルマン人の移動などによるヨーロッパ世界の混乱と再編の時期であり、その中からフランク王国や神聖ローマ帝国といった政治的中心となる国家が出現した時代である。キリスト教に関していえば、中世前期は東西の教会の分離（分裂）への歩みが進む一方、西方ではローマの教会（カトリック教会）と教皇の存在感が徐々に高まっていった時期であった。中世盛期はグレゴリウス改革をめぐる教皇と皇帝（教会と国家）の抗争を経て、カトリック教会が聖俗にわたる権威を確立し絶頂期を迎えた時期である。そして中世後期は各地に主権国家が登場する一方、教皇庁の大分裂などによって教会が危機に陥り、教会改革を求める運動が繰り広げられた時期である。出村彰はこうした3つの時期についてそれぞれキリスト教の「伝播期」（＝中世前期）、「制覇期」（＝中世盛期）、「崩壊期」（＝中世後期）と言い表すこともできると述べている（『総説キリスト教史1』194頁）。

　第Ⅱ部においては、まず第7章と第8章で中世前期におけるキリスト教を取りあげる。第7章では古代末期から中世前期への移行において生じた出来事を概観する。第8章では中世を通じて大きな課題となった教会と国家の関係あるいは宗教と政治の関係について、「二剣論」という主張を取りあげながら考察を加える。第9章と第10章では中世盛期を取りあげる。第9章はグレゴリウス改革の展開と影響を概説し、インノケンティウス3世などこの時代の代表的な教皇たちについて言及する。第10章はこの時代における一般民衆（信徒）の状況、十字軍、異端をめぐる問題を取りあげ、中世盛期という時代を多面的に考察する。第11章は中世において繰り広げられた修道会・修

道院の多様な活動を取りあげる。第12章と第13章は中世後期を扱う。第12章ではこの時期に教会が直面した問題とその改革を求めて行われた公会議運動を概説する。そして第13章では中世末期に登場してカトリック教会を批判し、後の宗教改革の先駆となった人物と活動を取りあげる。

第7章　ヨーロッパ中世の開幕

　本章ではまず中世前期の時代状況を概観し、当時のローマ・カトリック教会と教皇について考察する。次にゲルマン人の移動によって生じたヨーロッパ世界の変動と混乱について取りあげる。最後にこの時代を象徴する人物として教皇グレゴリウス1世を取りあげ、その事績を通して中世前期の社会と教会の関係を考察する。

（1）中世前期のヨーロッパ

〔キリスト教化とゲルマン化〕

　中世前期は古代末期から中世盛期にいたる移行期に位置する時代である。この時代にローマ帝国という地中海周辺の領域を統合していた体制は瓦解し、キリスト教はより北方のヨーロッパを中心とする新しい世界においてその歩みを進めていった。中世前期を特徴づける大きな出来事として挙げられるのは、3回にわたって生じた民族・集団の大移動である。その第1波は4〜6世紀のゲルマン人の大移動であり、第2波は7世紀のイスラム勢力の急激な拡大、そして第3波は9〜11世紀に起きたノルマン人による征服である。こうした民族・集団の大移動とそれに伴う混乱はローマ帝国の時代の秩序や制度を破壊したばかりでなく、これらの勢力が進出した各地で社会的なシャッフル現象を引き起こした。征服者たちはみずからの文化や社会習慣を新たに征服した土地に持ちこんだが、同時にその地で古代から受け継がれてきた伝統と遺産からさまざまな影響をこうむることにもなった。このような両者の葛藤と融合の中から**中世ヨーロッパ**という新たな世界が生まれていったのである。

　こうした葛藤と融合から生じた中世ヨーロッパの形成過程において、キリスト教は重要な役割を果たすことになった。中世史の研究者であるル

＝ゴフは、「西洋中世は計画的に作られたのではありません。ギリシア・ローマの慣例と「蛮族」のそれとが少しずつ混じり合って生まれた文化変容の結果です。それはまた、イスラムとの対決の結果でもあります」と述べると共に、「われわれヨーロッパ人にとっての〔古代から中世への〕変化はむしろキリスト教化に由来しています。それは少しずつ、内側から進行します」（『中世とは何か』112頁、傍点は筆者）とも記している。

　パレスチナで誕生したキリスト教はローマ帝国によって公認された後、地中海世界の全域に及ぶ支配的宗教となったが、中世においてはヨーロッパを舞台として、キリスト教が社会全体と個々人の生の隅々にまで浸透する **「キリスト教世界」**（コルプス・クリスティアヌム、corpus christianum, Christendom）を形成していった。中世とはまさしく宗教と国家が複雑に絡み合い、教会が政治・経済・文化、そしてすべての人々の価値観と生活に深く結びついた世界だったのであり、キリスト教がその社会全体を覆う「聖なる天蓋」（宗教社会学者Ｐ・Ｌ・バーガーの言葉）として機能していた時代だったのである。

　こうした中世におけるヨーロッパとキリスト教の関係を考えるに際して、多田哲がルドー・ミリスの見解に依拠しながら論じている **「キリスト教化の諸段階」** という説をここで紹介しておこう（堀越宏一・甚野尚志編著『15のテーマで学ぶ中世ヨーロッパ史』、多田哲「第1章　キリスト教化と西欧世界の形成」15〜35頁参照）。この説によると、ヨーロッパのキリスト教化には３つの段階が存在したという。すなわち第1段階は「集団の外面的行動を変えること」、第2は「個人の外面的行動を変えること」、そして最後は「個人の内面的意識行動を変えること」である。

　具体的にいえば、第1段階は人々に洗礼を施してキリスト教徒とすること（改宗）、また礼拝堂などの宗教的インフラを整備したり司教区などの組織を形成することである。

　第2段階は個々人の誕生から死にいたるまでの生活習慣の隅々にまでキ

リスト教が関与するようになることである。それは礼拝などの恒常的な宗教活動への参与をはじめ、新生児に対する洗礼（幼児洗礼）、結婚や葬儀に対する教会の関与など、人生のサイクルの主な場面におけるキリスト教的儀礼の制度化などを通して行われた。

　第3段階は「**心のキリスト教化**」ということであり、個々人におけるキリスト教信仰の主体的な受容と内面化を意味し、説教などによる教えと導きがその役割を担った。その中でもとりわけ11世紀以降に登場する新しい告解（罪を告白し悔い改める行為）の制度がキリスト教徒の精神を形成する上で大きな役割を果たしたという。この第3段階の普及と深化については、中世盛期に起こったグレゴリウス改革をはじめとするさまざまな教会改革運動と民衆の関係を通して（第9章）、またその後、信仰的な自覚に目覚めた信徒の運動や異端的な集団の出現などを通して（第10章）、さらに詳しい考察を加えていくことにしよう。

　さて先述した中世における葛藤と融合のプロセスや文化変容という出来事は、キリスト教に対しても大きな影響を及ぼすことになった。ヘブライズムを源流として誕生したキリスト教が、古代においてはローマ帝国やヘレニズム文化と出会い、その信仰や神学、組織や制度が大きな変化を遂げたように、中世にあっては「**キリスト教のゲルマン化**」という事態が生じたと藤代泰三は述べている（『キリスト教史』170〜171頁参照）。こうしたゲルマン化の例として、教会の組織や制度における変化やキリスト教の思想や概念に関わる変化などを挙げることができる。

　組織・制度の変化についていえば、ゲルマン人の社会では世俗的な権力者が宗教的指導者を兼ねることになっていたため、中世の社会では領主が教会を建設して聖職者を任免し、十分の一税や献げ物などの収益を得るという**私有教会制**が広まっていった。そうした傾向は国王が教会を指導するという理念や実践に結びつき、フランク王国などで行われた**国教会**を形成する方向に進んでいった。このようにして生じた、信徒である国王が教会

の組織と活動に大きな影響を及ぼすという慣習は、後のグレゴリウス改革を招来する原因ともなったのである。

　またゲルマン的な思想の中にあった「功績」の観念や「個人の罪や咎は物品や賠償金によって置き換えることができる」という考え方は、カトリック教会の免償制度の理論的な枠組みとなった。こうした免償の理論から、後には「贖宥状／贖宥符」というものが生まれ、16世紀の宗教改革者たちから痛烈な批判を浴びることとなったのである。（「免償」「贖宥」については本書226頁も参照）。

コラム㉑～　「中世」という用語と概念

　「中世」（Medium Aevum）という言葉を用いるようになったのは14世紀の人文主義者たちであったといわれる。この言葉は「中間の時代」を意味し、人文主義者たちが理想としたギリシア・ローマの古典古代の時代とその「再生（ルネサンス）」をめざして彼らが活躍した時代の中間期を指していた。人文主義者たちの理解によれば、中世は長く不毛な暗黒時代であった。後の啓蒙主義の時代の歴史観にも、中世に対するこうした否定的な評価が受け継がれ、ヴォルテールやエドワード・ギボンなどの著作にもそれが反映している。しかし19世紀以降の歴史研究によって、こうした「暗黒の中世」というイメージは払拭され、この時代の独自性と豊かな創造性が再評価されるようになり、時にはドイツ・ロマン主義の影響などによって中世を理想化するような風潮すら生まれたのである。こうした中世に対する積極的な関心は近年においても新たな史料の発掘やさまざまな研究成果を生みだしている。現代の中世史研究の泰斗というべきジャック・ル＝ゴフは、ヨーロッパという社会や文化はまさしくこの中世に遠い淵源をもつのであり、「中世とは、ヨーロッパが現実としても表象としても出現し形成された時代であり、ヨーロッパの誕生、幼少期、青年期という決定的な時期にあたっている」（『ヨーロッパは中世に誕生したのか？』16頁）と強調する。ル＝ゴフをはじめとする研究者たちによれば、中世はきわめて生産的で創造的な時代だったのであり、その中心的役割を担ったもののひとつがキリスト教だったのである。

〔カトリック教会と教皇〕

ローマ・カトリック教会における「**カトリック**」とは「普遍的・公的」を意味するラテン語の「カトリクス」(Catholicus) に由来する言葉である。またすでに述べたように「**ローマ**」は古代における５つの総大主教区のひとつであり、ことに西方の教会においては唯一の総大主教区として早くから重要な位置を占めていた。

ローマはキリスト教の最初期のリーダーであった使徒ペトロと使徒パウロの亡くなった土地と伝えられており、とりわけイエスの直弟子であったペトロは後に**初代の教皇**とみなされるようになっていった。G・バラクロウによれば、「紀元二二〇年頃、教皇カリクストゥス一世の時期に、ペトロを最初のローマ司教とみなす慣行が生まれている。さらに、二、三〇年たって、聖ペトロが死の直前に「ローマ人の司教」としてクレメンスに「按手し」、「説教の座」を委ねたという伝承ができあがった」という（『中世教皇史』24頁）。このように重要な使徒の権威を継承する教会として、ローマは他の諸教会に優越する**首位権**を主張するようになっていった。古代の教父のひとりエイレナイオスはこうしたローマ教会の「筆頭としての優位性」について記しており、同じくテルトゥリアヌスも使徒的伝承に結びつくローマの特別な権威を重視している。

ローマの教会が卓越する地位を占めたもうひとつの理由は、それがローマ帝国の首都に所在する教会だったことによる。すなわちこの地にある教会は政府や権力者と容易に接触できたこと、そして他の土地にある諸教会のために政治的なとりなしなどの便宜をはかることができたということが、ローマの教会の威権を高めたと考えられている。またローマの教会は経済的にも豊かだったので、貧しい教会を援助することによってその名声が広まっていった。後に帝国の首都がミラノやラヴェンナ、コンスタンティノポリスに移ると、かつての首都であるローマの栄光を引き継ぐ象徴的存在として、また現実の市民生活に対していろいろな配慮と貢献を行った実績

も含めて、ローマの教会の尊厳は増し加わっていった。

　ローマの教会に関する最初期の歴史的情報は、新約聖書の記述やネロ帝による迫害記録などによって断片的に伝えられているが、より確かな情報が残されるようになるのは3世紀半ば以降のことである。この時期のローマには1人の司教（教皇）のもとに46人の司祭がおり、各種の聖職者は合わせて155人に及んだという。これらの聖職者と千五百人以上に及ぶ寡婦や貧しい人々が教会共同体からの生活必需品の供給によって生活していたと伝えられており、ローマの教会の信徒数はおそらく数万人に達していたと推定される。

　後述するゲルマン人の移動は、結果的にみれば、ヨーロッパにおけるカトリック教会と教皇の位置を高める役割を果たすことになった。滅亡した西ローマ帝国に代わって古代文明の守護者また継承者となったのは教会であり、都市や地域の住民のために働いたのも司教をはじめとする聖職者や修道士たちであった。ゴンサレスは、「蛮族の侵入がもたらした大きな変化の一つは、教皇の権限が大幅に増大したことであった」といい、「西方で最も高い名声を保持していたローマの司教が、侵略によって崩壊していた統一を回復するための中心的な存在となった」（『キリスト教史（上）』259頁）と述べている。

　さらにイスラム勢力の拡大との関係でいえば、この出来事によってより大きな打撃をこうむったのは西方ではなく東方の教会であった。古代の総大主教区のうちの3つ（エルサレム、アンティオキア、アレクサンドリア）までがイスラムの支配下におかれるようになり、さらにコンスタンティノポリスもイスラムの脅威に直接さらされるようになった。また西方の教会の一部であると同時に、その知的活動の中心地として何世紀にわたって大きな影響力を有していた北アフリカのカルタゴの教会も、イスラムの勢力圏に含まれるようになった。このような全体的な状況の変化によって、西方に残された唯一の総大主教区であるローマの位置が相対的に上昇することに

コラム㉒〜　「教皇」と「法王」

　「教皇」についてこれまで日本の政府やマスコミなどは「法王」という呼称を
用いることが多かった。1942年にバチカン（「ローマ法王庁」「ローマ教皇庁」）と日
本の間に国交が樹立された際、当時の定訳であった「法王（庁）」で申請が行わ
れたためである。その後、カトリック教会内部でも「法王」と「教皇」が併用
されていた時期があったが、日本の司教団は、1981年のヨハネ・パウロ2世の
来日を機に「教皇」に統一することを正式に決定した。その理由として、カトリッ
ク中央協議会のホームページによれば、「「教える」という字のほうが、教皇の
職務をよく表すからです」と述べている（2018年11月現在）。2019年11月のフラン
シスコ教皇の来日の際には、政府やマスコミでも「教皇」を使うようになり、
今後はこの呼称が一般化するものと思われる。

なったのである。
　このローマ・カトリック教会の組織と序列の頂点に位置する存在が教皇
である。**教皇**（Papa）の原意は「父」を意味し、もともとは尊敬されてい
た主教に対して広く用いられていた一般的な呼称であった。東方ではその
ままの用法が続けられたが、西方ではしだいにローマの司教（主教）にの
み用いられる特別な称号となっていった。西方教会における教皇の存在は
時代と共に高まっていき、「使徒ペトロの後継者」から「キリストの代理
人」へ、そしてやがては「地上における神の代理人」とみなされるように
なっていった。
　初期の時代の教皇の中で**大教皇**と呼ばれる人物が2人いる。レオ1世と
グレゴリウス1世である。この二人は卓越した宗教的指導者であったばか
りでなく、それぞれの時代状況の中で政治的社会的に重要な働きを担った
人物であった。グレゴリウスについては後述するとして、ここではレオの
事績について触れておこう。

　レオ1世（在位440〜461年）は教皇の名に値する最初の人物であったといわれている。452年に**フン族**の長**アッティラ**がイタリアに侵入した際、レオはアッティラと交渉してローマ攻撃を中止させた。アッティラはその後間もなく急死したため、人々はこれを神罰とみなし、ローマ司教の威信は高まった。また455年のヴァンダル族のローマ略奪の際も、レオの説得によって町を焼くことを思いとどまらせた。この結果、問題に対処する力を失っていたローマ市当局やローマを援助しようとしなかったビザンツ帝国の皇帝に代わって、教皇は人々からの大きな信頼と権威を獲得することになった。

　レオは西方のキリスト教会におけるローマの教会の地位を高めることに力を注いだ。ローマ帝国によるキリスト教公認の後、ローマの教会がその管轄下に置いていたのはイタリア半島の南部とシチリア、サルディニア、コルシカにすぎず、イタリア北部はミラノの司教の管轄下にあった。ローマ司教の力が管区外に及びはじめるのは4世紀後半以降のことであり、とりわけレオの時代にはアドリア海を挟んだイリュリクム（バルカン半島の西部一帯）やガリア南部にその影響力が拡大した。

　また東方の教会との関係においても、レオは451年に開催されたカルケドン公会議にみずからの見解を寄せ、単性説に反対する立場を明確にした。このため会議に参加した反単性説派の人々は、「ペトロがレオの口を通じて発言した」と賞賛したと伝えられる。しかしこのカルケドン公会議においてコンスタンティノポリスの総大主教とローマの総大主教（教皇）が対等の立場にあることが承認されると、レオはこれに反発し、その決定を受け入れなかった。レオはペトロの使徒性に由来するローマの首位権を主張したが、G・バラクロウによれば、「レオの態度の新しいところは、このように〔使徒ペトロの〕「支配」や「君主権」を強調したことであり、それは教会がペトロの代理として振る舞う教皇によって統治される君主体制であるという考えにおいてきわまった」という（『中世教皇史』43頁）。レオ

157

はまた異端者集団に対して暴力的手段をもってあたるように世俗権力に要請した史上初の教皇であると伝えられている。

（2）ゲルマン人の移動とカトリック教会

〔ゲルマン人への初期の宣教〕

ゲルマン人というのは、インド・ヨーロッパ語族のうちゲルマン系の言語を使用する集団を指す呼称である。ゲルマン人の原住地はスカンジナビア半島からバルト海沿岸であったといわれるが、ローマ帝国末期には現在のドイツから東ヨーロッパ一帯に及ぶ広大な地域に多くの部族に分かれて生活していた。その集団は大別して北ゲルマン（ノルマン人）、東ゲルマン（東ゴート族、西ゴート族、ヴァンダル族、ブルグンド族、ランゴバルド族など）、西ゲルマン（フランク族、アングル族、サクソン族など）に分けることができる。ローマの歴史家タキトゥスによると、ゲルマニア（現在のライン川からヴィスワ川にいたる一帯）には五十余りの小部族国家があり、ひとりの王ないし数人の長によって治められており、重要事項は成人男子から成る民会によって決定されていたという。ゲルマン人の宗教は自然崇拝を背景とする多神教であったと考えられているが、祭儀や聖職者の存在などについては不明な点が多い。

現在のフランスやベルギーを含むガリア地方がローマ帝国に編入されたのは紀元前１世紀の**ユリウス・カエサル**（前100 ？～前44年）の遠征によるものであった。この地域にはもともとケルト人と呼ばれる人々が居住していたが、後に起こったゲルマン人の移動によってケルト人はアイルランドやウェールズ、スコットランドなどの島嶼部や大陸の片隅に追いやられることになった。ローマ帝国はおおよそライン川とドナウ川をゲルマン人に対する防衛線としていたが、一部のゲルマン人は早くからローマ帝国の領域内に居住することを許されており、ローマ軍の傭兵として雇われていた

者もいた（最後の西ローマ皇帝を退位させたオドアケルはゲルマン人の傭兵隊長であった）。

ゲルマン人に対するキリスト教の宣教は2世紀から始まっていたが、それが本格化したのは4世紀半ば以降のことである。中世ヨーロッパにおけるキリスト教の宣教を最初に担ったのは修道士たちであった。第5章で記したように西方に修道制を紹介した人々は各地に修道院を建て、その地の住民たちに感化を及ぼしたが、とりわけ6世紀末以降のアイルランドの修道士たちの働きはめざましかった。他方、カトリック教会によるガリアやブリタニアへの本格的な宣教は、後述する教皇グレゴリウス1世などの登場を待たなければならなかった。

中世前期も後半になると、9世紀のカール1世（大帝、シャルルマーニュ）や10世紀のオットー大帝のような政治的勢力による（強制改宗を含む）宣教が推し進められていくことになる。ゲルマン人の改宗は個人によるものではなく、氏族単位の集団的なものであった。すなわちその集団の指導者の改宗、あるいは民会の賛成に基づいて、トップダウンのかたちで全構成員が教会に加入するというかたちをとったのである。

ゲルマン人の諸部族の中でキリスト教を最初に受容したのは西ゴート族であり、おそらくそれは奴隷として連れ去られてきたローマ人によって伝えられたものであったと思われる。後にゴート人の血を引くウルフィラス（311 ？～383年）がキリスト教の宣教活動を行い、341年にはコンスタンティノポリス総大主教によってゴート族の主教に任命された。彼はアレイオス派のキリスト教を伝え、また聖書のゴート語訳を行った。こうしてキリスト教は西ゴート族から東ゴート族、ヴァンダル族、ブルグンド族などに伝えられたが、それらの諸部族が接していたのは正教会やローマ・カトリックが異端とみなしていたアレイオス派のキリスト教だったのである。

〔ゲルマン人の移動と西ローマ帝国の滅亡〕

　ゲルマン人の諸部族の移動が本格的に始まったのは375年以降のことである。ゲルマン人が大挙してローマ帝国に流入することになった直接の原因はアジア系の遊牧民とされるフン族の東方からの脅威によるものであった。ローマ人の歴史家アンミアヌス・マルケリヌス（330？〜395？年）によると、「これまで見たことのない人種〔フン族〕がつい最近、高山からの雪嵐の如く未知の内陸部から襲来し、行く手にあるものを悉く略奪・破壊している」（古山正人他編『西洋古代史料集』246頁）という噂がゲルマン人の間に広まり、まずゴート族がローマ帝国領内への避難を願い出たという。これがきっかけとなって大移動が始まった。最初、その移動は平和裡に行われたが、ローマ側の過酷な扱いによってゴート族の間に暴動が発生した。長い抗争の後、ゴート族はローマと同盟を結んで軍役に服することを条件に、部族制度を残したまま帝国領内に居住することが認められた。これによって事実上、帝国内に分離国家が容認されることとなり、後日に禍根を残すことになったのである。

　ローマ帝国はテオドシウス帝の死後、東西に二分される体制に移行したが、西ローマ帝国では若年の皇帝に代わって軍事的指導者に就任したヴァンダル族出身の将軍スティリコが実権を握った。401年には帝国内に居住していたゴート族が反乱を起こし、スティリコと対立した。さらに406年にはこうした混乱に乗じてゲルマン人の諸部族が大挙してライン川を越えたために帝国の防衛線（リメス）は決壊し、ガリアからヒスパニア、やがては北アフリカ、そしてイタリアにいたるまでの広大な地域が蹂躙されることになった。410年には西ゴート族によるローマ劫掠（こうりゃく）という事件が生じ、すでに記したようにこの出来事がアウグスティヌスに『神の国』を執筆させる契機となった。

　476年、イタリア半島へ侵入した東ゴート族は最後の西ローマ皇帝を退位させ、ここに西ローマ帝国は滅亡した。東ゴート族の王**テオドリック**

（?～526年）は519年からビザンツ皇帝に臣従するかたちでイタリア全土を
支配した。この王の時代、東ゴート王国はゲルマン人の諸部族の間で指導
的な役割を果たしていたといわれる。

　西ローマ帝国の滅亡によって統一的な政治体制と社会的秩序を失った
ヨーロッパ各地には、ゲルマン人の建てたいくつもの王国が並存すること
になった。主な部族の版図を概観すると、北ガリア地方にはフランク王国、
ローヌ河流域地帯にはブルグンド王国、ガリア南部（南フランス）からヒス
パニア（イベリア半島）にかけては西ゴート王国、北アフリカにはヴァンダ
ル王国、ブリタニアにはアングロ・サクソン王国、そしてイタリアには東
ゴート王国が存在した。

ゲルマン人の移動

（永井修『地のはてまで』一麦出版社）

　第6章で触れたビザンツ帝国の皇帝ユスティニアヌス1世は失われた西ローマ帝国領の回復をはかり、北アフリカのヴァンダル族の王国、イタリアの東ゴート族の王国、またヒスパニアの一部に兵を送った。長期間に及んだイタリアにおける戦いは「ゴート戦役」（535〜540年、541〜554年）と呼ばれ、東ゴート族の王国を滅ぼしてイタリアを奪還したが、同時にこの地域を荒廃させる結果を生んだ。一説によれば、イタリアの住民の三分の一が失われ、都市ローマは短期間ではあるもののゴーストタウン化し、その後も人口は3万人程度にとどまったという。B・シンメルペニッヒによれば、「これにより、それ以前のローマ時代からの教育や伝統の担い手が姿を消し、禁欲や隠遁、奇跡に重きを置くような心性に塗り替えられていく」（『ローマ教皇庁の歴史』75頁）という事態が生じ、結果的に聖職者や教会への敬意が高まっていくことになった。

　ユスティニアヌスは地中海の広大な領域を手中に収めることに成功したが、565年に皇帝が亡くなると、その征服地の大半は急速に失われていった。そして568年にはふたたびゲルマン人の部族であるランゴバルト族が北イタリアに侵入して新たな王国を建設し、ローマ近郊にまで迫るという状況が生まれたのである。

（3）教皇グレゴリウス1世

〔グレゴリウス1世の生涯〕

　教皇**グレゴリウス1世**（大グレゴリウス、Gregorius Magnus ／在位590〜604年）は古代と中世の過渡期に生きた人物であり、ローマ・カトリック教会の組織や制度を整えてその権威を高めると共に、フランク王国などゲルマン人の諸国家と結んで西ヨーロッパの社会秩序の回復に努め、またブリタニア（イングランド）などへの宣教を行ったことで知られている。彼は神学者として数々の著作を著し、教会の典礼や音楽の発展に大きく貢献した人

物でもあった。

　グレゴリウスは、540年頃、ローマの富裕な貴族ゴルディアヌスとシル
ウィアの子として生まれた。母親と2人の叔母エミリとタルシラの影響を
受け、幼少時から篤い信仰の持ち主だったと伝えられている。その親族か
らはフェリクス3世（在位483〜492年）とアガペトゥス1世（在位535〜536
年）という2人の教皇が出ている。法律を中心に高い教養を身につけた後、
ローマの行政に関わる仕事に携わった。570年頃にはローマ市の行政長官、
上院の議長を兼ねるようになり、グレゴリウスは外敵に対する防衛、市民
への食糧供給、財務と治安の最高責任者となった。

　しかしグレゴリウス自身はこうした世俗の仕事よりも修道士として信仰
の道に生きることを望んでいた。父の死後、グレゴリウスは職を辞して、
かねてからの望みだった修道士となった。自宅を改造して修道院とし、さ
らにシチリアにあった所領にも6つの修道院を建設した。この時期、「深
い瞑想と研鑽によってグレゴリウスは、ラテン教父と聖書の知識を獲得し
たが、過度の断食によって健康を害し、その後の生涯を通じて胃炎に悩ま
されることになった」（高柳俊一編『中世の説教』32頁）という。

　教皇ペラギウス2世（在位579〜590年）はグレゴリウスをローマの助祭
に任じ、579年、教皇特使として彼をコンスタンティノポリスに派遣した。
当時、ローマ教皇としての就任式（叙階）を行うためにはビザンツ皇帝の
承認が必要とされており、皇帝の近くに教皇代理となる特使が置かれるの
がつねであったが、グレゴリウスの派遣は新たな侵入者であるランゴバル
ド族の脅威に対してビザンツ帝国からの軍事援助を要請することが大きな
目的であった。

　結果的にいえば、教皇特使としてのグレゴリウスの働きは失敗に終わっ
た。ビザンツ皇帝はローマ防衛のために手を差し伸べようとはしなかった
のである。グレゴリウスはコンスタンティノポリスに6年間滞在した。修
道院で生活しながら東方の教会の霊性を学ぶと共に、人々に請われて聖書

のヨブ記の注解書を執筆した（これは後に『道徳論』としてまとめられた）。

　586年、グレゴリウスは教皇によってローマに呼び戻され、助祭のまま教皇の顧問として働いた。589年にティベル川の氾濫でローマに疫病が広がり、教皇も罹病して没した。その直後、グレゴリウスは群衆の拍手喝采によって後継の教皇として選出され、ビザンツ皇帝の承認を経て正式に教皇の地位に就いたのである。

　グレゴリウスはビザンツ皇帝からの支援を期待できない中でローマの防衛の責任を担うと共に、当時、頻発していた飢饉や疫病に対処するため、市民への水や食料の供給、貧者の世話などといった都市行政も担うことになった。

　593年、ランゴバルド族の王アギルルフがローマに迫った際、グレゴリウスは皇帝の指示を待つことなく、みずからの判断で王と交渉し、莫大な貢ぎ物と引き換えに講和を実現することによってローマを蛮族の侵略から守った。こうしたグレゴリウスの態度は教皇に対する人々の敬意を高める一方、ビザンツ皇帝からすれば教皇の独断行動とみなされ、皇帝と教皇の関係は「気まずいもの」（P・リシュ『大グレゴリウス小伝』43頁）となった。グレゴリウス個人は皇帝に対する忠誠を重んじていたとされるが、ビザンツ帝国がローマや西地中海の世界に対する面倒をみられなくなった時代において、彼は現実的な対処に踏み切らざるをえなかったのであり、教皇以外にこうした危機に立ち向かうことのできる人物はローマに存在しなかったのである。G・バラクロウは、「彼は身近に住む人々を無視することができなかったにすぎない」と述べつつ、「しかし、新しい見通しが開けたのは確かである」とも記している（『中世教皇史』56〜57頁）。

　結局、グレゴリウスは東方の皇帝に期待することをやめ、西方のゲルマン人の勢力と結びつくことで教会の存続をはかる道を選ぶことになった。それは西方の教会と東方の教会が互いに遠ざかり、ついには東西教会の分裂にまでいたる道であった。そしてまたそれは西方の教会が中世という新

しい時代に進み行く道でもあった。

　グレゴリウスはローマの教会の財政的な基礎を確立した。前任の教皇ペラギウスが着手した「聖ペトロの遺領」と呼ばれていたローマ周辺の所領の再編を積極的に進めることによって、教皇の収入はいちじるしく増加した。これを財政的な裏づけとしてシチリアから穀物を輸入したり、ランゴバルト族を買収したり、またローマを防衛する軍隊の俸給を支出した。この時代のローマ教皇はすでに領域的な権力としても存在するようになっていたのである。

　代々の教皇が主張してきたように、グレゴリウスも他の総大主教区に対してローマの首位権を強く主張した。その結果、いわゆる**「称号問題」**が発生した。コンスタンティノポリスの総大主教がローマへの書簡において「全キリスト教世界の総大主教」と自称したことに対して、グレゴリウスはこのような傲慢な称号の使用をやめることを要望し、聖書（マルコ福音書10：44）に基づいてみずからを**「神の僕の僕」**（servus servorum Dei）と称した。「神の僕であるすべてのキリスト教徒のために奉仕する僕としての教皇」を意味するこの呼称は、ローマ・カトリック教会において今日もなお用いられつづけている。

〔ブリタニアへの宣教〕

　グレゴリウスはヨーロッパ各地に宣教師を派遣して、ローマと密接に結びついた西方教会のネットワークを形成することに努めた。589年にはイベリア半島の西ゴート族の王国がアレイオス派からカトリックへ改宗した。また593年にはフランク王国の南部地域であるプロヴァンスにおいて、それまで領主たちが教会を分割統治していた状態が改められ、アルルを中心とする司教区が生まれた。グレゴリウスはこれらの新しい教会行政区に司教を送ると共に、任地での教会規律に関して多くの書簡を送っている。

　しかしグレゴリウスの宣教方策がすべて順調に進んでいったわけではな

い。教皇は北アフリカのドナトゥス派に書簡を送ったが、それは独立を望んでいた地元の司教たちからはあまり歓迎されなかった。またグレゴリウスはフランク族の領主たちに対して教会規律の刷新などを求めてさまざまな干渉を行ったが、教会を自分の支配下に置こうとする領主たちは教皇の要請を聞き入れようとしなかった。さらにイベリア半島の教会も、教皇の権威は認めていたものの、トレドを中心とする独自の教会会議や教会組織を保持しており、その教会法集成や独自の典礼は長く後世にまで影響を及ぼしつづけた。

　グレゴリウスの事業の中でもっとも成功した例として知られているのがブリタニア（イングランド）における宣教である。教皇がブリタニアへの宣

コラム㉓〜カンタベリーのアウグスティヌスの伝道

　「イギリスの使徒」とも呼ばれるカンタベリーのアウグスティヌスはローマにあった聖アンドレアス修道院の院長であったが、教皇グレゴリウス１世によってブリタニアの伝道に派遣され、アングロ・サクソン人の改宗のために働いた。アウグスティヌスは596年春にローマを出発したが、プロヴァンスに達したところで一時気力を喪失してローマに戻った。教皇は「たとえ思案を重ねた上でのこととはいえ、一旦、始めた事業から手を引くならば、始めなかったほうがましです。（中略）根気よく、熱意を持って、神のご命令のもとに取り組んだことをやり遂げるようにしてください。またあなたがたの大いなる苦労は、栄光という永遠の報いにつながることを知るべきです」という励ましの書簡を送って彼を任務へ立ち帰らせた。ブリタニアに到着した後、「宣教団の一行は、タネット島に上陸し、修道者たちは、十字架を先頭に押し立て、救い主の画像を掲げ、「ローマ式歌唱法」をもって連祷と交唱を歌いながら、行列を組んで進み、見る人に大きな感動を与えた」という（P・リシェ『大グレゴリウス小伝』103頁）。エゼルベルド王は597年６月１日、聖霊降臨祭の前日に洗礼を受け、その後はアウグスティヌスを宮廷に住まわせ、彼らの宣教活動のために教会堂を整備するなどの便宜をはかった。

教を決意した際の有名なエピソードが次のように伝えられている。ある日、グレゴリウスは市場で「髪の毛がブロンド、肌の白い青年」が奴隷として売られているのを目にした。教皇がこれはどこの人間かと問うたところ、「アングル人」（angli）という答えを聞いて、「アングルではなくアンゲリ（angeli、天使）だ」と言って、イングランドへの宣教を思い立ったというのである。

　アングル族やサクソン族などのゲルマン人は5世紀にブリタニアに侵入し、先住のケルト人を西方に追って自分たちの国を作った。彼らは古代のゲルマンの神々を信仰していたが、グレゴリウスは彼らを改宗させるために**カンタベリーのアウグスティヌス**（?〜604年）を中心とする約40名の修道士から成る宣教団を派遣した。597年、アウグスティヌスの率いる一行はガリアを通ってブリタニアに上陸した。彼らは同地に存在した7王国のひとつであるケント王国のエゼルベルト王から許可を得て、カンタベリーを拠点として伝道活動を行った。エゼルベルドの妻はカトリックであるフランク王の娘だった。アウグスティヌスは司教に任じられ、カンタベリーに司教座聖堂を置き、初代のカンタベリー大司教となった。教皇グレゴリウス1世はさらに修道院長メッリトゥスを団長として第2次宣教団を派遣し、典礼用の器や祭服、聖遺物、写本などを持参させた。

　グレゴリウスはブリタニアにおける宣教の進展を大いに喜び、同地における教会組織の充実をはかる計画を作成した。改宗したばかりの人々に対してどのように対処すべきかという司牧上の課題について、601年に教皇がアウグスティヌスに書き送った書簡の中には次のような一文が含まれている。

　　「いずれにせよ、異教の神殿は破壊されてはならない。ただそこにある
　　偶像神像をのみ破壊するように。そして神殿は聖別される。そのためには
　　神殿を祝別された水で濡らし、祭壇を設け、聖遺物を安置する必要がある。

神殿が悪魔崇拝から神への恭順へと十分確かに移されねばならないゆえに。人々はすでに親しみのある場所に赴き、そこに真の神が祀られているのを観るとき、異教的慣習を棄て、新たな信心に帰依することになろう。（中略）固陋なる性格の人々からすべてをとり去るのは困難ゆえ、徐々に進めねばならない。固陋な心には一歩一歩進めることが肝要であって、決して飛躍してはならない。」（R・マンセッリ『西欧中世の民衆信仰』223〜224頁より引用）

　人々の習慣と伝統に配慮し漸進的に変革を進めるようにという、こうした寛容さと柔軟さはグレゴリウスの性格の一面を表している。それと同時にこのグレゴリウスの書簡は、異教や異文化のもとにおける宣教の指針を示すものとして、16世紀のカトリック教会の世界宣教において中国で活動したマテオ・リッチやインドに赴いたロベルト・デ・ノビリなどにまで影響を与えたといわれている。

　歴史的に見れば、ブリタニアの宣教と教会の組織化は、アウグスティヌスの死後、一時的に停滞し、その後、669年から690年までカンタベリー大司教を務めたタルソスのテオドロスの時代に大きな進展を見せた。各地に建てられた修道院は文化の中心地となり、8世紀には修道士たちが宣教師として大陸に派遣された。その中にはフリジア人（西ゲルマン人）に伝道したノーサンブリアのウィリブロルドや「ドイツ人の使徒」と称されたボニファティウスなども含まれる。ブリタニアのカトリック宣教はおそらくグレゴリウス自身も予期しなかったほどの成果を挙げた。P・リシェは、「教皇によって創設されたこの教会は中世全体をとおして教皇座と密接な絆を保ち、それが断絶したのは〔16世紀の〕ヘンリー八世の宗教改革によってである」（『大グレゴリウス小伝』108頁）と述べている。

コラム㉔〜グレゴリオ聖歌とスコラ・カントールム

　教皇グレゴリウス１世の名は現在でもローマ典礼で用いられる**グレゴリオ聖歌**（グレゴリアン・チャント、cantus gregorianus）と呼ばれる独特の単旋律聖歌に残されている。グレゴリウスによって収集編纂されたという伝承からこの名称で呼ばれている聖歌だが、実際は８世紀ないし９世紀以降、フランク王国の領域で発展したものと考えられている。また聖歌歌唱の専門家を養成する施設として**スコラ・カントールム**を設立したのもグレゴリウスだったと伝えられているが、近年はこれにも異説を唱える研究者が現れている。

〔司祭、牧会者、神学者としてのグレゴリウス〕

　グレゴリウスは西方のみならず東方の教会にまで影響力を及ぼした教皇であり、ローマの外交や行政などの政治的指導者でもあったが、それと同時に彼は礼拝を司る司祭であり、信徒の指導と援助にあたる牧会者（司牧者）であり、また多くの著作を残した神学者でもあった。グレゴリウスのこれらの側面に目を向けてみよう。

　グレゴリウスはカトリック教会の礼拝（典礼）や教会音楽の発展に大きく貢献した。宮越俊光によれば、「ミサの歴史を振り返ると、グレゴリウス一世の時代以降、ローマ教皇が司式するミサがミサの標準的な形になっていく」（『人物でたどる礼拝の歴史』52頁）という。礼拝の分野ではミサや聖務日課を行う司式者のために編集された**『グレゴリウス秘跡書』**がよく知られている。この文書は592年頃にグレゴリウスによって編集された文書に由来するとされるが、実際にはさらに後の時代に完成したものと考えられている。『グレゴリウス秘跡書』は８世紀にカール１世（大帝、シャルルマーニュ）の要請によってフランク王国の礼拝において用いられるようになり、中世のキリスト教礼拝の源泉となった。

　牧会者としてのグレゴリウスはつねにローマ市内のいろいろな教会で

説教し、信徒を教え励ましました。彼は牧会における説教の重要性を強調し、『司牧規則書』の中で説教に関する実践的な指針を記しているが、これ以降、説教者のための手引書やマニュアルが中世を通して数多く書かれるようになっていった。グレゴリウスはまた修道生活の意義やベネディクトゥスの生涯について記した『対話』などを著した。

　グレゴリウスは地方の司教や領主たちに向けて数千通の書簡を書いたと伝えられるが、その大半は失われてしまい、今日残されているものは一部にすぎない。その内容は、教会生活に関するもの、国家の政治や行政についての意見、牧会の心得、修道院生活に関するものなど多岐にわたっていたという。

　教会規律や聖職者の倫理について、グレゴリウスはローマで教会会議を行うことを望んでいたが、それが実現したのは彼の死後のことであった。グレゴリウスは聖職者の貞潔（独身誓願）を徹底させようとした。当時のイタリアではこの誓願が原則となりつつあったが、実際には必ずしも厳守されていたわけではなかったのである。

　グレゴリウスは古典古代の教養人に連なる人物であり、その信仰と神学思想はヒッポのアウグスティヌスから大きな影響を受けているといわれる。しかし時としてそれが行き過ぎることもあった。すなわちアウグスティヌスが推論したことをグレゴリウスは確信として言明することがあったという。たとえば煉獄の教理などがそれにあたる。

　煉獄という概念は初期のキリスト教会には見出されないものであるが、2世紀以降、死後の世界において天国と地獄との中間的位置にあり、死者の罪を浄化する場として意識されるようになっていった。アウグスティヌスは煉獄の思想を示唆した教父のひとりであったが、グレゴリウスはその思想を前提として、煉獄にいる人々を救うミサの効力、司祭による罪の赦しの宣言の力を主張し、ミサにおいてキリストがその都度新たな犠牲として献げられると信じた。このようにミサを犠牲とする教理は西方教会で普及

し、中世盛期の修道院や教会において死者のためのミサが盛んに行われるようになっていった。グレゴリウスは30回にわたってミサを捧げることによって煉獄の死者が救われると説いたが、これが中世の西方教会において30日間連続してミサをささげる「グレゴリオ・ミサ」（missae gregorianae）の起源となった。後に16世紀の宗教改革者たちはこうした思想と習慣に厳しい批判を繰り広げた。なお正教会も煉獄の思想を認めていない。

〔第7章の主な参考文献〕

朝倉文市「グレゴリウス一世の人と思想」、『カトリック研究』61号（1992年）

神崎忠昭『ヨーロッパの中世』（慶應義塾大学出版会、2015年）

グレゴリウス一世『福音書講話』（創文社、1995年）

R・W・サザーン『西欧中世の社会と教会』（八坂書房、2007年）

佐藤彰一、他編『西洋中世史研究入門』（名古屋大学出版会、2005年）

B・シンメルペニッヒ『ローマ教皇庁の歴史』（刀水書房、2017年）

出村彰『中世キリスト教の歴史』（日本基督教団出版局、2005年）

G・バラクロウ『中世教皇史』（八坂書房、2012年）

堀越孝一『中世ヨーロッパの歴史』（講談社学術文庫、2006年）

P・リシェ『大グレゴリウス小伝』（知泉書館、2013年）

J・ル＝ゴフ『中世とは何か』（藤原書店、2005年）

上智大学中世思想研究所編訳・監修『中世思想原典集成5　後期ラテン教父』（平凡社、
　　1993年）

ヨーロッパ中世史研究会編『西洋中世史料集』（東京大学出版会、2000年）

第8章　中世前期の混乱と再編

　教会と国家、宗教と政治、そして教皇と皇帝の関係と葛藤は、ヨーロッパ中世全体を通じて繰り広げられた最大のテーマであったといえよう。本章ではまずこの問題を象徴する「二剣論」（両剣論）という理念を取りあげて考察する。次に中世前期におけるこの問題の展開をフランク王国及び神聖ローマ帝国とカトリック教会との関係から概説する。

（1）「二剣論」～教会と国家、教皇と皇帝

〔ゲラシウス1世の「二剣論」〕

　494年、教皇**ゲラシウス1世**（在位492～496年）はビザンツ帝国の皇帝アナスタシオス1世（在位491～518年）に宛ててひとつの書簡を送った。この書簡の中で教皇はこの世界を治める2つの権威があると述べた。すなわち聖職者の権威と王の権威である。ゲラシウスはこれらの権威について次のように記している。

　　「尊敬する皇帝陛下、地上に二人の権威者がある。すなわち、教皇の聖なる権威と王の権威であって、主としてこの二人によって、この世が治められる。教皇が神の審判において、王たちのためにも答えなければならないので、その権力がもっと重大である。あなたは品位においては他の人々の上位にあるが、神に関することがらについては司教たちに従い、救いのためには天上の秘跡を司教たちから受け、宗教界においては司教たちを支配するのではなく、彼らに服従しなければならない。（中略）国の秩序に関することがらについては、皇帝は最高の権威者として法によって支配し、宗教界の指導者たちも、この世のことについては皇帝の掟にそむくことはできない。（後略）」（H・デンツィンガー編『カトリック教会文書資料集』78頁）

　このゲラシウスの見解は後に「**二剣論**」（**両剣論**）として知られるように
なった。「二剣」とはルカ福音書22章38節において、イエスの弟子たちが
「主よ、剣なら、このとおりここに二振りあります」と告げた言葉に由来
している。

　ゲラシウスの唱えた「二剣論」は必ずしも皇帝に対する教皇の絶対的優
位を主張することを目的としていたわけではない。田上雅徳はこのゲラシ
ウス書簡のポイントを次の4点にまとめている。まず第1にゲラシウスは
現世を秩序づけるふたつの権威が存在すること、すなわち教皇の権威と皇
帝の権力について語る。第2のポイントはそれらの権威が互いに独立して
いるという点である。そしていずれの権威もそれぞれ直接に神に由来する
ものであると主張する。第3は霊的領域において皇帝が「教皇の子」とみ
なされており、最高の政治的権力者といえども教会の権威に服従すべきで
あるという。しかし逆にいえば、現世的政治的事項においては教皇も皇帝
の権力に従属しなくてはならないとする。そして第4のポイントは教皇権
と皇帝権の両者が互いに神のわざのために協力すべきであるということで
ある（『入門講義　キリストと政治』79頁参照）。

　ここで注目すべきことは、田上が第3のポイントに挙げている点であろ
う。すなわち、教皇と皇帝には神に由来する別個の担当領域が与えられて
おり、それぞれの固有の領域において独自の権威を有するのであって、両
者はそれを認めて協力しなければならないという点である。

　しかし「二剣論」の解釈に関する歴史的変遷をたどると、こうしたゲラ
シウスの主張について国家と教会、また皇帝と教皇はそれぞれの立場から
互いに異なる、そして対立的な解釈を施していったことが分かる。すなわ
ち国家の側からは皇帝の自立的権威を主張する拠り所としてこの理念が引
き合いに出され、他方、教会の側からは聖俗双方に及ぶ教皇の権威の根拠
としてこの理念が用いられることになったのである。

　たとえばビザンツ帝国の皇帝ユスティニアヌスもゲラシウスのこの理論

を知っていたが、この皇帝は彼の権力が聖職者たちに優越することの論拠としてゲラシウスの主張を受けとめていた。ユスティニアヌスは、彼が作成させた『ローマ法大全』の中でゲラシウスに言及しつつ、聖職者には魂の安寧を配慮する義務があり、皇帝には帝国臣民の幸福を保護する義務があることを認めながらも、「教義と教会上の規律を遵守させる上での最高位の責任者は皇帝であるという主張をそこから導き出し、教会に対する統制を揺るがぬものとした」（B・シンメルペニッヒ『ローマ教皇庁の歴史』76頁）という。この場合、ゲラシウスの理念はビザンツ帝国における「皇帝教皇主義」を裏づける理論的根拠となったといえるだろう。

　他方、西方の教会の歴史を見れば、この二剣論が教皇の権威を主張する上できわめて大きな意味と役割を果たしたことが分かる。後述するように、中世前期に出現したフランク王国や神聖ローマ帝国の場合、その国策に基づいて教会は国教会のかたちをとっていた。また多くの教会が王や領主によって設立された私有教会であったために、聖職者の任免を含む教会の運営や活動に世俗の支配者たちが大きな力を握っていた。その結果、西方の教会全体に対するローマ・カトリック教会の影響力は限定的なものにすぎなかったのである。こうした状況のもとで、中世前期のカトリック教会にとって、ゲラシウスの理論は教会や聖職者に対する世俗権力の支配や干渉を批判し、俗権と教権の分離を求めると共に両者の協力を訴える理念として持ち出されるにとどまっていた。

　しかしやがて中世盛期を迎える頃になると、この理念はより積極的なかたちで取りあげられるようになり、教皇と教会が世俗権力よりも上位に位置する権威であるという主張の根拠として用いられるようになっていった。その具体例として、1140年頃に作成された『グラティアヌス教令集』には王や皇帝に対する聖職者の優位がはっきり主張されている。また1302年に教皇ボニファティウス8世が発した勅書「ウーナム・サンクタム」には教皇権の至上性が説かれ、教会は「まったき権力」として万人に対する裁判

権を保持すると宣言したのである。

　田上雅徳は、「西欧中世の政治思想がこのゲラシウス理論の受け止め方の歴史といっても過言ではない」と記し、「中世政治思想の参照基準がゲラシウス理論なのである」と主張する（『入門講義　キリストと政治』79頁）。すなわち古代末期にひとりの教皇が記した「二剣論」という理念が千年間に及ぶ中世の歴史を導く指標となったというのである。こうした視点からすれば、ヨーロッパの中世とは、この理念のもとで宗教的権威と政治的権威が葛藤と共働を繰り広げていった壮大な実験の時代だったのであり、さらにはまたこの理念の追求と実現、そして挫折にいたる史劇であったともいえるだろう。

（2）フランク王国とカトリック教会

〔フランク王国とクローヴィスの改宗〕

　496年、**フランク王国**の創立者メロヴィング家の**クローヴィス**（在位482～511年）がカトリックの洗礼を受けた。クローヴィスと共に三千人ともいわれる多数のフランク人が洗礼を受けたと伝えられている。これ以前のフランク族はまだ異教を信仰していたが、これによってローマ・カトリック教会とフランク王国の結びつきが生まれ、後の西ヨーロッパ世界の基礎が据えられることになった。

　クローヴィスが改宗したのは、すでに信者になっていた王妃からの影響があったともいわれるが、それよりもフランク王国の支配下にあったローマ系の住民の多くがカトリックの信徒だったことが大きな理由だったと思われる。ガリアには4世紀以来、トゥールのマルティヌスの宣教などを通じて、早くからキリスト教が広まっていた。フランク王国の支配者であるフランク人の人口は全住民の5パーセント程度にすぎなかったともいわれており、現地の住民やローマ貴族の協力を得るために、さらにはビザンツ

175

帝国との関係においても、カトリックへの改宗が有益とみなされたのであろう。

　フランク族のカトリックへの改宗は他のゲルマン人の諸部族にも影響を及ぼした。すなわち6世紀のうちにブルグンド族、ヴァンダル族、東ゴート族、西ゴート族がアレイオス派の信仰を次々に放棄し、カトリックへと改宗していったのである。この結果、ヨーロッパからアレイオス派のキリスト教が姿を消すことになった。

　ゲルマン人の社会では、祭政一致の慣習のもとで、族長が聖俗双方の責任を負うという伝統が存在した。新たな土地に進出したゲルマン人たちの中には、改宗後、みずからの支配地に自費で教会堂を建設し、聖職者を雇うという**私有教会**を設ける人々が少なからず存在した。8世紀頃になると、王や諸侯はその領域内の教会をみずからの私有財産とみなすようになり、世俗の臣下と同様、聖職者もこれらの支配者に従属する関係が生まれていった。世俗権力のもとにおけるこうした私有教会制度の発達は、教会の自由と独立性をそこなうことになったばかりでなく、聖職者の任免権は教皇に属するというローマの教会の主張と真っ向から対立するものであったから、両者の間の摩擦は必然的に高まらざるをえなかった。

　またフランク王国の教会組織は**国教会**の形態をとっており、ローマのカトリック教会からは一定の独立性を保っていた。教会はフランク国会の中に位置づけられ、さらに国王の管轄のもとに置かれた。聖職者は教会の選挙ではなく、しばしば国王や貴族によって選任もしくは承認された。また教会の所領の没収なども世俗の権力の都合次第で行われることがあった。たとえば後にカール・マルテルが軍隊に騎兵を導入した際、軍馬の購入や兵士の訓練の費用を捻出するために教会領を還俗し、これを恩給地として臣下に配分したと伝えられている。

　フランク王は教皇を倫理的な権威としては認めていたが、国内の教会に対する教皇からの干渉を受け入れようとはしなかった。前章で取りあげた

教皇グレゴリウス1世はこうしたフランク王国の宗教政策に介入しようとしたが、ほとんど成果をあげることはできなかったのである。

〔フランク王国と教皇の同盟〕

フランク王国では7世紀後半以降になると宰相であるカロリング家の勢力が伸張し、**カール・マルテル**（?～741年）の時代にはメロヴィング朝の王に代わって実権を掌握するようになっていった。

7世紀にアラビア半島に誕生したイスラムは急速にその勢力を広げ、東方においてビザンツ帝国の版図を侵食する一方、北アフリカを西進してその支配領域を拡大していった。やがてイスラム勢力はジブラルタル海峡を越え、ついにヨーロッパにまで進出してきた。732年、カール・マルテルは南フランスのトゥール・ポワティエ間の戦いでこれを迎え撃ち、勝利をおさめた。その結果、ヨーロッパにおけるイスラム勢力はイベリア半島にまで押し戻されることになった。しかしこの出来事は、より大きな視野から見れば、中世前期に生じた第2の大きな集団移動であるイスラムの進出によって、西方のキリスト教がユーラシア大陸北西の一隅に押しこめられ

コラム㉕～中世の封建制について

中世の封建制とは、**封主**と**封臣**の間に成立する相互依存的な縦の関係から成り立つ社会制度であり、前者は後者に対して**封土**を与えて保護し、後者は前者に服従する。このような関係が王とその臣下である諸侯、また諸侯とそれに仕える騎士といったふうに重層的に組み合わされて封建社会全体が構成されていた。こうした制度は8世紀頃に成立し、カロリング朝の時代における王国の勢力伸長に伴って各地に浸透していった。そして9世紀前半までには司教や修道院長といった教会の関係者たちもまたこうした社会的枠組みの中に組み入れられるようになっていったのである。

177

るにいたったことを意味している。このような状態は中世のヨーロッパ社会とカトリック教会を規定する地政学上の基本的な枠組みとなり、15世紀の大航海時代を迎えるまで継続することになったのである。

751年、カール・マルテルの息子のひとりであった**ピピン3世**（小ピピン、在位751〜768年）がフランク王国の王に即位し、メロヴィング朝に代わって**カロリング朝**を創始するという出来事が起こった。フランク王国におけるこの政権交代は一種のクーデターであり、カトリック教会にとっても、またその後の中世ヨーロッパ世界の形成にとっても、きわめて重要な意味をもつ出来事だった。なぜならこの時ピピンはみずからが王となるに際してあらかじめ教皇ザカリアス（在位741〜752年）に助言を求め、その承認のもとでこうした行動に踏み切ったからである。751年、ピピンはソワソンにおいて聖職者（ボニファティウス？）による聖別を受けて王となった。さらに754年には教皇ステファヌス2世（在位752〜757年）がサン・ドニでピピンとそのふたりの息子を聖別する儀式を執り行った。こうしたやり方は世俗権力の正統性を教皇が宗教的権威と儀式によって認証するという中世ヨーロッパにおける伝統を生むことになった。

ところでこの時期のカトリック教会では、726年以来の聖画像をめぐる論争によってビザンツ帝国やコンスタンティノポリスの総大主教との対立関係があらわになりつつあった。ビザンツ帝国の皇帝はシチリア島やイタリア南部における教皇の所領を没収したり、各地における教皇の権限を抑制する方策をとったために、教皇にとって大きな打撃となった。他方、イタリア北部ではランゴバルド族の脅威が高まっていた。これらの事情から教皇の側もフランク王国の援助を必要としており、両者の連携を強めることを望んでいた。

756年、ピピンは教皇の求めに応じてランゴバルド族を討伐し、その土地を教皇に寄進した。これが後に**教皇領**と呼ばれるものの始まりとなった。教皇はピピンに「ローマ人の保護者」（Patricius Romanorum）という称号を

イスラム勢力の支配圏の拡大

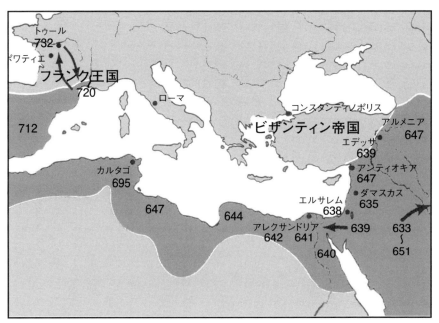

（フスト・ゴンサレス『キリスト教史（上）』新教出版社）

与えたが、本来この称号はビザンツ帝国の皇帝がイタリア総督に対して与
えたものであり、皇帝を代理する存在を意味していた。ともあれ、このよ
うにして「フランク人と教皇庁の同盟」（ル＝ゴフ）が始まったのである。

〔フランク王国の宗教政策とボニファティウス〕

　ヨーロッパにおいて宗教と社会が一体化した「キリスト教世界」（コルプ
ス・クリスティアヌム）という世界観が芽生えはじめたのは、フランク王国
がこの地域の政治的統合を成しとげた8〜9世紀以降のことであるといわ
れる。古代末期から中世にかけて形成されたカトリック教会の伝統と権威、
ラテン語による統一的な礼拝や信仰上のさまざまな慣行はヨーロッパ世界

の一体性を保証するものとなり、人々はやがてこの普遍的な共同体（カトリック）に対する帰属感を分かちあうようになっていった。

　すでに述べたようにゲルマン人の伝統では族長は聖俗双方に責任を持つ存在と考えられており、フランク王国においては教会も王や領主の支配のもとに置かれていた。フランク王国には約二百の司教区が置かれ、その頂点に立つ司教は司祭・牧会者としてだけでなく、行政的な役割も担う権威ある存在であった。メロヴィング朝以来、フランク王国の国王たちはこうした司教の任命に影響力を行使し、司教の都市支配を介して当該地方を王権のもとに統合していた。

　カール・マルテルはこれをさらに進めて俗人を司教や修道院長に任命した。王国のために働く教会官僚ともいうべきこれらの人々は、宮廷で有力貴族と対等に渡りあえる存在でもあった。このため有力な門閥からは、一門の男子を聖職者とすることによって、俗界のみならず聖界における勢力基盤を確保するという慣習が生まれた。しかしその結果、説教やミサなどの職務を行うこともできず、騎馬の訓練や狩猟に明け暮れたり教会や修道院の財産を蕩尽したりする聖職者が増加したため、教会の改革が求められるようになっていった。

　8世紀前半のカール・マルテルとピピンの時代におけるフランク王国の宗教政策に深く関与した人物が「ドイツ人の使徒」と呼ばれる**ボニファティウス**（672?〜754年）である。彼は本名をウィンフリート（ウィルフリドゥス）といい、ブリタニア出身のアングロ・サクソン系の修道士であった。故郷を離れて大陸各地で宣教に携わるというアイルランド系の修道士の伝統に倣って、彼も716年にフリースラント（オランダ・ドイツの北海沿岸地方）におもむいたが、その地の王とカール・マルテルの間に戦争が起こったため、一時、故郷に戻ることとなった。

　ウィンフリートは718年にローマを訪れた際に教皇グレゴリウス2世（在位715〜731年）から「善をなす人」（ボニファティウス）の名を与えられ、ラ

イン川以東のゲルマニア（ドイツ）への宣教を託された。

　ボニファティウスの伝道方法は当時一般的に行われていた方法を踏襲したものであった。すなわち、「まず政治的支配者を獲得し、彼らを通じて住民一般への接触を計り、各地に修道院を建設し、そこを自立させて宣教の拠点とする」（出村彰『中世キリスト教の歴史』43頁）というものである。ある伝承によれば、異教徒のゲルマン人たちが「聖なるもの」として畏敬していた大木をボニファティウスが切り倒したところ、なにも害を受けなかったことから人々の信頼をかちとり、キリスト教への改宗を成功させたという逸話が残っている。

　ボニファティウスは教皇とのつながりを重視する一方、ピピンの兄であるカールマンと結びつき、その支援を受けつつ活動を繰り広げた。時にはフランク王国の軍事力に頼って宣教を貫徹することもあったという。彼はテューリンゲン、エルフルト、ザルツブルク、レーゲンスブルク、パッサウなどに新たな司教区を設け、教会組織や教会法、また典礼のそれぞれにおいてローマのやり方を導入した。この意味において、ボニファティウスの活動は教皇とカトリック教会の権威をフランク王国とゲルマニアの一帯に広める働きを担ったことになる。

　ボニファティウスは722年に司教に任じられ、745年にマインツの大司教となった。また744年にはフルダに修道院を開設して院長となり、ベネディクトゥスの『戒律』を導入した。ボニファティウスはゲルマニアの全修道院にこの戒律の遵守を義務づけたようである。このようにして「大陸ではとくにフランク西部地域の修道院では『ベネディクトゥス戒律』が採用されることになった」（朝倉文市『修道院にみるヨーロッパの心』26頁）という。

　ボニファティウスはフランク王国の支援を受けるために歴代の王に働きかけたが、王国内のフランク人の司教たちはボニファティウスに対して必ずしも好意的ではなかったために、この試みはなかなか思うように進まなかった。しかしながら全体的に見るなら、ボニファティウスによる宣教活

181

動はローマの教会とフランク王国の間の結びつきを強める結果を生むことになった（B・シンメルペニッヒ『ローマ教皇庁の歴史』116頁参照）。

　754年、ボニファティウスはふたたびフリースラントの伝道に赴いたが、同地の異教徒によって殺害された。その遺体は彼が院長を務めたフルダ修道院に葬られた。

　ボニファティウスの死後、ピピン3世はその一門に属するクローデガング（715～766年）をメッツの司教に任命し、フランク人の手による本格的な教会改革を推進させた。それはボニファティウスほどローマに密着することなく、フランク王国独自の教会を形成する方向をめざすものであった。

〔カール1世の征服事業とカロリング・ルネサンス〕

　フランク王としてピピン3世の後継者となった**カール1世**（**大帝、シャルルマーニュ**、在位768～814年）はその生涯を通して各地の征服戦争に明け暮れた人物であり、長い治世のうちで軍事遠征の記録がない年はわずか2度しかなかったという。カールの征服事業はゲルマニア南部（現在のバイエルン）やゲルマニア北部のザクセン人との戦いにおいてとりわけ大きな成果をあげた。彼が生涯を終えた時、その領土はスカンディナビアとブリタニアを除く西ヨーロッパの大半に及んでいた。地理的な統一にとどまらず、この広大な空間にキリスト教とギリシア・ラテン文化を浸透させるという大きな貢献を成し遂げたことから、カール1世は「**ヨーロッパの父**」と呼ばれることもある。またカールはビザンツ帝国やイスラム世界との関係において、さまざまなかたちで文化的な交流や通商外交上の交流を繰り広げた人物でもあった。

　教皇レオ3世（在位795～816年）はローマ貴族の反乱によって危機に陥った時、カールに助けを求めた。フランク王の警護のもとでローマに帰還した教皇は、800年のクリスマス当日、聖ペトロ大聖堂の祭壇の前に跪いていたカールの頭上に帝冠を授けた。このことは西ローマ帝国の再生を意味

すると共に、カトリック教会とフランク王国の結合を象徴する出来事であった。ビザンツ帝国は皇帝レオン5世（在位813〜820年）の時代にカールの帝位を正式に承認した。

　けれどもカールが教皇の手によるこうした戴冠を望んでいたかどうかは疑問である。カールは後に、こうしたことが起こるのを事前に知っていたなら、自分は聖ペトロ大聖堂には行かなかったと語ったという。聖俗双方の領域における指導者を自認していたカールにとって、教皇によって帝位を授けられるような事態は決して望ましいことではなかったのであろう。しかしいずれにせよこの象徴的な出来事が中世における国家と教会、そして皇帝と教皇の関係をめぐる重要な契機となったことは事実であった。

　カールは戦士であると共に文化の保護者でもあった。彼の時代からおよそ1世紀にわたって**カロリング・ルネサンス**と呼ばれる活発な文化的運動が興ったのである。それはローマ帝国の復興をめざし、古典古代の文芸を復興させるためにカールが行った文教政策の成果であった。カールは国外から多くの学者を招き、行政官や聖職者を養成する学校を設立した。字体（カロリング朝小文字）の整備、古典古代の作品や教父の作品の収集、そして聖書本文の校訂などが行われた。

　この時期にカールのブレーンのひとりとして活躍したのが、イングランドのヨーク出身の**アルクィヌス**（アルクィン、?〜804年）である。彼は781年にイタリアのパルマでカールと出会い、その招聘を受けてフランク王国の教育行政や教会の諸課題に関わる助言者となった。アルクィヌスはトゥールのサン・マルタン大修道院の院長となったが、そこは西方世界における学芸の中心地になっていった。779年にカールに宛てて記した書簡の中で彼は次のように述べた。

　　「もし多くの人々が、陛下が考える学問の素晴らしい目的に向かって邁進するならば、新しいアテネがおそらくフランキア（フランク王国）に生ま

れるかもしれません。まさしくより洗練されたアテネが。このアテネは主
キリストの教えにより高貴にされ、アカデメイアが学問でえた知識をこと
ごとく凌駕します。」（佐藤彰一『カール大帝』76頁より引用）

　794年にアーヘンの宮廷が完成すると、カール１世を中心とする一種の
文芸サークルが誕生した。そこではカールは自分を旧約聖書のダビデにな
ぞらえ、またアルクィヌスは古代ローマの詩人ホラティウスになぞらえる
など、それぞれが古代の理想とする人物を名乗ってお互いにその名を呼び
合い、詩文を草したという。
　こうしたカロリング・ルネサンスの成立の背景のひとつとして、７世紀
に始まるイスラムの勃興と拡大があったことが指摘されている。すなわち
イスラムの進出によって東方の教会から大量の知識人が西方に流出するこ
とになり、その主な亡命先であったイタリアには亡命者と共に数多くのギ

コラム㉖〜「複数のルネサンス」と「複数の宗教改革」

　通常、「ルネサンス」という用語から私たちが連想するのは中世後期にイタリ
アを中心に起こった文芸復興の運動であろう。これに対してヨーロッパ中世史
の研究者ル＝ゴフは「複数のルネサンス」（『中世とは何か』92頁）という考え方を
強調している。すなわちカロリング朝の時代に起こったルネサンス、「12世紀ル
ネサンス」、そして14世紀のルネサンス（ル＝ゴフは「大ルネサンス」と呼ぶ）である。
これと同様に「宗教改革」に関しても、16世紀に起こったプロテスタントのそ
れればかりでなく、中世において繰り返し生じたカトリックの改革運動を含めて
考えるなら「複数の宗教改革」が存在したということができるだろう。換言す
れば、16世紀の改革は一連の改革運動の延長上に生起した「大宗教改革」だっ
たのである。こうした視点に立つならば、ヨーロッパの中世という時代が（しば
しば誤解されるような）停滞と不変の時代などではなく、さまざまな変革と創造性
に満ちたダイナミックな時代であったということがあらためて了解されること
であろう。

リシア語写本がもたらされた。8世紀初めにはローマがこうした写本の供給センターとなり、各地にギリシア語やラテン語の文献を普及させる役割を果たした。佐藤彰一によれば、「カロリング朝の文芸・学術のルネサンスが開始される以前の八〇〇年以前には、ラテン世界には今日知られるかぎり二〇〇〇点の写本しか存在しなかった。だがそれにつづく一世紀間だけで、約八〇〇〇点の写本が生み出された。それはこの知的ルネサンスのもつ意味の大きさがうかがえる数字である」（『カール大帝』74頁）という。

　カールは789年の勅令で、すべての教区に自由人・奴隷の区別なく初等教育を授けるための学校の設置を命じている。その教育内容はラテン語文法、簡単な算術などを含んでいたが、残念ながら全国的に普及するまでにはいたらなかった。

〔カール1世の宗教政策〕

　カール1世は毎日、朝夕の礼拝に参加したといわれ、個人としても敬虔な信仰者だったと伝えられている。それと同時に彼は教会に対する指導・監督の責任を強く自負していた人物でもあった。カールはボニファティウスが建てようとした大司教区組織を完成し、教職者の養成のために修道院や司教座聖堂に学校を建設した。また王国の各地に巡察使を派遣して司教区や聖職者の状態を監督させた。巡察使の任務には、教会の財産管理の実態、聖職者の生活や修練の様子、司教の選出が教会規則に則って行われているかどうかを監督することも含まれていた。彼はまた聖職者たちが宗教的な陶冶を目的として生活を共にすることも奨励した。

　カールは国民の宗教的道徳的向上のために没頭し、国民に対して「主の祈り」や信条を暗記させ、日曜日の礼拝への出席を奨励した。また放置され荒廃した状態の聖所や教会堂を修復する一方、礼拝様式の統一、パイプオルガンの設置、イタリアから聖歌隊を招いてグレゴリオ聖歌を普及させるなど、今日にまでつづくカトリック教会の慣習や伝統の一端を生み出し

た。典礼（礼拝）についていえば、カールはローマから礼拝の式文や祈りをまとめた『グレゴリウス秘跡書』を取り寄せたが、これが不完全な写本だったためにその他の資料によって補った典礼書を作成させて用いることにした。こうしてフランク王国で広まった礼拝様式がやがて10世紀にローマに逆輸入され、その後のカトリック教会の典礼に影響を及ぼすことになったのである。

　カールは教義に関わることがらにも積極的に関与した。ここでは東西教会の間で大きな問題となった聖画像をめぐる問題とフィリオクエに関する論争を見ておこう。

　東方の教会で大問題となっていた聖画像をめぐる問題に関して、787年に開催された第２回ニカイア公会議は聖画像の崇敬を承認し、教皇もこれに賛同した。この時、教皇ハドリアヌスは公会議の経過などを知らせることなく、その結果だけをカールに伝えた。教皇にすれば教義上の問題を世俗の支配者にいちいち知らせる必要はないと判断したからであると思われる。しかしこれに対して、カールはアルクィヌスらの学識者を動員して、いわゆる『**カールの書**』（Liberi Carolini）と呼ばれる文書を作成して公会議の決定と教皇に反駁し、信仰上の問題に関するみずからの権威を誇示した。結局、教皇は787年に開かれたフランクフルト教会会議において自分の意見を撤回した。

　古代教会の定めたニカイア・コンスタンティノポリス信条の中の「フィリオクエ」という一句をめぐる論争も東西教会の関係を悪化させる重大な要因となった（コラム⑲参照）。東方の教会がこの一句を認めなかったのに対して、フランク王国では「フィリオクエ」を含む信条が毎週のミサで用いられていた。カールはこの信条の正当性を809年に開催したアーヘンの教会会議において正式に決定させた。教皇レオ３世は改変されていない伝統的な告白文に固執したが、この決定によって教皇の権威はふたたび大きく傷つけられることになった。

　もっとも教皇のお膝元であるローマにおいて「フィリオクエ」を含む信条が実際に用いられはじめたのはようやく1014年以降のことである。ところが、「すぐにこれはローマでも習慣となり、典礼でも神学でも唯一正当な教説とみなされるようになった。その結果、セルギウス4世〔在位1009〜1012年〕以降の教皇はコンスタンティノープルで「フィリオクエ」の言葉が無視されていることを、正統的なカトリック信仰からの逸脱とみなすようになった。」（B・シンメルペニッヒ『ローマ教皇庁の歴史』153頁）すでに述べたようにこれらの神学上の対立が1054年の東西教会の最終的な分裂を生む大きな要因となったのである。

　カールが教義論争にまで介入したのは、国家の統一には教会の組織や儀式のみならず、信仰上の一致も不可欠であると考えたからであった。彼はみずからが神政政治の担い手であることを自負しており、教皇の役割とは祈りを通して皇帝を支え励ますことであると理解していた。カールが教皇レオ3世に宛てて記した796年の書簡の一節にはそのことがはっきりと表現されている。

　　「余の義務は、神の援助のもと、対外的には、異教徒による侵攻、敬虔ならざる者によるキリスト教の聖なる教会の破壊を防ぎ、対内的には、カトリック信仰を称揚することで、聖なるキリストの教会を確固たるものにすることだ。聖なる父よ〔教皇のこと〕、そなたの任務は、モーゼとともに神に手を上げ、〔祈りによって〕我々の戦いの援助をすることである。」
　　　　　　　　（B・シンメルペニッヒ『ローマ教皇庁の歴史』120頁より引用）

（3）神聖ローマ帝国とカトリック教会

〔フランク王国の分割とノルマン人の移動〕
　カール1世の死後、フランク王国は843年の**ヴェルダン条約**によって、

ロタール王国、東フランク王国、西フランク王国に3分割された。さらに
870年の**メルセン条約**でロタール王国が分割されて東西のフランク王国に
統合された。現在のドイツの領域にあたる**東フランク王国**では911年にカ
ロリング朝が断絶し、その後は封建諸侯による王の選挙が行われるように
なった。また**西フランク王国**でも王権の弱体化が進み、987年にカロリン
グ朝の血筋が絶えると、これに代わってユーグ・カペーが王となってカ
ペー朝を開き、フランス王国を形成する方向へ歩み始めた。

　こうしてカール1世の時代に実現したかに見えたヨーロッパの統一はも
ろくも崩れ去ることになった。その混乱と分裂をいっそうはなはだしいも
のにしたのが、9世紀に生じた**ノルマン人**（**ヴァイキング**）の大移動である。
スカンディナビアを故郷とするノルマン人の諸部族は繰り返しヨーロッパ
各地へなだれこんで略奪を行い、また新たな国々を建設した。主なものと
して、フランス北西部に設立されたノルマンディー公国、イングランドに
おけるノルマン朝の王国、南イタリアのシチリア王国、ロシアに進出した
集団によって作られたノブゴロド公国、キエフ公国などを挙げることが
できる。さらにまた東ヨーロッパにおけるマジャール人（現在のハンガリー
人）やイスラム勢力による侵攻もこうした混乱に拍車をかけるものとなっ
た。

　2世紀間以上にわたってつづいたノルマン人の侵攻によって、カールの
遺領は蹂躙され、中央の権力は衰微してしまった。その結果、各地に土着
する地方権力は、みずからを守るために武装し、また誓約によって互いに
援助する体制を整えざるをえなかった。こうして中世の封建的な社会制度
の形成がいっそう促進されることとなったのである。各地の教会領や修道
院領も広範囲にわたって略奪され、司教職や修道院長職は俗人が占めるよ
うになって世俗化し、教会の活動は全般的に低下した。

　このような過渡的な時代にあってローマの教会や教皇もさまざまな問題
に直面することになった。フランク王国の衰微は一時的に教皇権の伸張を

コラム㉗〜「偽イシドルス教令集」と「コンスタンティヌスの寄進状」

　8〜9世紀には教皇の権威を高めることを目的として、いくつもの偽書が作成されたことが知られている。その中でもとくに有名な**「偽イシドルス教令集」**は9世紀半ば頃フランク王国内で作成されたものである。これは古代以来の教令を編集したものと称する文書で、教会独自の裁治権や教皇の権能が世俗権力に優越することを主張しているが、その内容の大半は偽作である。ここに含まれる文書のひとつである**「コンスタンティヌスの寄進状」**によれば、コンスタンティヌス皇帝は5つの総大主教区における首位権をローマに与え、また全イタリアと西方の全都市を含む西方世界に対する統治権を教皇に与えたことになっている。こうした偽書が作成されたもともとの理由は、世俗権力に対する司教職の独立性を主張する上で、その法的根拠を教皇の権威に訴えるためであったと考えられている。しかしこれらの文書は、13世紀のグレゴリウス改革において教皇権そのものの拡大に利用されることになり、後世において「世界史が知る限り、最も壮大な、また最も影響するところ大きかった偽作文書の一つ」（半田元夫・今野國雄『キリスト教史Ⅰ』310頁）といわれるようになった。

もたらすかのように思われたが、まもなく各地の諸侯が力を持つようになると、教皇もローマ周辺の諸勢力に翻弄され、政治的な権力闘争の渦に巻きこまれた。とりわけ9世紀末から10世紀前半にかけては暗黒時代とも呼ばれるほどに教皇庁の歴史は混乱を重ねた。この時期には教皇の頻繁な交替が起こり、道徳的にも問題の多い人物がつづいた。ヨハネス8世（在位872〜882年）からヨハネス12世（在位955〜964年）までの間に実に24人の教皇が交替した。ヨハネス8世は初めて暗殺された教皇と伝えられているが、代々の教皇はつねに投獄や殺害の危険にさらされており、G・バラクロウが「ヨハンネス八世以降の百年間において、寝床に就いたまま安らかに世を去った教皇はほとんどいない」と記しているほどである（『中世教皇史』111頁）。この時期のもっとも醜悪な事件として知られているのが896年

に起こった「フォルモススの遺体裁判」であろう。これは教皇ステファヌス6世（在位896～897年）が彼に敵対していた2代前の教皇フォルモスス（在位891～896年）の遺体に教皇の衣服をまとわせて裁判を行い、その教皇位を剥奪した上で体を切り刻みテヴェレ川に捨てさせたという出来事である。また10世紀初頭にはローマの貴族テオフィラクトゥスの悪名高い娘たちの意のままに教皇たちが操られるという事態が生じ、「娼婦政治」（ポルノクラシー）と呼ばれた。

〔オットー大帝と神聖ローマ帝国〕

東フランク王国では選挙による王位継承の慣行が生まれ、919年にザクセン家のハインリヒ1世（在位919～936年）が王に選出された。その息子である**オットー1世**（**大帝**、皇帝在位962～973年）は936年に東フランク王（ドイツ王）となり、バイエルン公など国内の有力諸侯を抑えつつ、スラブ人やマジャール人の侵入に対処して東方に勢力を広げながら国内統一を進めた。さらに婚姻を通してイタリア王の地位も手中におさめた。

オットーはイタリア国内の抗争で境地に陥った教皇ヨハネス12世（在位955～963年）を援助し、962年にはローマ帝国の伝統とキリスト教の権威を結合した**神聖ローマ帝国**の皇帝として戴冠された（実際に「神聖ローマ帝国」という名称が用いられるようになるのは13世紀以降とされる）。帝位を得たオットーは皇帝の同意なしに教皇を決定することは認めないと宣言し、ヨハネス12世に代えてレオ8世（在位963～965年）を教皇の位につけ、混乱に陥っていた教皇庁の粛清と改革を実施した。

オットー1世をはじめ、その後継者であるオットー2世（在位967～983年）やオットー3世（在位996～1002年）は、個人としても真摯なキリスト教徒であったといわれており、皇帝の権利として代々の教皇を任命しつつ、ローマ教会とドイツ国家の密接な関係を構築しようと努めた。これらの教皇の中にはドイツ人であったグレゴリウス5世（在位996～999年）やフ

ランス人であったシルヴェステル2世（在位999〜1003年）も含まれている。この点において教皇の干渉をきらってローマと距離をとろうとしたフランク王国とは異なり、神聖ローマ帝国の皇帝たちはより積極的にローマ・カトリック教会に関わる政策をとったのである。

　しかしながらアルプス以北を本拠とする皇帝によるローマへの関与はどうしても断続的なものとならざるをえず、教皇庁の恒久的な変革を達成するまでにはいたらなかった。依然として教皇の地位がローマ周辺の地方勢力である有力貴族たちの政争の具として左右されるという状況がつづいたのである。こうした状況を打破するためには教会内部からの自主的な刷新が不可欠であった。

　他方、ドイツ国内においてオットーとその後継者たちは教会と聖職者のネットワークを活用した**帝国教会政策**と呼ばれるものを実施していった。この政策はキリスト教の組織と人物を活用して帝国全体の統合を強め、また皇帝の権力を高めると共に、他方では各地の諸侯の勢力を抑制することをねらいとするものであった。この政策に基づいて、皇帝は各地の司教座や修道院に所領、裁判権、関税・造幣の権限などの特権を与えてその地位を強化する一方、宮廷の付属教会や書記局で養成した人々を司教や修道院長に任命した。これらの高位聖職者たちは王に対する忠実な官僚として奉仕し、さまざまな統治行為の任務を通して国家の運営に貢献する存在となった。こうした体制はオットー3世とハインリヒ2世（在位1014〜1024年）の時代までに確立されていったと考えられている。

　こうした帝国教会政策の政治的メリットとして、田上雅徳は以下の3点を挙げている。第1は、「高位聖職者がそこに属するカトリック教会は、ドイツ全土をカバーする統一的な組織を具備している。（中略）だから、ひとたびこれを掌握すれば、世俗為政者はそこから共通の政策遂行意志の調達を期待できた」という点である。第2は、「聖職者は当時にあって非常に貴重なスキルを身につけていた」という点である。この時代にあって聖

職者は数少ない読み書き能力を有する知識人であり、行政上の有能な役人として活用されたのである。そして第3は、「教会の聖職者は独身が義務づけられていて、家族を残すことがない」という点である。すなわち、世俗の諸侯のように代々にわたって領地に根づき、一門としての自立的な勢力を形成することがない点で、皇帝にとって好都合だったのである（『入門講義　キリストと政治』91頁参照）。

　しかしながら結果的にいえば、こうした帝国教会政策は聖職者の堕落を引き起こすことにつながっていった。すなわち世俗の為政者の意に沿って働く人物が司教や修道院長に就くことが多くなると、聖職者の本来の仕事である礼拝や牧会といった働きがおろそかにされ、宗教的な徳望や見識を持ちあわせない人物が増えていった。

　その結果、一般信徒の教会に対する信頼は低下し、改革を必要とする気運が高まっていった。当初、そうした問題への対処は皇帝の責任においてなされることが期待されていた。しかし教会及び聖職者の位置と役割が上述したような国家のニーズのもとで規定されている限り、皇帝による改革には当然ながら限界があった。それゆえここにおいても教会の本格的な改革は教会自身の自覚と努力に俟たざるをえないものとなっていった。

　このような歴史的背景のもとで、ローマの教皇庁の改革、そしてヨーロッパ全体の教会、修道院、聖職者に関わる壮大な改革運動として、グレゴリウス改革が生起することになったのである。

〔第8章の主な参考文献〕

河原温『中世ヨーロッパの都市世界』(山川出版社、1996年)

神崎忠昭『ヨーロッパの中世』(慶應義塾大学出版会、2015年)

佐藤彰一『カール大帝　ヨーロッパの父』(山川出版社、2013年)

Ｂ・シンメルペニッヒ『ローマ教皇庁の歴史』(刀水書房、2017年)

田上雅徳『入門講義　キリスト教と政治』（慶應義塾大学出版会、2015年）

出村彰『中世キリスト教の歴史』（日本基督教団出版局、2005年）

G・バラクロウ『中世教皇史』（八坂書房、2012年）

堀越孝一『中世ヨーロッパの歴史』（講談社学術文庫、2006年）

堀越宏一『中世ヨーロッパの農村世界』（山川出版社、1997年）

H・デンツィンガー編『カトリック教会文書資料集』（エンデルレ書店、1974年）

ヨーロッパ中世史研究会編『西洋中世史料集』（東京大学出版会、2000年）

第9章　教皇と皇帝
グレゴリウス改革をめぐって

　　中世の教会史の分水嶺ともいえるグレゴリウス改革について概説する。この
　出来事は聖職者の地位や倫理に関する改革運動として始まり、やがて叙任権を
　めぐる教会と国家の熾烈な争いへと展開していった。この改革の結果、ヨーロッ
　パにおける教皇の権威はかつてないほどの高まりをみせることになり、中世盛
　期の新たな歴史を現出することとなった。

（1）グレゴリウス改革の背景

〔グレゴリウス改革とその背景〕

　グレゴリウス改革とは、11世紀半ばの教皇レオ9世の活動から始まり、
1122年のヴォルムス協約にいたるまでの、叙任権闘争を含む一連の教会改
革の総称であり、その過程における象徴的人物であった教皇グレゴリウス
7世にちなんでこのように呼ばれる出来事である。この改革においてまず
最初に取りあげられたのは、当時、教会内で広く行われていた聖職売買
（シモニア）と聖職者の私婚制（ニコライズム）という問題に対処することで
あった。

　聖職売買を意味する「**シモニア**」（Simony）という名称は新約聖書の使
徒言行録8章9〜24節に登場する「魔術師シモン」に由来する。そこに
はキリスト教の指導者たちがさまざまな奇跡や霊的権能を行使するのを見
て、シモンという人物が金銭と引き換えにその能力を手に入れようとした
という物語が記されている。この言葉は、当初、聖職者の叙任（叙階）に
際して司教が金品を受けとることへの批判として用いられていたが、そう
した悪弊はすでに初期教会の時代にも広まっていたといわれる。やがてこ

の言葉はより広い意味で、俗権の保持者に取り入ることによって聖職者の地位に就くこと、あるいは（たとえ金品の授受がなくても）俗権が聖職者の叙任に権能を行使することを指す用語として用いられるようになっていった。

シモニアが大きな問題となった背景には、前章で述べたゲルマン的な伝統に由来する私有教会制度や神聖ローマ帝国における帝国教会政策といった現実が横たわっていた。世俗の権力者はその政治的目的や血縁関係などを考慮し、みずからに有利な人物を教会の役職に登用したために、聖職者としての適性や品性を欠く者がそれらの地位に就くことが頻繁に生じた。また聖職者の職務に対する報酬として与えられた**聖職禄**の利得も、こうした地位を獲得しようとする者にとって大きな魅力となっていた。

次にもうひとつの問題となった**聖職者の私婚制**であるが、これを「ニコライズム」（Nicolaitans）と呼ぶようになった理由はよく分からない（新約聖書の黙示録2章6節に言及されている「ニコライ派」に関連するという説もあるがさだかではない）。教会法において聖職者の結婚は禁じられており、叙階に際して生涯にわたる独身（貞潔）の誓願を立てることが求められていたが、その誓願に違反する行為がニコライズムであった。これは聖職者の倫理的問題というばかりでなく、先に述べた私有教会制において司教や修道院長が大領主でもある場合、そうした人々は世襲制による後継者を確保することを望んだために、きわめて複雑な社会的問題となったのである。ニコライズムが表ざたになった時には違反者は聖職位を剝奪されたが、現実には黙認されることがしばしば行われていた。

このようにシモニアやニコライズムは、たんに聖職者個々人の資質や能力に関わるだけでなく、その背後にある世俗の権力者の意向と封建的な社会構造に由来する問題でもあった。それゆえにこれらの問題に徹底して対処しようとするなら、聖職者の任免をめぐる権利、すなわち**叙任権**を教会自身が完全に掌握することが必要となったのである。しかし為政者の側からすればこの権利を失うことは、みずからの支配権の弱体化を招くと共に

膨大な資産の損失を招く危険性をはらんでいた。それゆえに世俗の権力者たちもこの問題をめぐって引き下がるわけにはいかなかったのである。

　前章で紹介した「二剣論」に見るとおり、中世ヨーロッパという「キリスト教世界」（コルプス・クリスティアヌム）において、教皇と皇帝、教会と国家、そして宗教と政治は互いに相即不離のものであり、両者の分離はありえないという理念を自明の前提として共有していた。しかしまた両者はそれぞれの立場から、みずからがこの世界における指導的存在であると自認していたのである。このような背景と状況のもと、グレゴリウス改革は教会内の聖職者の資質をめぐる問題から始まり、ついには叙任権をめぐる教皇と皇帝の間の激烈な権力闘争に展開していったのである。

〔**修道院と改革勢力**〕

　グレゴリウス改革を推進した勢力として知られているのがクリュニー修道院に代表される中世の新しい修道院である。中世に出現したいくつもの新しい修道院・修道会の特徴と働きについては第12章で取りあげるが、ここではとりあえずクリュニー修道院の成り立ちと教会改革との関わりについて記しておこう。

　クリュニー修道院は、910年、アキテーヌ公ギヨームの援助によって、フランスのブルゴーニュ地方にあるクリュニーの地に創立された。その創建の文書には修道院財産の処分や運営に関して修道院外からの干渉を拒否し、修道院長の任命には修道士たちの意志を反映することが明記されていた。この修道院はベネディクトゥスが求めた修道会本来の姿を回復すること、すなわち既存の修道院を改革して祈りと典礼を重んじる生活に立ちかえることを主な目的として掲げていた。

　クリュニー修道院は歴代の修道院長に優れた人物を迎えたこともあって、その活動は広く知られるようになり、大きな影響力を持つようになっていった。クリュニー系の修道院が近隣のブルゴーニュやロートリンゲン

（ロレーヌ）に生まれ、さらにドイツやイタリアにまで急速に拡大していった。この修道院は、大修道院長**フーゴー**（在職1049〜1109年）の時代に最盛期を迎えた。12世紀中頃にはおよそ千五百に及ぶ系列の修道院がヨーロッパ各地に存在していたという。これらの修道院は中央集権的な組織を形成し（**クリュニー修道院連合**）、クリュニー修道院の院長はその傘下にある修道院に対して定期的な監察を行った。

　当初、クリュニーの新たな改革的姿勢は、封建貴族化していた地域の司教や既存のベネディクト会系の修道院から激しい抵抗や批判にさらされた。これに対して皇帝**ハインリヒ３世**（在位1046〜1056年）などの世俗君主たちがクリュニーを支援し、さらに教皇ベネディクトゥス８世（在位1012〜1024年）はクリュニー系の修道院全体を各地の司教の管轄権から切り離し、教皇の直接支配のもとにおくことを宣言した（「**クリュニーの自由**」）。これによってクリュニーは皇帝や各地の王たち、そして教皇庁と直接に結びつきながら、ヨーロッパ全体に及ぶ発言力を有する存在となっていった。

　グレゴリウス改革に際してクリュニー修道院はこれを支持する側に立ち、教皇を支える有能な人物を数多く送り出した。11世紀後半に登場した教皇の中の６人は修道士出身で、その中の少なくとも３人はクリュニーの修道士であったといわれている。

　教会改革に貢献した修道士はクリュニー以外の地からも出現した。クリュニーと同時期にあたる914年に創設された、フランス北西部のロートリンゲン地方の**ブローニュ修道院**は有力な改革運動の拠点となった。その活動はライン川沿いのケルンなどの諸都市に広がり、バイエルンからザクセンに及ぶドイツ各地に影響を及ぼした。

　グレゴリウス改革を推進するにあたっては、こうした改革派の修道院の働きが大きな力となった。それゆえ研究者の中には、「グレゴリウス改革とは、修道士出身の教皇たちとそのブレーンによって主導された、教会の「あるべき秩序」を求めて激烈に展開された教会改革闘争にほかならな

い」（松本宣郎編『キリスト教の歴史1』147頁）と語る者もいるほどである。

（2）レオ9世とグレゴリウス7世の改革

〔教皇レオ9世の改革〕

　先述したハインリヒ3世は皇帝としてローマ教会と教皇の問題に対して積極的な介入を行った。G・バラクロウは「改革運動は、ハインリヒ三世の治世にとくにクリュニーの運動として形を取りつつ軌道に乗った」（『中世教皇史』118頁）と述べている。皇帝は教会会議を開催して彼が不適切とみなした教皇たちを罷免させる一方、改革派の教皇としてクレメンス2世（在位1046〜1047年）、ダマスス2世（在位1048年）、そしてレオ9世を任命して教会改革を進めさせた。この3人はすべてドイツ人であった。このような皇帝の支援はそれまでローマ周辺の諸侯の党派政治のとりことなっていた教皇庁を刷新する結果を生んだ。しかし皮肉なことには、このようにして改革が進むにつれて教皇庁の自覚と自律も高まっていき、先述した教会と国家また教皇と皇帝の間に存在する矛盾と葛藤を顕在化させる結果を招くことになったのである。

　グレゴリウス改革が実質的に始まったのは教皇**レオ9世**（在位1049〜1054年）の時代であったと考えられている。レオはもともと皇帝の近親者であり、アルザス地方の貴族、またトゥールの司教でもあった。彼は教皇に就任するに際してドイツから改革派の有力な指導者たちを連れてきた。その中には後に枢機卿となったモワヤンムティの修道士フンベルトゥス、同じく修道士のフーゴーなどの人物が含まれていた。こうしたレオのブレーンの中でもっとも重要な人物が、イタリア出身の聖職者であるヒルデブランドゥス（ヒルデブラント／後の教皇グレゴリウス7世）であった。このようにレオはローマの諸侯の影響力の及ばない彼の協力者たちで周囲を固め、数々の改革に乗り出していった。

　レオはシモニアとニコライズムを厳しく断罪した。彼は4年という短い任期の間に11回の公会議を開催したが、1049年の復活祭の直後には第1回ローマ公会議を開き、聖職売買者（シモニスト）の断罪と罷免を宣言した。

　レオはシモニアを行った当事者だけでなく、その人物によって叙任された聖職者たちも（たとえその人自身はシモニアに関わっていなかったとしても）教会から追放することを望んでいた。しかし大多数の人々がこれに反対したため、この意図は断念せざるをえなかった。なぜなら多くの司教たちが、もしそのようなことをすれば、ひじょうに多くの聖職者がその地位を追われることになり、その結果、各地で礼拝や牧会にあずかることのできない人々が生まれ、教会が根底から揺らぐことになるのを恐れたからである。

　神学的にいえば、こうしたレオの見解、すなわち「不適切なかたちで任職された聖職者の行うサクラメントは無効である」という主張は、古代のドナティスト論争にまで遡る深刻な問題を含んでいた（コラム㉘及び第4章を参照）。レオはそのサクラメント理解において「人効論」を主張したのであり、彼の神学的ブレーンであった**フンベルトゥス**がこうしたドナティスト的見解を擁護した。他方、この時代の著名な神学者であり改革派の修道士だった**ペトルス・ダミアニ**（1003〜1072年）は、たとえシモニストの行ったものであってもサクラメントは有効であるとする「事効論」の立場からの著作を著した。

　レオの働きによって、それまで地方的なものにとどまっていた教会改革は、教皇を中心として全ヨーロッパにまで及ぶ一大運動へと変貌していった。レオはその在位期間中、ローマに滞在したのは6か月に満たず、ローマの派閥政治を避けて、フランスやドイツで教会会議を重ねた。そしてシモニアやニコライズム、君主や貴族たちによる抗争や暴力、人々の道徳的な荒廃などを改めさせる教令を発し、また各地に教皇特使を派遣して数多くの紛争を調停した。レオはシモニアとニコライズムを断罪するだけでなく、そうした聖職者たちの執り行う礼拝に人々が参加することを禁止し、

それに違反する者に対しては罷免や破門宣告という手段に訴えた。このような努力を通して教皇の権威は具体的なかたちで人々の目に見えるものとなり、改革運動への支持を強めることになっていった。教皇はクリュニー

コラム㉘〜シモニストとサクラメント

　グレゴリウス改革の際にシモニアとサクラメントをめぐって生じたドナティスト論争の再燃について、堀米庸三はその著書『正統と異端』において、「十一世紀のグレゴリウス改革は、その一面において、中世ローマ教会史上最も重大な秘蹟〔サクラメント〕論争を記録するところのものでもあった」(70頁)と記している。堀米によれば、グレゴリウス改革の始まりの時期には、まだアウグスティヌス的なサクラメントの「事効論」的理解は正統の伝統として確立されるにはいたっておらず、「彼〔レオ9世〕はこの教義〔アウグスティヌス的なサクラメント理解〕を十分に知らなかった」と記している。グレゴリウス改革に関わるサクラメント論争において「事効論」的主張に立ったペトルス・ダミアニはシモニストによって行われた叙任でもそれ自体は有効であると主張し、再叙階は不要とした。他方、枢機卿フンベルトゥスは、俗人による聖職者任命もシモニアとみなし、シモニストによるサクラメントを無効として否定した。レオ9世以後、しばらくはペトルス・ダミアニの見解が優位を占めたようだが、やがてグレゴリウス改革が俗人による叙任の否定という姿勢を強めていく過程において、フンベルトゥスの説が有力になっていったと考えられる。グレゴリウス7世を含めて改革派の教皇たちは、サクラメントの効果を「人効論」的に位置づけ、それによって腐敗した聖職者を非難・攻撃し、また一般民衆にアピールしていった。つまり改革派の教皇たちはかつて異端とされたドナティストの主張に立ってその運動を推進したことになる。堀米は、グレゴリウス7世のサクラメント理解に関して、「それはほぼ枢機卿フンベルトゥスの純ドナティスト的秘蹟論を公式の立場から宣言したものとしてさしつかえない」と述べている(169〜170頁)。しかし後の教皇たちはこうしたドナティスト的主張に慎重な姿勢で臨むようになり、「十二世紀の諸法王の決定をみるかぎりにおいては、(中略)イノセント二世の第二回ラテラノ公会議における決定を最後として、主観主義的秘蹟論は姿を消している」という(177頁)。

修道院の支持を得ていたが、このことはヨーロッパ各地に及ぶクリュニーの広大な組織網を活用する便宜を教皇に与えることになった。

このような改革の実践とその成果は教皇庁の自覚と自信を強め、また教皇の権威を高める方向に進んでいった。その具体的なあらわれのひとつが、1050年頃、ローマでまとめられた最初の教会法の集成である『74項目法令集成』である。そこではペトロの後継者としての教皇の法的位置や特権が強調されていた。

さらにかねてからの懸案であった東西教会の関係がこの時代に最終的な分裂というかたちで決着にいたったという事実も、このようなローマ教会の趨勢と無関係であったとは思われない。すなわち教皇レオ9世は、典礼上の問題、教義上の問題、また聖職者の独身をめぐる問題（東方教会では主教以上の職位の聖職者にだけ独身が求められた）などから、コンスタンティノポリス総主教**ミカエル・ケルラリオス**（在位1043〜1059年）に対して破門を宣告したのである。

東西教会の分裂（シスマ）の具体的な経緯は次の通りであった。

　　「一〇五四年七月一六日、コンスタンティノポリスに赴いた教皇特使は、聖ソフィア教会堂の正面祭壇の上に、ケルラリオスとその徒を永遠の呪いに引き渡す破門宣告を張り付けた。」「四日の後、ケルラリオスは同じ場所に、レオ教皇とその追従者に対する同様の呪詛宣告を張り出した。」

　　　　　　　　　　（荒井献・出村彰編『総説キリスト教史1』236〜237頁）

東方の教会に対してのみならず、ヨーロッパ世界でも教皇の立場は強化されていったが、この時点では皇帝との関係における対立の兆しはかすかなものにすぎなかった。しかし1056年に皇帝ハインリヒ3世が亡くなると、改革運動の性格は大きく変化することになる。こうした変化をもたらした中心的人物こそ、教皇庁における陰の実力者としてすでに20年以上にわ

たって改革に取り組んできたヒルデブランドゥスであった。

〔教皇グレゴリウス7世の改革〕

　教皇庁の改革派は皇帝に対抗するためにドイツやイタリアの封建諸侯との政治的な結びつきを強めていった。他方、ローマにおいても改革派と反対派の間に抗争が続き、前者の擁立した教皇ニコラウス2世（在位1058～1061年）と後者の擁立した教皇ベネディクトゥス10世（在位1058～1059年）が対立教皇として並び立つということが起こった。ニコラウスはノルマン人の支援を取りつけてベネディクトゥスを排除すると共に、ミラノ大司教やフランスとの間にも友好関係を作りあげて教皇の立場を強化した。

　教皇と皇帝の関係の如実な変化を示すのは、改革派の教皇のひとりであるニコラウス2世が1059年に開催したラテラノ公会議において、教皇を選出する権利を教皇の側近集団である**枢機卿**たちに限るという決定を行ったことである。これは教皇の選出にあたって俗人の介入を排除することをねらいとしていた。それまでの教皇選出には神聖ローマ帝国の君主の意向が大きな力を振るっていたが、この時はハインリヒ3世の息子である**ハインリヒ4世**（1050年生、ドイツ王としての在位1056～1105年）がわずか6歳でドイツ王に即位した直後であったために、教皇はこの機を利して上記の決定を行ったのである。

　この結果、ハインリヒ4世は教皇の任免権を失い、両者の関係は悪化していった。皇帝側は1060年に開いた教会会議でニコラウス2世を断罪し、教皇のあらゆる言動を無効であるとした。ローマではニコラウス2世の後任としてアレクサンデル2世（在位1061～1073年）を教皇に選出したが、ドイツの司教団はこうした改革に反発し、対立教皇としてホノリウス2世（在位1061～1072年）を選出した。ローマ側はこれに対抗してドイツの司教団を破門した。G・バラクロウによれば、このふたりの教皇が並立した約10年の間に「（改革の）争点は聖職者の道徳再生から俗権の打破、特に君主

権の打破へと徐々に変化した」と述べている（『中世教皇史』138頁）。

　1073年、教皇アレクサンデル2世が死去した翌日、ヒルデブランドゥスは騒然とした雰囲気のもとで**グレゴリウス7世**（在位1073〜1085年）として教皇の座に就くことになった。彼は先に述べた枢機卿団による教皇選出という方法を制定するために尽力した人物だったにもかかわらず、みずからは民衆の力づくともいうべきやり方によって教皇に選出されたのである。それは教皇の選出に関する皇帝の介入を阻止するためであったが、ヒルデブランドゥスはみずからの教皇就任について、他の王侯や高位聖職たちと同様、皇帝ハインリヒ4世に対しても事後的に通知したにすぎなかった。

　グレゴリウス7世は聖職者の腐敗を激しく憎むと共に、コンスタンティヌス皇帝以来の世俗の君主による教会支配という状態を打破し、霊的な領域における絶対的権限を確立しようと試みた。グレゴリウス7世がめざしたのは**教皇君主制**というべきものであり、皇帝をはじめとする世俗の権力者たちばかりでなく、すべての聖職者たちの上に位置する教皇という理念であった。

　彼はキリスト教世界の徹底的な改革を望んでいた。グレゴリウス7世の在位期間中にシモニアとニコライズムに対する戦いはいちだんと強められた。1074年3月のローマにおける教会会議で聖職売買を行う司祭は排除されることが宣言され、同年12月には妻帯するすべての司祭によるミサの執行が禁じられた。これらの決定はドイツ、フランス、イングランド、さらに北欧においても激しい反発を招くことになった。

　決定的な転機となったのは、1075年2月にふたたびローマで開催された教会会議において、俗人による聖職者の叙任を禁じる教令が発せられたことであった。皇帝や王侯貴族などによる叙任は広義の意味におけるシモニアとみなされることになり、異端として断罪された。

　皇帝ハインリヒ4世はこうした事態に対処するため、1076年1月、ヴォルムスにドイツの司教団を集めて教会会議を開催し、グレゴリウスの廃位

を決定した。これに対してグレゴリウスは、ローマの教会は無謬であって、教皇は何人によっても裁かれることなく、皇帝の任免権すら保持するとして、ハインリヒを教会から破門し廃位すると宣告した。これに加えて教皇はヴォルムスに集まったドイツの司教たちも断罪した。

　中世における**破門**とは、たんに教会からの排除というだけでなく、公民権の剥奪、そして法の保護を受ける資格を失うことを意味していた。それは社会的に抹殺されるに等しい事態だったのである。

　この時、神聖ローマ帝国の中でかねてから皇帝に対立していた領主たちが結束し、同年10月の帝国議会において、４か月以内に破門が解かれなければドイツ王としてのハインリヒの廃位を承認するという通告を行った。ドイツ国内では各地で反乱が相次ぎ、騒然とした状況が生じた。

　窮地に陥ったハインリヒは、1077年１月、酷寒のアルプスを越え、教皇が滞在していた北イタリアのカノッサにおもむき、３日間にわたって裸足のまま雪の上で教皇に赦しを乞うたと伝えられている（「**カノッサの屈辱**」）。結局、司祭でありまた牧会者であるところの教皇は罪を悔いるひとりの信徒であるハインリヒを赦し、その破門を解除せざるをえなかった。これによって猶予を得たハインリヒはドイツに戻り、その権力基盤を固めなおすことに努めた。

　ドイツではハインリヒの対立王としてシュヴァーベン大公のルドルフが選出され、教皇も彼を支持した。しかしグレゴリウスがルドルフを臣下扱いしたために両者の関係は悪化し、ドイツの世論も教皇に対して批判的となっていった。

　やがて勢力を盛り返したハインリヒ４世は、1080年にマインツで教会会議を開催してグレゴリウスの廃位を決議し、対立教皇としてクレメンス３世（在位1080〜1100年）を擁立した。1084年にハインリヒは軍を率いてローマに入り、クレメンス３世の手によって神聖ローマ帝国皇帝として戴冠された。グレゴリウス７世はローマを脱出して南イタリアのサレルノに

亡命したが、1085年に同地でその生涯を終えた。

　結果的に見ると、グレゴリウス7世の改革は彼の時代にあってはさほどの成果をおさめることなく終わったといえるだろう。この教皇の主張や政策は、彼の激烈で妥協を好まない人柄と相俟って、多くの人々との間に敵対的な関係を生み、世俗の君主たちばかりでなく、枢機卿を含む各地の高位聖職者たちからも反発や批判を受けることになった。

　G・バラクロウはグレゴリウス7世の歴史的位置づけについて次のように述べている。

　　　「こうしてグレゴリウスは失敗したままこの世を去り、何一つ目的を果たすことはできなかった。にもかかわらず、彼は中世教皇権の歴史において抜きん出た存在である。よくいわれるように、彼の偉大さは、成し遂げたことにではなく、後継者たちに伝えた理念のうちにあった。グレゴリウスはニコラウス一世を含めた先任者たちの誰よりもはるかに、教皇権が普遍的な支配権と絶対的で神権政治的な権力へ向かう道筋をつけた。」

（『中世教皇史』153〜154頁）

　このようにしてグレゴリウスが方向づけた道筋の延長上に登場したのが聖俗の両世界に大いなる力を振るうことになった教皇たち、すなわちインノケンティウス3世やボニファティウス8世といった人々であった。

（3）グレゴリウス改革の影響とインノケンティウス3世

〔叙任権と「ヴォルムス協約」〕

　グレゴリウス改革はグレゴリウス7世の死をもって終わったわけではない。叙任権をめぐる闘争はその後も改革派の教皇たちによって継承されていった。長期間にわたって行われた改革と論争を通じて、世俗の君主が司

教などの聖職者の任命に関して優先権を持つという主張を支持する人々は徐々に減少していった。しかし司教は領主から封土（聖職禄）を与えられるという側面もあった以上、領主への忠誠を誓うことが必要であるという考え方はその後も残ることになった。

　こうした現実を前にして、シャルトルの司教**イヴォ**（1040？〜1115年）に代表される教会法学者たちは、宗教的な職位と世俗的な権能の問題を区別して考えることを提案した。すなわち新たに司教となるものは、その就任に際して、まず教会から司教として叙階され、次に王に対する忠誠宣誓を経て封土を受けるという考え方である。

　このようにして一種の妥協的な産物として成立したのが、1122年の**ヴォルムス協約**であった。これは教皇カリストゥス２世（在位1119〜1124年）と神聖ローマ帝国皇帝ハインリヒ５世（在位1111〜1125年）の間に結ばれた政教条約である。この協約は両者の権能の境界線を明らかにし、双方の棲み分けとバランスによって共存することをめざす試みであった。これによって皇帝は司教杖と指輪による司教の叙任式の執行権を放棄し、聖職者の任免は教皇の管轄することがらとなった。しかし実際の司教の選出においては、依然として世俗の君主たちの意向と同意が影響力を保ちつづけることになった。この結果、叙任をめぐる聖俗の両権力による大小さまざまな争いは中世を通じて最後まで残ることとなったのである。

　このように曖昧な決着に終わった面はあったものの、ヴォルムス協約がひとつの時代の区切りとなったことは事実であった。この取り決めの結果、教会と国家の関係において、一方が他方を完全に従属させようとする試みは放棄されることになったからである。長期に及んだグレゴリウス改革であったが、結局、教会も国家も決定的な勝利をおさめるまでにはいたらなかった。しかしこの闘争を通じて、教皇庁が皇帝をはじめとする世俗の権力者たちに対抗するほどの強力な存在であることを全ヨーロッパに認知させたことは重大な成果となった。

　グレゴリウス改革の前後において教皇の指導力と影響力は格段の変化を
遂げた。それを可能にしたものは、この時期に著しい発展を遂げた教皇を
中心とするカトリック教会の組織と制度であった。具体的にいえば、まず
この改革期に教皇庁は枢機卿団を中心として、会計院や尚書院などの官僚
的な行政組織を整えた。教皇のもとにはヨーロッパ各地の教会からさまざ
まな訴訟が上訴されるようになり、ローマの教会はそうした問題に対する
最高審の法廷としての役割を果たすようになった。また教皇特使が頻繁に
各地に派遣され、教皇の意志と命令を伝達する役割を果たした。さらにこ
の時期には教会法の体系化が進められ、13世紀前半の教皇グレゴリウス９
世（在位1227〜1241年）の時代までに、現在にまでつながるカトリックの法
典の土台が確立された。このような組織と制度、また法的な影響力を通し
て、教皇はヨーロッパの隅々にまでその力を及ぼすようになっていったの
である。従来、教皇は「ペトロの後継者」とみなされていたが、13世紀ま
でには「キリストの代理人」という表現が一般化していった。

〔インノケンティウス３世と第４回ラテラノ公会議〕
　グレゴリウス７世につづく改革派の教皇として知られている著名な人物
としては、11世紀のウルバヌス２世、12世紀に入ってからのエウゲニウス
３世（在位1145〜1153年）やアレクサンデル３世（在位1159〜1181年）などを
挙げることができよう。これらの教皇たちが据えた土台の上に登場したの
が、いわゆる教皇君主制の象徴的存在ともいえるインノケンティウス３世
であった。
　インノケンティウス３世（在位1198〜1216年）の時代に教皇権はその絶頂
に達したと考えられている。インノケンティウスは何人もの教皇を輩出し
たイタリアの名門貴族の家に生まれ、パリで神学を、またボローニャで法
学を学び、1190年に枢機卿、1198年に37歳の若さで教皇となった。
　インノケンティウスは教会内部の改革や刷新を進めると共に、教皇領の

整備とイタリア半島における統治権の強化をはかった。またヨーロッパ各地の政治的問題に介入してその権威と権力を誇示し、さらに第4回十字軍を発議してビザンツ帝国や非キリスト教世界との関わりにおいても大きな足跡を残した。

　ある意味で、ゲラシウスの「二剣論」の理念はこの教皇において現実のものとなったといえるかもしれない。彼は即位の年の12月に発したフィレンツェの執政官に宛てた教皇回勅「宇宙の創造者である神は」（Sicut Universitatis Conditor）の中で次のように述べている。

　　「全宇宙の創造者である神は、天の大空に二つの大きな発光体を置いた。大きな光に昼を支配させ、小さな光に夜を支配させた。これと同じように、天と呼ばれる普遍的な教会の大空にも、神は二つの大きな栄誉ある職位を制定した。大きいほうの位には昼にたとえられる魂をつかさどらせ、小さいほうに夜にたとえられる肉体をつかさどらせる。この二つの位とは教皇の権威と王の権力である。月はその光を太陽から受け、事実、量においても質においても、地位も効力も太陽に劣るものである。それと同じように王はその権力を教皇の権威から受け、教皇の権威に近づけば近づくほど、王の権力の光は薄れ、遠ざかれば遠ざかるほどその光は増すのである。」

　　　　　　　　　　　（H・デンツィンガー編『カトリック教会文書資料集』173頁）

　この言葉に象徴されるように、インノケンティウスはドイツの皇帝継承問題に介入して教皇の権威を見せつけた。すなわちシュタウフェル朝のシュワーベンのフィリップ（在位1198〜1208年）とブラウンシュヴァイクのオットー4世（在位1209〜1215年）が皇帝の位を争った際、教皇はフリードリヒ2世（在位1215〜1250年）を皇帝に推し、その主張を実現させた。後にフリードリヒ2世と教皇の関係が悪化すると、インノケンティウスは皇帝を破門し、托鉢修道士たちの支持を得てドイツにおける政治闘争を続けた。

またフランス国王フィリップ２世（在位1180〜1223年）がみずからの婚姻
解消をはかった時には、これに反対して聖務執行停止を命じて王を屈服さ
せた。イングランドではカンタベリー大司教の選任をめぐって国王ジョン
（在位1199〜1216年）と対立したが、教皇は王を破門すると共にイングラン
ド全土に聖務執行停止を発した。**聖務執行停止**とは教会が行うさまざまな
活動を一定の地域・期間に限ってストップさせることで、人々は礼拝をは
じめ、洗礼、結婚、葬儀などにあずかることができなくなるため、社会全
体に大きな混乱が生じ、為政者にとって大きな打撃となったのである。

インノケンティウスは第４回十字軍（1202年）、そしてアルビ十字軍（1209
年）を発議した人物としても知られている（これらについては第10章参照）。
前者はイスラムという異教に対する西方のキリスト教会による武力行動で
あったが、後者は西方教会の内部に生まれた異端に対する実力行使であっ
た。

1215年、インノケンティウス３世は中世盛期におけるもっとも重要な教
会会議となった**第４回ラテラノ公会議**を開催した。この会議は400人の司
教、800人の修道院長を含め、全ヨーロッパから聖俗の代表者たちを集め
て開催された。この会議の中心的な議題は、教会改革の徹底した推進、異
端の弾劾、聖地エルサレムの奪還、そして後世に大きな影響を及ぼすこと
になったカトリックの教義の集大成にあった。この会議において、ロー
マ・カトリック教会が全世界の教会の首位に位置する存在であること、ま
た教会が聖俗の両世界において優位を占めるものであることが宣言された。

この会議では71の教令が決議されたが、その主な内容について概説し
よう。まず最初にカトリック教会の信仰についての確認が行われた。三
位一体の神やイエス・キリストの神人二性論についての信仰を確認した
後、「信者の普遍的教会は一つであり、その外においては唯一人として救
われない」という宣言がつづく。次に、「この教会においてイエズス・キ
リストは（中略）その体と血が祭壇の秘跡の中において、パンとブドー酒

の形色のもとに実際に含まれている。すなわち、神の力によってパンは体に、ブドー酒は血に全実体変化するのである」と宣言する。ここで述べられている**実体変化説（化体説）**という主張は聖餐（ミサ）に関するカトリック教会の公式見解として今日もなお認められているものである。また教令では「司祭以外は誰一人としてこの秘跡を挙行することはできない」ことも確認された。

　これにつづいて、ワルドー派などの異端についての言及、さらに東方の教会に対する批判、そして５つの総大主教の序列について論じられている。序列についていえば、ローマを首位とし、次いでコンスタンティノポリス、アレクサンドリア、アンティオキア、エルサレムの順位であるとされた。その後につづくのは教会の秩序と態勢を強化することに関わる教令である。そこには聖職者や修道士の活動や道徳的向上を求める教令、叙任、選挙、法的手続きに関する教令、また破門や婚姻や十分の一税などの信徒の生活に関わる教令、さらにユダヤ人に対する規定も盛りこまれており、最後に聖地回復のための遠征（十字軍）に関する教令がまとめられている。

　この会議では信徒の牧会と指導にも大きな関心が寄せられた。とりわけ教令の第21章はすべての信徒に少なくとも年１回の**告解**（罪を司祭に告白すること）を義務づける規定であったが、それは「カトリック教会の司牧活動の要となり、またキリスト教徒の基本的な宗教行為として、精神面でも大きな影響をもたらした」（ヨーロッパ中世史研究会『西洋中世史料集』235頁）とされている。これらの教令では依然としてシモニアやニコライズムの問題に言及する一方、第62章では聖遺物（第10章参照）の売買や取り扱いに関する警告、また贖宥（免償）の濫用に対する警告が示されている。

　このようなインノケンティウス３世の事蹟について、出村彰は「要するにインノケンティウスが目指したのは、カトリック教会の徹底した中央集権化」であったといい、「こうして、ローマ教会は教皇を頂点とし、教会法によって統治される巨大な秩序となり終えた」（『中世キリスト教の歴史』

96〜97頁）と結論づけている。

　また藤代泰三もこの時代の世俗の権力に対する教皇の勝利を認めつつ、そうした勝利がもたらした結果について次のように総括している。

　　　「教皇制度は勝利をえたとはいうものの、政治的権力をもてばもつほどその弊害は顕著になっていった。このような長期の混乱のなかで民衆の信仰は動揺したし、識者たちは教皇への批判を深めた。」

（『キリスト教史』194頁）

〔第9章の主な参考文献〕

小田内隆『異端者たちの中世ヨーロッパ』（NHKブックス、2010年）

神崎忠昭『ヨーロッパの中世』（慶應義塾大学出版会、2015年）

R・W・サザーン『西欧中世の社会と教会』（八坂書房、2007年）

B・シンメルペニッヒ『ローマ教皇庁の歴史』（刀水書房、2017年）

田上雅徳『入門講義　キリスト教と政治』（慶應義塾大学出版会、2015年）

出村彰『中世キリスト教の歴史』（日本基督教団出版局、2005年）

G・バラクロウ『中世教皇史』（八坂書房、2012年）

堀越孝一『中世ヨーロッパの歴史』（講談社学術文庫、2006年）

堀米庸三『正統と異端』（中公新書、1964年）

H・デンツィンガー編『カトリック教会文書資料集』（エンデルレ書店、1974年）

ヨーロッパ中世史研究会編『西洋中世史料集』（東京大学出版会、2000年）

第10章　民衆の信仰、十字軍、異端

　　中世盛期のヨーロッパは自然環境の変動、経済や産業の発達、また中世都市の形成や「12世紀ルネサンス」と呼ばれる文化的運動を経験した時代であった。本章ではこうした社会的変化を概説した後、この時代に生じた民衆の信仰的自覚の高まりと諸活動、イスラム世界に対する十字軍とその結果、また中世の異端をめぐる問題について考察する。

（1）中世盛期のヨーロッパ

〔自然、社会、生活の変化〕

　11世紀から12世紀にかけてのヨーロッパではそれまでの寒冷な気候に変化が生じ、温暖化が進んだ。こうした自然条件の変化を背景に**農業革命**と呼ばれる農耕技術や用具の革新が起こった。すなわち索引馬具の改良、有輪犂（ゆうりんすき）の使用、水車の導入、三圃（さんぽ）農法の普及などといった変化である。この時代には森林の伐採や干拓事業による開墾によって農耕地は拡大し、栽培される作物が多様化する一方、牧畜に関する技術も進歩した。キリスト教との関係でいえば、この時代に誕生したシトー会のような新しい修道会が、農業技術の革新や生産性の向上に関して各地で開拓者的な役割を果たしたとされている。

　農業革命によって、とりわけそれまで農業には向かないとされていたヨーロッパの中・北部における農産物の生産性が飛躍的に向上した。こうした成長の勢いは13世紀になっても継続し、各地で人口の増加が生じた。ヨーロッパにおける人口増という現象はすでに11世紀からその兆しを見せていたが、経済的な安定がその動きをさらに加速させた。実際にどの程度の増加が生じたかという推定は研究者によって異なるが、一説として次の見解を紹介しておこう。

「1050年から1200年にかけて50％の増加、つまり、1000年の4000万〜5500万人から1200年には6000万〜6500万人程度に増えたのではないかといわれている。13世紀には、さらにその人口は、1000年の2倍から2.5倍にまで膨れあがったといわれる。」

（服部良久、他編『大学で学ぶ西洋史　古代・中世』202頁）

　農業の生産性の向上によって生じた余裕は、さまざまな産業の発達や都市の形成を促した。**都市**は古代ローマにおいて政治的経済的文化的な中心として重要な役割を担っていたが、中世前期の混乱によってその多くは衰微していた。中世盛期には古代都市がふたたび隆盛を取り戻す一方、ヨーロッパ各地に新たな都市が生まれていった。主要な都市には司教座が置かれ、都市は世俗的な活動と共に宗教的にも重要な役割を果たすことになった。

　中世盛期になると都市の自治権を獲得する動きが強まった。北イタリアのヴェネツィア、ミラノ、フィレンツェなどはいち早く10〜11世紀に**都市共和国**としての姿を整えた。他方、神聖ローマ帝国では各都市が皇帝に直属する**帝国都市**として自由都市の権利を獲得し、地方領主の支配から脱するという動きが生じた。帝国都市は皇帝に対して税の負担などの義務を負う代わりに、裁判権を含む政治的経済的な自治の権利が認められた。代表的な帝国都市としては、ハンブルグ、ブレーメン、リューベック、フランクフルト、アウクスブルグ、ニュルンベルグなどが挙げられる。

　多くの場合、この時代の都市は数千人程度の人口を擁する町にすぎなかった。しかし都市には手工業や商業に携わる人々が集まり、周辺に広がる農村を後背地として、生産・流通・消費のセンターとなった。また都市は新しい知識や文化の発信地であり、さらには広域に及ぶ交易上のネットワークの一環を形作っていた。市壁で囲まれた都市の内部には広場を中心として教会堂や市庁舎のような壮麗な建築物が建てられたが、他方、一般

人の居住する街区や建物は狭隘だったり衛生状態が悪かったりするなど生活環境は必ずしも良好だったわけではない。そのため都市住民の死亡率は農村部より高かったといわれている。

　都市の住民は大別して、高位の聖職者や貴族や大商人などの支配層、職人の親方や商人などの中間層、そして一般の職人や各種の労働者、さらに市民権を持たない寄留者などの下層に分かれ、都市の政治や運営に参与できる資格は一部の人々に限定されていた。商人や手工業者などはそれぞれ細かく分かれた専門職として活動し、職能別の組合（ギルド、ツンフト）が組織された。11世紀以降、都市を中心に**貨幣経済**が社会に浸透していったが、そうした変化が人々の生活スタイルのみならず、その心性にも大きな変化を生んだことを指摘する研究者もいる（たとえば阿部謹也『中世の窓から』参照）。

　人々の日常生活はキリスト教の行事や習慣と分かちがたく結びついていた。日曜日ごとの礼拝を中心とするウィークリーなサイクルが宗教的生活の基調をなすものであったが、年間のサイクルもクリスマスやイースターなどの教会の暦や祝祭によって区切られ、人々は折あるごとに特別な宗教行事に参加した。また人々の一生のサイクルも誕生の際の洗礼から始まって、堅信、婚姻、終油、そして教会墓所への埋葬にいたるまで、キリスト教的な慣習に従っていた。中世盛期は一般の人々の間に積極的なキリスト教信仰への関心や主体的な宗教活動への参与が広まった時代でもあった。

〔12世紀ルネサンスと大学の誕生〕

　12世紀にはイスラム世界やビザンツ帝国で継承されてきた古代ギリシアやアラビアの学問が西ヨーロッパに紹介され、「**12世紀ルネサンス**」と呼ばれる大規模な知的革新が生じた。その背後には前述した農業革命がもたらした経済的な余裕、また後述する十字軍による東西世界の交流の活性化など複数の要因が横たわっていた。

　1120年頃からアラビア語やギリシア語の文献をラテン語に翻訳する活動が本格化しはじめたが、そうした作業のセンターとなったのがイスラム圏に隣接していたスペインのトレドである。またシチリア島のパレルモや北イタリアのヴェネツィアでも同様の活動が行われた。こうして紹介されるようになった先進文化の中でもっとも関心を集めたのはギリシアの哲学や自然科学であり、とくにアリストテレスの著作は中世のキリスト教神学（**スコラ学**）の発達に大きな影響を及ぼした。

　この時代の知的な刺激と覚醒によって教育の方法や内容にも変化が現れた。1108年、スコラ学の基礎を作ったとされる神学者**ペトルス・アベラルドゥス**（アベラール、1079～1142年）はパリで私塾を開き弁証法を講じた。従来の神学研究は権威とみなされていた人々が記したテキストの講読を主眼としていたが、彼はいろいろなテキストを批判的に取りあげ、さまざまな説の矛盾や相違を議論し、弁証法的な方法を用いてより高次の結論を導き出すことを試みた。

　こうした方法は神学や哲学ばかりでなく法学の分野にも適用された。ボローニャの修道士**グラティアヌス**（?～1160?年）は、それまでの時代の教皇の教令などおよそ四千編に及ぶ資料を主題別にまとめて検討した『**矛盾教会法令調和集**』（『グラティアヌス教令集』）を編纂した。これは私的な著作だったが、各地の法学校で用いられるようになり、やがて教会法令集の決定版として広く普及することになった。

　こうした文化的向上の象徴ともいうべきものが、12～13世紀に登場した高等教育機関としての**大学**である。

　それまでの主要な教育の場は修道院の学校か司教座聖堂に付属する学校であった。モンテ・カッシーノなどの大修道院には古代文化を伝える写本を備えた図書館があり、聖職者養成のために聖書や典礼文を理解するための文法を重視する教授が行われていた。司教座聖堂付属学校でも聖職者を育てるための教育が行われたが、後には貴族の子弟など俗人の就学も認め

るようになり、文書の作成や記録に備えて修辞学に力を入れるようになった。やがてフランスやイングランドなど各地の宮廷でも、統治の実務に関わる人々を養成するために、法学や政治学などの教育が行われるようになっていった。

　最初の大学はパリとボローニャに誕生した。**パリ大学**は司教座付属学校が神学で名声を博すようになり、12世紀前半に学生と教師が集まって多くの学校（スコラ）を作ったことがその始まりである。教会がこうした学校に規制を加えようとしたのに対し、学校側は独自の規約を持つ誓約団体を結成し、これが大学設立の契機となった。**ボローニャ大学**の場合、11世紀に『ローマ法大全』の研究で法学が有名になり、この地に集まった学生が市当局に自分たちの権利を認めさせるために作った団体（ウニヴェルシタス）が大学の起源となった。いずれのケースも教師や学生の自主的な団体によって大学が始まった点が共通している。また司教や都市からの干渉に対して、教皇がこれらの大学設立を支持する側に立ったことも同じく共通する。すなわちパリ大学の場合は1209年に教皇インノケンティウス３世が教師たちの団体結成を許可し、ボローニャ大学は1215年にホノリウス３世が学生団体に支持を与えている。

　この時代にはイギリスのオクスフォード大学（12世紀後半？）やボヘミアのプラハ大学（14世紀）なども誕生した。興味深いことには、この時代の大学は当局者と衝突すると他の土地に移転するということがしばしば起こったが、こうした逃亡の結果、移転先の各地に新たな大学が生まれることもあった。たとえばパリ大学からはオルレアン大学、ボローニャ大学からはパードヴァ大学、オクスフォード大学からはケンブリッジ大学が生まれている。

（2）　民衆の信仰と「使徒的生活」の理想

〔教会の改革運動と民衆の信仰〕

　中世盛期のキリスト教の特徴のひとつは、一方においてローマを中心とする中央集権的な教会体制がヨーロッパ全体に確立すると同時に、他方では各地に民衆レベルの多様な宗教活動が登場してきたことである。こうした民衆の信心行為の中には聖遺物の崇敬や巡礼、宗教的動機づけに由来する兄弟会の結成などが含まれる。12世紀以降になると、聖書に記されたイエスの教えを実践し、キリスト教徒としての生き方の理想を追求する**「使徒的生活」**を求める民衆運動が各地で盛んになった。さらに十字軍に対する民衆の熱狂的な支持、またカタリ派やワルドー派などの異端とされた集団の出現も、この時代の信仰的な熱意の高まりを反映するものと考えられている。このような現象は、第7章冒頭で紹介したルドー・ミリスの説くキリスト教化の第3段階、すなわち「心のキリスト教化」がこの時代に具現化するにいたったしるしであると解釈することもできるだろう。

　それでは、なぜそうした変化がこの時代に生じたのだろうか。多くの研究者は、こうした変化の背後にグレゴリウス改革以来の長期にわたるカトリック教会の一般信徒に対する働きかけが存在したことを指摘する。すなわち歴代の改革派の教皇たちは、世俗の権力者と争い、腐敗した聖職者を批判するにあたって、当該人物の破門や聖務停止といった方法だけでなく、広く民衆の信仰心に訴えるという方法を用いた。たとえば教皇は改革派の説教者たちを各地に派遣して改革の必要を人々に説いたり、問題のある聖職者の執行するミサに参加してはならないと命じたりした。このような草の根レベルからの運動として改革を推進していった結果、多くの人々の間に宗教意識の高まりが生じていったというのである。換言すれば、それはグレゴリウス改革の余波ないし副産物として生まれてきたものであったと

いうことである。これに加えて第4回ラテラノ公会議で決議された信徒の信仰生活の充実をねらいとするさまざまな試みも、民衆の信仰的自覚を喚起することにつながったと考えられる。

　いずれにしてもヨーロッパ社会はこの中世盛期という時代において、ようやく「キリスト教世界」（コルプス・クリスティアヌム）としての成熟期を迎えようとしていた。この後の記述では、こうした民衆の信仰をめぐってまず聖遺物の崇敬と巡礼、そして兄弟会の出現を考察する。さらにその後の項では、民衆の信仰に留意しながら十字軍と異端の問題を取りあげることにする。

〔聖遺物の崇敬と巡礼〕

　聖遺物とはイエス・キリストや聖母マリアなどの聖人と呼ばれる人々が残したとされる遺骸や遺物のことである。聖遺物に対する崇敬は、2世紀後半、古代の迫害の時代に殉教した人々を記念することから始まったといわれる。やがて聖人の遺骸を中心として教会堂を建設したり、祭壇の下に聖遺物を収めるという習慣が生まれた。787年の第2回ニカイア公会議は聖遺物によって教会堂を聖別すべきであると命じており、西方ではカロリング王朝の時代にすべての教会が聖遺物を保持すべきことが定められたという。聖遺物は神の恩恵を媒介するものとされ、人々は病気の治癒、多産、豊穣などの奇跡を求めて聖遺物を崇敬するようになった。

　聖遺物はそれを所蔵する教会から他の教会へ贈与されるという方法で各地に広まっていったが、その際に遺骸や遺物を細分化することも生じた。聖遺物に対する関心が高まると、やがてその売買や取引が行われるようになり、さらには聖遺物を盗み出すことさえ起こるようになった。貴重な聖遺物を保有することは、教会だけでなく町全体の誇りとなり、さらにはその地に多くの巡礼者を引きつけるという経済的実利的なメリットをもたらすことになった。

　カトリック教会において今日までつづくこのような聖遺物への崇敬が真の意味で大衆化したのは10世紀以降のことであったといわれている。十字軍の時代になると東方で発見された数多くの聖遺物がヨーロッパ世界に持ちこまれるようになった。たとえば、悪名高い第4回十字軍では、兵士たちがビザンツ帝国の首都コンスタンティノポリスにあった多くの聖遺物を略奪し、西方に持ち帰ったという。

　巡礼という習慣はキリスト教においても古くから存在していたが、中世盛期にはヨーロッパ各地の聖遺物のある場所を訪れる巡礼者の数が著しく増加した。中世における**三大巡礼地**として知られているのが、エルサレム、ローマ、そしてスペインのサンチャゴ・デ・コンポステーラである。**エルサレム**はイエス・キリストが十字架につけられた後、復活して昇天した地であり、古代から多くのキリスト教徒が訪れた。十字軍が発議された理由のひとつはエルサレムまでの安全な巡礼路を確保することにあった。**ローマ**はペトロやパウロといった重要な使徒たちの終焉の地であり、また多くの殉教者を出した土地であった。**サンチャゴ・デ・コンポステーラはスペ**

コラム㉙〜エルサレム巡礼の歴史（1）〜西方の世界から

　キリスト教徒によるエルサレム巡礼という習慣がいつから始まったのかはよく分からない。オリゲネス(185 ？〜254年)もこの地を訪れたと伝えられているが、巡礼が本格化するのはコンスタンティヌス皇帝の時代以降のことであった。R・スタークによれば、資料に残っている西ヨーロッパからの最初のエルサレム巡礼者はフランスのボルドー出身の人物であり、333年にイタリアからビザンツ帝国を通り、約5200キロの旅程を経て、360回も馬を乗り換えた後に、ようやくパレスチナに達したという(『十字軍とイスラーム世界』122頁参照)。また381〜384年(？)にヒスパニア地方から北アフリカを経て聖地巡礼を行ったエゲリアという女性が残した旅行記が残っており(『**エゲリア巡礼記**』)、当時のエルサレムで行われていた復活祭の時期の祝祭の様子などが詳しく記録されている。

イン北西部に位置する町で、伝承によればイエスの十二弟子のひとりであるヤコブ（サン・チャゴ、聖ヤコブ）の遺骸が埋葬された場所と伝えられている。この町は西方教会ではローマ以外で使徒にゆかりのある唯一の巡礼地として重んじられるようになり、13世紀には毎年20万〜50万人の巡礼者がこの地を訪れたといわれている。

　こうした三大巡礼地のほかにも、数多くの聖遺物と巡礼地がヨーロッパ各地をネットワークするように広がっており、人々はこれらの土地をめざして巡礼を行った。たとえば聖書に登場するマグダラのマリアと関わりをもつとされたフランス中部のヴェズレーの修道院や、12世紀初期にイングランド国王と対立して殺害され後に聖人となった大司教トマス・ベケットゆかりのカンタベリー大聖堂なども著名な巡礼地となっていった。そのような巡礼地とそこへ向かう道がキリスト教世界の全体を覆っていた。後にはそうした巡礼ルートの途上に宿泊や医療のための施設が設けられるようになり、そうしたものが今日の病院やホスピスの原型となったことはよく知られている。

　巡礼の旅は安全で快適なものだったわけではない。ル゠ゴフによれば、巡礼とは「まずは肉体的苦労を味わうこと」（『ヨーロッパは中世に誕生したのか？』155頁）であり、こうした苦労は「精神的救済、罪の許し、体の治癒」という目標に通じていたという。すなわち巡礼はそれ自体が「贖罪の苦行」の意味を持ち、救いへの道程そのものだったのである。

　他方、教会の指導者たちはこうした聖遺物や巡礼に対する民衆の熱意を無制限に許容したわけではない。松本宣郎によれば、「むしろ教会当局は信徒から湧き上がったこの運動をコントロールすることに意を用いた」という。すなわち新たな聖遺物の受け入れについてはその地の司教が責任者となって盛大な式典を催し、それを公認するという方法をとった。また13世紀以降になると厳密な「列聖調査」を行った上で聖人や聖遺物を認定するようになった。松本宣郎は、「中世初期から繰り返されてきた聖遺物の

移転・贈与とそれを安置する教会の建設によりヨーロッパ全域には大小無数の聖域がちりばめられ、巡礼地の整備はそれらの場所を格付けする結果を生んだ」と述べており、改革派の教皇たちはこうしたネットワークとヒエラルキーの頂点にローマを位置づけようと努めたという（『キリスト教の歴史1』159〜160頁参照）。

~~~
コラム㉚〜エルサレム巡礼の歴史（2）〜東方の世界から

　廣岡正久は、13世紀、元帝国の首都・大都で生まれたウイグル族の景教（ネストリオス派）の修道士ラッバン・サウマ（1220？〜1290年）という人物が、はるばるエルサレム巡礼を思い立ったという逸話を伝えている。彼は中央アジアを経てバグダードに到着し、モンゴル帝国の第5代皇帝フビライ・ハンに会見した。その後、戦乱のためにやむなく聖地巡礼を断念し、代わりにイル・ハン国からの使節として、ローマやパリなどヨーロッパ各地を訪問した。そしてフランス王フィリップ4世やイングランド王エドワード1世に謁見し、枢機卿たちと神学を論じ、教皇の前でミサを執り行ったという（『キリスト教の歴史3』54〜55頁参照）。
~~~

〔兄弟会とその活動〕

　この時代の一般信徒による自発的な宗教的活動として注目すべきものがヨーロッパ各地の都市や農村で結成された**兄弟会**もしくは**信心会**（ラテン語で「コンフラタニタ」「フラタニタス」）である。兄弟会とは「共通の守護聖人への帰依を媒介とする絆によって結ばれた自発的・宗教的団体」であり、「会員おのおのの死に備え、永続的生への期待を現世における「慈愛」と「典礼」の儀礼的行為を通じて追求した組織」（河原温、池上俊一編『ヨーロッパ中近世の兄弟会』1頁）である。中世の職能団体（組合）であるギルドやツンフトと異なり、兄弟会の構成メンバーは職種や血縁に縛られることなく、一定の規約によって結ばれた家族的な集団を形成した。

　兄弟会の主な活動は会員の葬儀や死後の執り成しのミサを執り行うことであり、また親睦のための祝祭や宴会を行うことであった。兄弟会のユニークな点は、多くの場合、自分たちの物質的利益には直結しないような福祉や医療的活動に従事する奉仕団体でもあったことである。たとえば13〜14世紀のイタリアやスペインには、貧者に対する物資の分配を無差別に行った兄弟会が存在した。さらにドイツには見知らぬ行き倒れの人々の介護や埋葬を活動の目的に掲げた兄弟会もあった。

　こうした救貧活動や死者の葬儀といった「**慈善／愛徳**」（ミゼリコルディア）は、聖書に示された隣人愛の実践であると同時に、みずからの魂の救済に通じる行為であると考えられていた。マタイ福音書25章35節以下には貧者に対する6つの善行が記されているが、中世にはこれらに死者の埋葬が加わって「7つの愛徳」が重んじられるようになった。兄弟会はこうした愛徳の実践を活動目的に掲げたのである。阿部謹也によれば、これらの善行の中でもとくに行き倒れの死者の埋葬は、直接の見返りがまったく期待できない無償の行為だけに、キリスト教的な教えによればむしろ「有徳の最たるもの」と位置づけられ、そうした兄弟会に属する人々の社会的地位も高まったと解説している（『中世の窓から』75頁）。

　イタリアのフェレンツェでは12世紀に最初の兄弟会が誕生し、16世紀には75以上の兄弟会を数えるまでになった。その中には1224年頃に創設され、今も奉仕活動を続けている会が存在し、現存する世界最古のボランティア団体といわれている。このように兄弟会は自主的な活動団体であったが、16世紀に宗教改革が起こると教会当局による統制が強まり、その自律性は制限されるようになった。とりわけトリエント公会議以降、兄弟会は地域の司教や司祭の管轄のもとに置かれた半教会的な組織へと変容していった。

（3）十字軍とその影響

〔十字軍と正戦論〕

　十字軍とは、教皇の主導により、**聖地回復**を目的として、11世紀から13
世紀にかけてヨーロッパのキリスト教徒が行ったイスラム世界に対する宗
教戦争である。第8章で触れたように、西方のキリスト教世界に対するイ
スラム勢力の進出は732年のトゥール・ポワティエ間の戦いでひとまず頓
挫することになった。しかしイベリア半島やシチリア島に居を定めたイス
ラムによるイタリアや南フランスなど地中海沿岸の各地に対する襲撃は、
8世紀から10世紀にかけて頻繁に生じていた。

　10世紀にイスラムに改宗した**セルジュク・トルコ**が勃興すると、イスラ
ム勢力の新たな拡大が始まった。東方のビザンツ帝国の首都コンスタン
ティノポリスはイスラムによってほとんど包囲される状況となり、皇帝は
西方の教会に救援を求めた。またパレスチナがトルコ人の支配下に置かれ
たことは、ヨーロッパからの聖地巡礼や聖遺物の収集にとっても大きな問
題となった。

　この時代のヨーロッパは中世前期の混乱をようやく脱し、グレゴリウス
改革を経て教皇を中心とするキリスト教世界としての体裁を整え、一般民
衆も含めて、著しく宗教意識の昂揚した時代を迎えていた。11世紀後半に
はノルマン人がシチリアからイスラム勢力を駆逐し、イベリア半島におけ
るイスラム支配にも揺らぎが見えはじめていた。

　このような時代状況のもとで十字軍は発議され、実に二百年に及ぶ戦い
がキリスト教世界とイスラム世界の間で繰り広げられることになった。こ
の間に行われた十字軍の回数は7回といわれるが8回とする見解もある。
なおイベリア半島においてキリスト教諸国がイスラム勢力を駆逐するため
に行った**国土回復運動**（レコンキスタ）（8世紀初頭〜1492年）も、その本質においては十字

223

軍と通底する軍事的・政治的・宗教的な性格を持つ運動であった。

　さて十字軍の経過とその結果に触れる前に、ここではまず正戦論の問題に触れておきたいと思う。**正戦論**というのは、一般的に言って、平和を目的とする防衛的な戦争や正統信仰を守る戦いを「**正戦**」（義戦）として是認する思想のことである。最初期のキリスト教会には「絶対平和主義」に立って、あらゆる戦争や軍事的行動を否定し、兵役を拒否する信徒も存在した。しかしローマ帝国による公認や国教化の後になると、教会は正戦論のもとで一定の戦争や戦闘行為を容認するようになっていった。いうまでもなく正戦論の本来のねらいは戦争の肯定や賛美ではなく、戦争を必要悪とみなしつつ、それをいかに抑止・制限するかという点にあった。このようなキリスト教における正戦論の理論的源泉はヒッポのアウグスティヌス

コラム㉚〜十字軍の経済的メリットとデメリット

　十字軍が発議された理由として、本文で挙げた宗教的なもの以外に、植民地獲得をめざすヨーロッパの拡張主義の先駆けだったとする説や当時の騎士階級の経済的困窮に対する解決策だったとする説などが唱えられてきた。前者は後世のヨーロッパによるアフリカやアジアの植民地化の歴史と重ね合わせ、ヨーロッパ世界の膨張として十字軍を捉えるという視点に立つ説である（ルネ・グルッセ『十字軍』など参照）。R・スタークはこうした説に批判的で、十字軍は「イスラム世界からの挑発」（『十字軍とイスラーム世界』21頁）に対するヨーロッパ世界からの反動であったと主張する。スタークによれば、パレスチナに建設された十字軍国家は後々までヨーロッパからの財政援助に頼らざるをえなかったのであり、植民地としての経済的利益という点からすればメリットはなかったと論じている。さらに騎士階級の参加者は十字軍に関わる莫大な経費を自弁したのであって、戦利品などの見返りではとうていそうした経費に匹敵しないことをあらかじめ知っていたという。いずれにしても経済的にはデメリットでしかなかったにもかかわらず、人々が勇んで十字軍に参加した主たる原因は、やはりこの時代の熱狂的な宗教的情熱にあったというのである。

にまで遡るといわれる。中世の代表的なスコラ学者である**トマス・アクィナス**（1225？〜1274年）は正戦を構成する要件として、正当な戦争主体（たとえば公的に認められた国家による行為であること）、正当かつ必然的な戦争の理由（たとえば防衛戦争であって侵略戦争ではないこと）、正当な戦争目的（たとえば一方的な侵略を退けること）などを挙げている。

　しかしD・ボッシュによれば、教皇グレゴリウス1世は「キリスト教国の防衛と、また往々にしてその領土拡張は、統治者たる者の主要な義務である」として戦争とそれにつづく宣教活動を肯定しており、さらに後になると異教徒や背教者を殺すことは「とりわけ神に喜ばれること」であるという神学的理念すら生まれ、十字軍を鼓舞する要因になったと論じている（『宣教のパラダイム転換（上）』376、378頁）。また出村彰は、「十字軍は「義戦」思想を「聖戦」思想に転化し、ヨーロッパ域内では陰に陽に抑圧された闘争意識を一気に吐き出させる効果を持ち、理念の提供者である教皇庁の権威を高める働きをする」ことになったと記している（『中世キリスト教の歴史』104頁）。こうした正戦思想は十字軍のような異教徒に対する戦いばかりでなく、キリスト教内部の異端に対する戦いや16世紀の宗教改革における宗教戦争などにも反映されるようになっていった。事実、教皇は異端や政敵を攻撃する際にもしばしば「十字軍」という言葉を使うようになっていったのである。

〔十字軍の経過〕

　1095年11月28日、教皇**ウルバヌス2世**（在位1088〜1099年）は、クレルモンの教会会議に際して十字軍の発起を宣言し、翌年、第1回十字軍が実施された。

　この背景にはすでに述べたように、ビザンツ帝国に対するイスラム勢力の圧迫という事情が存在していた。ビザンツ皇帝**アレクシオス・コムネノス**（1世／在位1081〜1118年）はフランドル伯ロベール2世に宛てて援助を

求める書簡を送り、その中で聖地に向かうキリスト教の巡礼者たちが遭遇している苦難や聖地の教会に対する異教徒たちの冒瀆について記していた。

グレゴリウス改革の継承者であったウルバヌス２世は、この時期、神聖ローマ帝国皇帝と対立関係にあり、またローマに対立教皇が出現したために北イタリアやフランスをめぐりながら勢力の挽回をはかろうとしていた。教皇はビザンツ帝国からの要請に応えて、教会会議の最終日に民衆に向かって次のような演説を行ったという。

> 「我らの主の聖なる墳墓は、汚れた民〔イスラム〕によって冒瀆されている。カール大帝の偉大さを想起せよ。いとも勇気ある兵士らよ、無敵の先祖らの子孫たちよ、臆するなかれ。汝ら自身の間の憎悪を捨て、争いを止め、すべての戦闘を中断せよ。聖墳墓への道を踏み出せ。聖地を取り戻すのだ。邪悪な民から、これを我らのものとしようではないか。」

　　　　　　　　　　　　　（出村彰『中世キリスト教の歴史』106頁より引用）

熱狂した人々は「神のみこころだ」「神がそれを欲せられる」と叫んで、この呼びかけに応じたと伝えられている。

クレルモンにおいて、教皇はさらに十字軍に参加した兵士には完全な**贖宥**（免償）が与えられると約束した。カトリック教会の理解によれば、人間の犯した罪はキリストによって「罪の赦し」を与えられるが、他方、罪を赦された後でも「罪の償い」（贖罪）は必要であると考えられていた。贖罪の方法はすでに述べた巡礼を含めてさまざまな苦行や禁欲があったが、やがて歴代の諸聖人たちの残した「功績」を人々に委譲することによって、この償いを免除するという慣習が生まれた。これが贖宥である。後にはさらにこうした委譲・免除が教会への献金や施しなどの対価とされるようになり、「贖宥状／贖宥符」（いわゆる「免罪符」）の売買が行われるようになっていった。

　教皇はみずからフランス各地をめぐって十字軍への参加を勧誘すると共に、書簡や特使をイングランドやフランドル、北イタリアなどに送った。さらに修道士たちを多くの町や村に派遣し、十字軍への支援を呼びかける説教を行わせた。

　第1回十字軍は1096年に行われた。トゥールーズのレイモンやブイヨンのゴドフロアといった貴族が中心となり、およそ10〜13万人が参加したと伝えられている。もっとも戦闘員の人数はその四分の一ないし半分程度で、騎士や貴族はさらにその中のごく一部にすぎなかったという。戦闘員以外に随伴したのは聖職者やその従者たち、そして熱狂に巻きこまれた多数の農民や市民であった。松本宣郎によれば、これは「十字軍の本質が

コラム㉛〜十字軍と「神の平和」「神の休戦」

　中世には3種類の人間が存在したといわれる。すなわち、「祈る人」（聖職者）、「働く人」（農民、一般人）、そして「戦う人」（騎士）である。騎士は幼少期から戦闘訓練に励み、戦いに明け暮れた。教会はこうした騎士たちの争いに対して宗教的権威のもとで一定の制限を加えようとした。「**神の平和**」（Pax Dei）は諸侯間の私闘において教会や一般人の生命や財産を争いに巻きこむことを禁じる定めで、違反者は破門に処せられた。また「**神の休戦**」（Treuga Dei）は戦争の時期を教会暦や曜日によって制限する定めである。十字軍もまた（本文で引用したウルバヌス2世の演説にもあるように）ヨーロッパで頻発していたこうした騎士たちの争いに対する解決策という面をもっていたと考えることもできる。R・スタークによれば、「非常に信仰深い騎士でさえ平和主義というものを理解できなかった」のであり、上級騎士の出身だったウルバヌス2世も騎士の戦いへの意欲を当然のこととしていたという（『十字軍とイスラーム世界』157〜158頁）。教皇は宗教的大義によって彼らの獰猛な戦闘意欲を結集し、その力を外部の異教徒に振り向けようとした。他方、騎士たちからすれば、十字軍によって、「戦う人」の本性を保持しつつ、修道士や聖職者のような聖なる使命に従う「キリストの騎士」となる可能性が開かれることになったのである。

「巡礼を基盤にした軍事遠征」であることを如実に物語る」という（『キリスト教の歴史1』165頁）。1099年、十字軍はエルサレムを征服することに成功し、**エルサレム王国**の樹立を宣言した。またこれ以外にも十字軍の進路にあたるエデッサ、アンティオキア、トリポリなどの各地にいわゆる**十字軍国家**がいくつも建設された。さらに聖地の防衛や巡礼者保護のために騎

第1回十字軍のルート

（ロドニー・スターク『十字軍とイスラーム世界』新教出版社）

士修道会（第11章参照）が組織されたのもこの時期である。

　第2回十字軍（1147 〜 1149年）は十字軍国家に対する攻撃に対応するため、教皇エウゲニウス3世（在位1145 〜 1153年）が提唱したもので、フランスやドイツの王たちが参加した。軍勢はエルサレムに到達したものの実質的な成果はほとんど得ることなく終わった。

　第3回十字軍（1188 〜 1192年）は1187年のイスラム勢力によるエルサレム占領という事態に対処するために実施された。皇帝フリードリヒ1世、イングランド王ヘンリー2世（在位1154 〜 1189年）などが率いたが、結局、エルサレムを奪回するにはいたらなかった。

　第4回十字軍（1202 〜 1204年）と**第5回十字軍**（1217 〜 1221年）は教皇インノケンティウス3世が発起したものであったが、前者はエルサレムではなくコンスタンティノポリスに向かい、ビザンツ帝国を一時的に滅ぼして

コラム㉛〜民衆十字軍と少年十字軍

　正規の十字軍として数えられるもの以外にも民衆十字軍や少年十字軍のように一般の人々が自発的に聖地に向かったという事例がある。第1回十字軍の出発よりも早く、1096年4月に隠者ペトルス（ピエール）を中心とする**民衆十字軍**がケルンを出発した。さまざまな社会層を含む老若男女の無秩序な群れはライン川からドナウ川、ハンガリーへと進み、「キリストの敵」としてユダヤ人を襲撃した。司教をはじめ多くの人々がその蛮行を阻止しようとしたが、ヴォルムスやマインツなどの諸都市で大量殺戮や略奪が行われた。民衆十字軍は8月にコンスタンティノポリスに到着したが、ビザンツ皇帝は早々に人々を首都からパレスチナへ送り出した。その後、民衆十字軍はトルコ人の攻撃によって壊滅し、荒れ野に屍をさらしたという（池谷文夫『ウルバヌス2世と十字軍』57頁以下参照）。他方、**少年十字軍**とは1212年にフランスやドイツから数千人（数万人？）の子どもが聖地に向かったというものだが、大半は途中で引き返したり奴隷として売り払われたと伝えられている。少年十字軍については史実と伝説が入り交じっているためにその実態は必ずしも明らかではない。

ラテン王国（1204 ～ 1261年）を樹立した。後者はイスラム勢力の策源地であったエジプトに派遣されたが、敗北を喫し失敗に終わった。

第６回十字軍は（1228 ～ 1229年）は皇帝**フリードリヒ２世**（在位1220 ～ 1250年）が指導し、スルタンとの交渉によって平和裡にエルサレムやナザレなどの獲得に成功した。しかし戦闘を伴わないそのやり方について、敵と妥協したとして非難を浴びせる人々も多く、結局、1244年にこれらの地はふたたび失われた。

第７回十字軍（1248 ～ 1254年）と**第８回十字軍**（1270年）はフランス国王**ルイ９世**（聖王ルイ、在位1226 ～ 1270年）が主導した。前者の戦いでは軍勢はエジプトに向かったが敗北し、ルイは捕虜となり莫大な身代金を払って撤退した。また後者はチュニジアに向かったが、ルイは戦陣で病没した。

その後、パレスチナにおける十字軍の拠点は次々に失われていき、結局、1291年のエルサレム王国の首都アッコンの陥落によって、２世紀にわたってつづいた十字軍の歴史は終止符を打つこととなった。

〔**十字軍の結果と影響**〕

G・バラクロウによれば、「第一回十字軍が「改革された教皇権の対外政策」と呼ばれるのには理由がないわけではない。この十字軍は、皇帝の代わりに教皇をヨーロッパのかしらに据え、教皇権に精神的指導者としての立場を保証した」（『中世教皇史』157頁）という。十字軍というイスラム世界に対するこの一連の軍事行動が、中世盛期のヨーロッパにおける教皇と教会の絶大な権威を見せつける巨大プロジェクトであったことは疑いようのない事実であった。

しかし数百万人が参加し膨大な経費と労力を投入したにもかかわらず、結局、この運動が聖地回復という当初の目的を達成することなく終結するにいたった時、それは逆に教皇や教会の権威を大きく失墜させることになった。そして教会と教皇にかわって台頭してきたのが、地域的な権力を

統合しながら新たな主権国家を形成しつつあった世俗の支配者たちだったのである。やがてそれは中世末期から近世にかけての教会と国家の関係に大きな変化をもたらすことになった。

　一方、長期間にわたってつづいた十字軍は思いがけない副産物も生むことになった。すなわち膨大な人間と物資の移動は西方と東方を結ぶ地中海貿易を活性化させ、その流れに乗って新しい文化や知識がヨーロッパ世界に伝えられた。イスラム世界で保存されていた古代ギリシアの哲学、自然学、医学などが知られるようになり、そうした刺激のもとで先述した「12世紀ルネサンス」が開花することになったのである。

（4）異端と異端審問

〔異端とはなにか〕

　異端はギリシア語の「ハイレシス」（hairesis）に由来し、もともとは「意見」「見解」を意味する言葉であった。後にこの言葉には「ある特定の意見に固執すること」という意味合いが強くなっていき、やがて教会が定めた「正統な教えと異なる教えを選択・主張すること」が異端と考えられるようになっていった。正統と異端という概念はつねに相関的な関係にあり、堀米庸三は、「正統と異端とはあくまでも根本を共通にする同一範疇・同一範囲に属する事物相互の対立」であり、「異端は正統あっての存在であるから、それ自体のテーゼはなく、正統の批判がその出発となる」（『正統と異端』48、56頁）と述べている。

　すでに見てきたようにキリスト教の歴史では最初期の時代のグノーシス主義をはじめ、古代教会におけるアレイオス派、ネストリオス派、ドナティスト、ペラギウス主義など、数々の異端の存在が知られている。興味深いことに、思弁的傾向の強い東方の教会では三位一体論やキリスト論などの教理をめぐって異端問題が繰り広げられたのに対し、西方の教会では

倫理・道徳に重点をおく異端問題が多かったことが指摘されている。古代の異端と直接的なつながりを有するわけではないにせよ、中世のヨーロッパに出現した異端運動においても、その多くはカトリック教会の倫理的堕落に対する批判的性格を有していた。

　11世紀から12世紀はグレゴリウス改革の末期から十字軍の開始にいたる時期であるが、それはまた民衆の信仰意識が高まり、さまざまな運動や団体が出現した時代でもあった。こうした傾向は13世紀にかけてさらにいちだんと高揚していった。聖書との関連でいえば、当初の「使徒的生活」の理想が追求したことは、使徒言行録などに記された無所有の共同生活や清貧の実践であった。ところが今やそれはイエス・キリストの「**宣教派遣命令**」（マルコ16：15）と結びつき、信徒が積極的な宣教活動（説教を含む）を繰り広げる運動へと変わっていった。さらにそれは厳格な道徳主義の実践を求め、腐敗した聖職者を批判するようになった。こうした運動の一部がカトリック教会から離反したり排斥されることによって、異端という烙印を押される存在となったのである。先述したように教会の改革を意図したグレゴリウス改革が一般民衆の信仰意識の高まりをもたらしたとされているが、そうした民衆の熱心な宗教運動の中から異端が生まれたとすれば、中世の異端とは実はカトリック教会自身が生み出した想定外の産物であったともいえるだろう。

　もちろん民衆の新しい宗教運動がすべて異端とされたわけではない。しかしこれらの運動における福音宣教の熱意や説教の実践は多かれ少なかれ既存の教会の権威や活動と衝突せざるえない要素を秘めていた。司教の許可なしに俗人や修道士が説教を行うことは禁じられていた。自由な説教は教義の解釈に混乱を来し、大きな問題を引き起こす可能性を含んでいたからである。そういう意味でも民衆の宗教運動が異端と判断されるか否かは実に微妙な問題だったのである。

　さらにいえば、12世紀に入ってグレゴリウス改革がひと段落すると共に、

カトリック教会は中央集権化された組織と制度のもとで保守化する傾向を強め、聖職者たちはその地位や聖職禄などの既得権に固執し、ふたたび世俗化する様相を呈し始めていた。こうした状況が信仰的自覚に目覚めた一般民衆からの批判や不信を招く要因となり、異端と呼ばれる集団を生み出す温床となったのである。

　当初、カトリック教会の指導者たちは異端に対して抑圧的な手段を用いたが、決定的な成果を挙げるにはいたらなかった。このために教会は異端とみなした人々を教会の中にふたたび取りこむという決断を下し、その方策を模索するようになった。Ｇ・バラクロウによれば、教会が「教会内に「民衆宗教」のための場を開いた時に初めて —— 外部に残った民衆的宗教運動との戦いにおいて抑圧と異端審問に頼らなければならなかったとはいえ —— ある程度の成功を収めたのである」（『中世教皇史』219〜220頁）と述べている。

　このような教会の対応の変化を示す端的な実例が、12世紀のワルドー派が異端として排除されたにもかかわらず、13世紀に登場したアシジのフランチェスコの運動（第11章参照）は新しい修道会として公認されたという歴史的事実であろう。この場合、両者は清貧の主張や説教活動などの実態においてきわめて類似した運動であったにもかかわらず、百年という時間の差がカトリック教会の対応において正反対の結果を生むことになったのである。

〔異端への対応（１）〜教会への復帰〕

　中世ヨーロッパにおける異端は10世紀末から11世紀にかけてフランスや北イタリアなどに登場したものが嚆矢（こうし）と考えられている。それらは孤立した運動で、聖霊のカリスマに導かれた指導者たちが民衆に説教を行い、カトリック教会の権威に疑問を投げかけた。こうした運動は各地で弾圧され、11世紀半ばまでに姿を消した。しかし12世紀に入ると新たに多くの異端的

集団の出現が報告されるようになっていった。

　こうした事態に対処するため、1184年の**ヴェロナ公会議**はカタリ派やワルドー派などの異端をリストアップして破門すると共に、異端の本質をカトリック教会の権威に対する不服従とみなすという原則的態度を明らかにした。またこの会議では教会の許可なしに説教を行うことも（説教する人物やその内容の如何にかかわらず）異端とみなすと決議した。さらに司教による異端審問の制度がこの会議において初めて公式に認められた。

　このようにして浮上してきた異端の問題に真正面から向き合ったのが教皇インノケンティウス３世である。教皇は異端に対して硬軟両様の対策を実施した。すなわちひとつはできる限り異端をカトリック教会に復帰させること、もうひとつは徹底して弾圧・撲滅することである。

　第１の方法の成功例はイタリア北部のロンバルディア地方に広まった「謙遜者」という集団の場合に見出される。これは手工業に従事しつつ、「使徒的生活」に倣う堅固な道徳を共同で追求する運動で、仲間同士で説教を行った。この運動の中心は信徒であったが、一部には聖職者や男女の修道士も参加していた。1201年、教皇はこの集団に戒律と規則を与え、その理念や生活スタイルを追認し、集会や説教の自由も承認することによって、カトリック教会の中に取りこむことに成功した。

　これに対して失敗した例がワルドー派のそれであった。**ワルドー派**はリヨンの商人**ペトルス・ヴァルデス**（ピエール・ワルドー／1140？〜1217年）が創始した運動で、**「リヨンの貧者たち」**とも呼ばれた。この運動は清貧と説教を中心とする集団を形成し、また聖書を一部口語訳するなどして巡回伝道を行った。ある意味で、彼らは13世紀に登場するフランシスコ会などの托鉢修道会の先駆けとなった人々であった。ヴァルデスはこの運動が純然たるカトリック信仰に立脚すると自認しており、1179年に教皇から正式な認可を受けるためにローマに赴いた。しかし当時のカトリック教会はこうした事態に適切に対処することができず、結果的にこの運動を教会外に

放逐することになった（詳細は堀米庸三『正統と異端』31頁以下参照）。ワルドー派はヴェローナ公会議で異端とされたにもかかわらず、北イタリアをはじめ、スペイン、南フランス、ライン川やドナウ川流域、そしてボヘミアにいたるまで広くヨーロッパ各地に広まっていった。

　インノケンティウス3世はワルドー派に対してもカトリックへの復帰を促す方策をとった。1207年に南フランスのパミエで行われた論争の結果、多くのワルドー派の人々がカトリックに帰服した。教皇は彼らに**「貧しきカトリック者」**という名を与え、異端説得の尖兵としての役割を与えた。しかしこうしたやり方にフランスやスペイン、そして北イタリアの司教たちが反対したために、結局、教皇はワルドー派への働きかけを取りやめざるをえなくなった。司教たちが反対した理由は、ワルドー派を含む民衆の宗教運動が聖職者の富や腐敗を批判したことに加え、これらの団体が公認されて自由に説教などの活動を行ったり民衆を惹きつけたりすることにより、既存の教会との間に軋轢が生じることを懸念したからであった。インノケンティウス3世の力をもってしても、こうしたカトリック教会内部の高位聖職者たちの意見を無視することはできなかった。結局、異端の烙印を押されたワルドー派の一部はスイス・アルプスの奥地に逃れ、16世紀の宗教改革から生まれたプロテスタントの流れに合流することとなった。

〔異端への対応（2）～弾圧・撲滅〕

　異端に対する第2の方策である弾圧・撲滅の典型例は**カタリ派**（アルビ派、アルビジョワ派）の事例である。カタリ派に関する最初の歴史的記録は、1143年にラインラントのケルン近郊に出現したというものであるが、1160年代以降、南フランスの地中海沿岸地方と北イタリアに広まり活発な活動を繰り広げるようになった。

　この運動の思想的特徴は「霊」と「肉」、「善き精神世界」と「悪しき物質世界」の対立を説く二元論にあった。カタリ派にとっての救いとは「悪

しき物質」である肉体から解き放たれ、純粋な霊的存在として神の世界に
戻ることと考えられていた。

　かつてカタリ派は古代のマニ教の系譜を継ぐ異端とみなされていたが、
今日では両者の歴史的連関は否定されており、むしろビザンツ帝国で10世
紀頃に誕生した二元論を説く**ボゴミール派**の影響を示唆する研究者が多い。
カタリ派の語源はギリシア語の「**清浄者**」を意味する「カタロイ」に由来
するとされ、別名のアルビ派（アルビジョワ派）はこの集団の中心地となっ
た南フランス・トゥールーズの町アルビに拠る呼称である。

　カタリ派は中世最大の異端とされ、みずからを「キリストの教会／神の
教会」、カトリック教会を「サタンの教会」とみなした。カタリ派はカト
リックに匹敵するような組織・制度を持った対抗教会であったとする見解
もあるが、その実体は明らかではない。甚野尚志は、「十三世紀にカタリ
派は、カトリックの組織に対抗して固有の教会組織を発展させた。（中略）
イタリアと南フランスでは、カタリ派の司教が存在していたが、その後、
司教を助ける司教代理の職がつくられている。ただカタリ派では、司教
の上に君臨する教皇は存在しなかった」といい、「十三世紀初めの南フラ
ンスにおける完全者〔「完徳者」／カタリ派の正規の会員のこと〕の数は、
七〇〇人とも二〇〇〇人ともいわれている。また一二〇〇年ころの西欧全
体で、一般信者は数十万人とも数百万人いたともいわれる」（『中世の異端者
たち』32頁）と記している。他方、小田内隆によれば、「体系的教義と超地
域的に結ばれたヒエラルキー組織をもつ教会というイメージは、カタリ派
教会の現実の姿というよりは、むしろ史料の書き手の側の恐怖心が投影さ
れた結果ではないかという疑問が生じる」と述べ、「いずれにしても、カ
タリ派がカトリック教会に比較できる統一的で国際的な教会であったこと
は決してない」（『異端者たちのヨーロッパ』103、104頁）と主張している。

　インノケンティウス３世はカタリ派に対して強硬な姿勢で臨んだ。その
きっかけは南フランスに派遣された教皇使節がカタリ派の支持者とされる

人物に殺害されたことであった。1209年、教皇はフランス国王**フィリップ2世**（フィリップ・オーギュスト／在位1180〜1223年）を始めとする諸侯や高位聖職者に対し、カタリ派撲滅の**アルビ十字軍**（アルビジョワ十字軍）に参加することを命じた。フランス王は南フランスにおける支配権を拡大する思惑からこの戦いに積極的に加わった。この十字軍に参加した兵の数は30万人に達したともいわれ、カタリ派の拠点であったベジエ、カルカソンヌ、トゥールーズを攻撃し、カタリ派であるか否かを問わず住民の大量虐殺や放火を行った。生き残ったカタリ派の人々は地下に潜行したが、その後の南フランスにおける異端審問などによって、14世紀初頭には北イタリアも含めてこの運動は消滅した。アルビ十字軍は1229年に解散したが、この出来事が異端審問という恒常的な制度を生む契機となったのである。

〔**異端審問**〕

すでに述べたように**異端審問**という制度はヴェローナ公会議において始まったものであるが、当初、それは各地の司教が責任を負い、異端と一般信徒を分離すること、軍事的政治的に異端の支持基盤を破壊することを主眼とするものであった。

しかし、1231年、教皇グレゴリウス9世は新たな異端審問制度（**宗教裁判**）を創設した。それは教皇から全権委任された**異端審問官**が各地に派遣され、異端の訴追に特化された司法手続きに則って摘発・審問・判決を行うというもので、初期の異端審問官を担当したのはドミニコ会とフランシスコ会の修道士たちであった。

小田内隆によれば、こうした異端審問の実際のあらましは以下の通りである。

　「異端審問官は異端者を追跡し、捕らえる。続いて、密室の闇の中で、監禁と拷問の恐怖をちらつかせながら、「真理」、つまり異端の罪を告白す

ることを迫る。(中略)最後に、異端審問官は総説教（sermo generalis）〔異
端の罪と罰を告示する説教。その教会区の信徒全員の出席が求められた
ためにこのように呼ばれた〕において信徒の前で判決結果を公示し、「真
理」と「誤謬」の所在を可視化する。(中略)ひとたびこのプロセスをへて、
「異端」のスティグマを付与された者は黄色十字を身につけ、悔悛異端者
として終生にわたって異端審問の監視下に置かれることになる。」

（『異端者たちのヨーロッパ』291頁）

　異端は悪魔と結託した存在とみなされたが、異端の認定はあくまでも本
人の自発的な告白によるものとされたために、審問のプロセスにおいて自
白を導き出すための手続きや技術が精錬されていった。異端審問のいろい
ろな手引き書が審問官自身の経験や洞察に基づいて記されたが、もっとも
よく知られているのが1320年代に**ベルナール・ギイ**が著した『**異端審問提
要**』である。異端に対する処罰は、贖罪としての巡礼、終生に及ぶ牢獄へ
の収監、家屋の破壊や財産没収、そして死刑などを含み、悔悛の程度に応
じて異端審問官が柔軟に適用することになっていた。死刑に際しては異端
者の魂を浄化するために火刑がもっともよい方法として広く採用されたが、
「一切の費用は、自分の五体を焼いた薪代をも含めて財産没収で弁済させ
る……というものであった。」（森島恒雄『魔女狩り』39頁）

　こうした異端審問制度は中世末期になると教皇の権威の失墜に伴って
衰退していったが、16世紀にはプロテスタントに対する異端審問が復活し、
これが後にカトリックの**検邪聖省**（現在の教理省）となり、禁書目録の作成
などを行った。他方、スペインでは15世紀に国王が教皇の許可を受けて独
自に異端審問所を設け、国権のもとでイスラムやユダヤ教からの改宗者に
対し、またプロテスタントに対して審問を行った。

コラム㉜〜魔女と魔女裁判

　中世後期のヨーロッパにおいて**魔女**は悪魔と結託して呪術や魔法を行い、人々に災いをもたらす存在とみなされていた。しかしいわゆる**魔女狩り**が本格化する以前の13世紀中頃までは、カトリック教会も魔女に対しては寛容な態度で臨んでいた。こうした態度が一変するのが14世紀初頭のことである。教皇ヨハネス22世（在位1316〜1334年）の時代に**魔女裁判**を解禁する教書が数次にわたって発せられた。魔女裁判は異端審問官の管轄下に置かれたが、このことは魔女裁判が異端との混淆から始まったことを示唆している。15世紀半ばに魔女の異端性を明らかにする著述がいくつも記されたが、もっともよく知られているのが2人のドミニコ会修道士によって記された『魔女の槌』である。この著作は魔女の実在を証明する第1部、魔女が行う呪術などを解説する第2部、そして、魔女裁判の方法を説明する第3部から成っている。魔女といっても実際には男性も含まれており、拷問や強制による自白で多くの犠牲者が生まれた。魔女裁判はプロテスタントの領域でも頻繁に行われ、30年戦争の時代（1618〜1648年）に最盛期を迎えたという。よく知られている**「セイラムの魔女」**事件は1692年に北米のニューイングランドで起こった事件で、セイラムの町の住民の二百名近くが魔女として次々に告発された。結局、この事件は虚偽の証言や自白に基づく捏造だったことが明らかとなったが、それはすでに20名が有罪とされ絞殺された後のことであった。ヨーロッパ各地の魔女裁判が終止符を打ったのはようやく18世紀末のことである。中世以来の魔女裁判で処刑された犠牲者の数は研究者たちの推定でも三十万人から数百万人まで極端なひらきがあるが、それはまた魔女裁判の底知れぬ暗黒面を象徴する数値であるともいえるだろう。（詳細は森島恒雄『魔女狩り』参照）

[第10章の主な参考文献]

阿部謹也『中世の窓から』（ちくま学芸文庫、2017年）

池谷文夫『ウルバヌス2世と十字軍』（山川出版社、2014年）

C・エリクソン『中世びとの万華鏡』（新評論、2004年）

小田内隆『異端者たちの中世ヨーロッパ』（NHKブックス、2010年）

河原温、池上俊一編『ヨーロッパ中近世の兄弟会』（東京大学出版会、2014年）

河原温『中世ヨーロッパの都市世界』（山川出版社、1996年）

A・Ya・グレーヴィチ『同時代人の見た中世ヨーロッパ』（平凡社、1995年）

E・シューベルト『名もなき中世人の日常』（八坂書房、2005年）

甚野尚志『中世の異端者たち』（山川出版社、1996年）

R・スターク『十字軍とイスラーム世界』（新教出版社、2016年）

L・ドロール『中世ヨーロッパ生活誌』（論創社、2014年）

堀越宏一、甚野尚志編著『15のテーマで学ぶ中世ヨーロッパ史』（ミネルヴァ書房、2013年）

堀米庸三『正統と異端』（中公文庫、2013年）

R・マンセッリ『西欧中世の民間信仰』（八坂書房、2002年）

森島恒雄『魔女狩り』（岩波新書、1970年）

J・ル＝ゴフ『ヨーロッパは中世に誕生したのか？』（藤原書店、2014年）

第11章　中世の修道制

　　古代に成立した修道院が中世の西方教会で果たした役割について概説する。
　時代と社会の変化とニーズに応えるかたちで修道院の組織や活動は多様な展開
　を遂げていった。その中には中世前期の異教徒への伝道を担った修道士たち、
　グレゴリウス改革を支えたクリュニーやシトーなどの修道会、十字軍と共に誕
　生した騎士修道会、民衆への宣教や異端への説得にあたったフランシスコ会や
　ドミニコ会などの托鉢修道会が含まれる。

（1）中世前期の修道制と修道院の改革運動

〔中世前期の修道院〕

　第5章で記したように修道制は古代の東方の教会で誕生し、その後、西
方の教会に紹介されたものであった。ヨーロッパではベネディクトゥスが
生み出した『戒律』が共住修道制の規則として広く採用されるようになり、
後にフランク王国のカール1世とルードヴィヒ1世（敬虔王）がこの規則
によって国内の修道院の統一をはかったために西方教会全体に普及し、各
地にベネディクト会系の修道院が広がっていった。

　中世にはヨーロッパ各地でおびただしい数の修道院が設立された。イン
グランドとウェールズだけでも八百以上の修道院が存在したと推定されて
いる。それぞれの修道院の規模はさまざまで、修道士の数が50人を超え
れば大規模であり、数名程度の小修道院も多かったという。修道院には礼
拝堂、修道士の作業場や寝室、食堂などが併設され、こうした施設を建て
るためには多額の経費を要した。原則として修道士は自給自活することに
なっていたが、諸侯による土地や建物の寄進によって建てられた修道院も
あり、後には人々の献げ物によって莫大な富を蓄積するようになった修道
院も現れた。

　中世前期の修道士たちは「祈りかつ働け」という原則のもとで信仰的な修養に励むと共に、イングランド、アイルランド、ガリア、さらに東方の各地で宣教に携わり、ゲルマン人やスラブ系の人々にキリスト教を伝える働きにも従事した。この時代に異教徒へキリスト教を伝えた修道士としてもっともよく知られているのが、7世紀にブリタニア（イングランド）の伝道を行ったカンタベリーのアウグスティヌス（第7章参照）と8世紀にゲルマニア（ドイツ）の伝道を行ったボニファティウス（第8章参照）である。9世紀以降、北方のノルマン人のヨーロッパ各地への侵入によって修道院も大きな打撃を受けて荒廃したが、10世紀になると新しい修道院が次々に生まれていった。修道院はこの時代の地域社会の再生の担い手として活動し、貴族が自分の領地の開墾や開発のために修道院を誘致し特権を与えることもあった。堀越宏一によれば、この時代の未開地の開拓について、「まず最初に森に入ったのは、炭焼きや隠修士であり、ついで十二世紀には、シトー会、カルトジオ会、律修聖堂参事会などの改革派の修道士たちが清貧、瞑想や労働の場を求めて森林にはいり、居住と生産の場をつくり出していった」（『中世ヨーロッパの農民世界』51頁）と記している。修道士たちが先鞭をつけた開拓地に一般の農民たちが集まり、新しい集落が形成されていった。このように修道院は宗教的なことがらにとどまらず、一般社会の政治、経済、文化、教育、さらには民衆の生活を含むさまざまな面に影響を及ぼすことになったのである。

〔修道院の改革運動〕

　すでに触れたように、フランク王国以来、教会や修道院は国家統治のシステムに組みこまれるようになっていった。この時代の封建領主や騎士は、土地を寄進したり法的な特権を与えることによって、修道院の設立や維持に貢献した。これに対して修道院は日々の祈りと善行を通して領主たちの救いのために神に執り成しをささげ、また目に見えない悪魔の策略に備え

て騎士たちのために霊的な武装を施すことによって応えたのである。この
ような寄進と祈りの交換ともいうべき慣習はすでにカール1世の時代から
存在しており、フランク王国内の修道士の指針として定められた817年の
「修道勅令」の中には「寄進者と死者とのために詩編が特別に歌われるこ
と」や「修道院に寄進した者や死者のために典礼を行うこと」が明記され
ていた（杉崎泰一郎『修道院の歴史』77頁）。

　またより世俗的なメリットとして、領主たちは修道院に寄進するという
かたちで実質的にはそれを自己の財産を保全するための手段として利用し
たり、自分の家族や関係者を修道院長や修道士として送りこんだりするこ
とも行った。

　このようにして土地や財産を蓄積するようになった修道院はやがて封建
領主に等しい存在となっていった。一例を挙げるならば、6世紀に創建さ
れたパリ近郊のベネディクト会系のサン・ジェルマン・デ・プレ修道院の
場合、メロヴィング家の王の墓所だったこともあって、9世紀初めの「所
領明細帳」によれば、その所領は三万六千ヘクタールあまりに及び、各地
に分散する25の領地を所有していたという（堀越宏一『中世ヨーロッパの農民
世界』23頁）。また修道士の中にも農作業などの労働を雇い人に任せたまま、
典礼や学問研究に没頭する者、あるいは世俗的な生活を送る者たちが現れ
てきた。

　このような状況に危惧を抱いた修道院の中から、ベネディクトゥスの
『戒律』に立ち帰ることを主張し、個々人の霊的修養や聖務日課を重視す
る改革運動が生まれることとなった。こうした改革の過程で、地域を越え
た修道院同士の連合を結成し、その地域の領主ではなく教皇に直接結びつ
こうとする動きも生じた。このような広域にまたがる修道会の組織として
もっともよく知られているものが10世紀に登場したクリュニー修道院（連
合）と11世紀のシトー会である。この時期にはそれ以外にも、ロレーヌ、
トゥール、メッツ、イングランド、北イタリアなどの各地で伝統的な規律

に従おうとする修道院の再建・改革が行われた。

〔クリュニー修道院（連合）〕

　クリュニー修道院についてはすでに第9章においてその成り立ちとグレゴリウス改革への関与について触れたので、ここではこの修道院の典礼を中心とする活動とその影響について概説する。

　クリュニー修道院の名を高めたのはその典礼の荘厳さと華麗さであり、とりわけ死者のために行われるミサのすばらしさであった。第10章で取りあげた兄弟会の主たる結成目的が会員の葬儀や死後の執り成しの祭儀を行うことにあったように、中世の人々にとって死者のための祈りはきわめて切実かつ重要なテーマであった。中世という時代において、生命を脅かす暴力的で過酷な社会的現実のもとに生きていた人々、不可抗力な天変地異や伝染病などの災厄に直面していた人々、悪霊や超自然的な存在に対する日常的な恐れの中で生活していた人々、そして死後に待つとされる「最後の審判」や「煉獄」を信じていた人々にとって、死と救いをめぐる問題はきわめてリアルな問題だったのである。

　ミサは司祭だけが執行することを認められていたために、修道院においても司祭の資格を持つ修道士が数多く必要とされることになった。クリュニー修道院では神学などの学問や労働に対する関心は薄かったが、芸術や建築などに対する関心は強く、これらに関しては多額の経費が惜しむことなく費やされた。壮大なロマネスク様式の大聖堂の中で行われる華麗な典礼は多くの人々を魅了し、各地から集まった巡礼者からも多大な寄進が寄せられた。クリュニーの修道士であったグラベール（985？〜1047？年）という人物は次のように記している。

　　「この修道院がローマ世界でまれに見る素晴らしい修道院でとくに、悪
　　魔の支配下に落ちた霊魂を救済し解放することにおいて類を見ないことを

知るがよい。」「事実、そこでは、生命を与える供義〔ミサ聖祭〕が頻繁に
おこなわれているので、この絶えざる神との交流が邪悪な悪魔の力から霊
魂を救い出すことができない日は一日とてもない。」「この修道院では、（中
略）早朝から就寝のときにいたるまで、たえまなくミサが執りおこなわれ
ることになっている。そのミサはとても威厳があり、素晴らしい信心と崇
敬をもって捧げられるので、人びとの集団というよりむしろ天使たちの群
れが執りおこなっているような思いがいたしました。」

（朝倉文市『修道院にみるヨーロッパの心』36〜37頁より引用）

　グレゴリウス改革を支えたイタリアの神学者で修道士でもあったペト
ルス・ダミアニもクリュニー修道院を訪れ、「厳しい戒律のもとで日課の
ぎっしりつまったあなたの修道院の一日の生活を思い出すと、あなた方を
導くのは聖霊であることを認めます」と述べたという。クリュニーの壮大
な建築群は中世を代表する教会建築のひとつだったが、18世紀末のフラン
ス革命の際にその大半は破壊されてしまった。
　このようなクリュニー修道院の影響力も中世後期を迎える頃には陰り
を見せはじめた。修道院は経済的に豊かになったが、それは清貧や労働
といった修道院の理想からはるかに遠ざかる結果を生んだ。朝倉文市は、
「十一世紀からペトルス院長の時代には、〔クリュニー修道院は〕もはや歴
史的な生命を終え、新しい時代の新たな修道会にその地位を明け渡さねば
ならなくなっていた」と指摘する（前掲書44頁）。

〔シトー会〕

　クリュニー修道院（連合）が改革の精神を後退させていった時期に、こ
れと入れ替わるようにして登場してきたのが**シトー会**である。1098年、フ
ランスのディジョン南部にある未開の地シトーに、共住修道制の原点に立
ち帰り、清貧と労働を重んじる修道院としてシトー会は生まれた。修道院

として正式に認可されたのは1106年のことである。ベネディクト会系の修道士が黒い衣服をまとっていたのに対し、シトー会では第２代院長のアルベリクス以来、さらしていない白の衣服を用いたので、この会の修道士は**「白い修道士」**と呼ばれることもある。

　シトー会の理想と実践は多くの修道士を引き寄せ、12世紀初頭までに４つの新たな修道院が生まれた。シトーの修道院は「母修道院」、４つの修道院は「父修道院」と呼ばれるようになり、その他の修道院は「娘修道院」と呼ばれた。シトー会は創設から150年後には350の修道院を数えるようになり、14世紀には700の修道院と900以上の女子修道院が全ヨーロッパに展開するようになった。中央集権的なクリュニーの組織と異なり、シトー会では各修道院が精神的にも経済的にも独立し、重要な問題は修道院長たちが構成する修道院総会によって決定された。

　初期のシトー会においてもっともよく知られている人物が**クレルヴォーのベルナルドゥス**（ベルナール、1090〜1153年）である。彼は修道院長、神学者、説教者として活動したばかりでなく、当時の教会や社会に大きな影響を与えた人物であった。ベルナルドゥスは1112年にシトー会に入り、３年後、25歳の時にクレルヴォー修道院を創立した。彼の主な事績として、1128年にトロワ教会会議でテンプル騎士修道会の会則（ベルナルドゥスの起草とされる）を承認させたこと、教皇庁と深い関わりを持ったこと、とりわけ彼の弟子がエウゲニウス３世（在位1145〜1153年）として教皇に選出されたこと、晩年には第２回十字軍の発起を勧説したことなどが知られている。またユダヤ人迫害に反対した点で、ベルナルドゥスは同時代人から突出していたといわれる。

　シトー会の精神を表すものとしてクリュニーの大修道院長ペトルス・ヴェネラビリスとクレルヴォーのベルナルドゥスの間で交わされた**クリュニー＝シトー論争**と呼ばれるものがある。この論争でベルナルドゥスはクリュニー修道院の贅沢ぶりを厳しく批判し、「修道士は貧しいキリストと

共に貧しく、使徒たちのように自分自身の手の労働で生活し、世間から離れて俗事にかかわらず質素な服を用いて食欲を節制し、住居は見栄を張らず、典礼でさえ簡素で質素、苦行だけは厳しく生きるべきこと」（朝倉文市『修道院にみるヨーロッパの心』57～58頁）を主張した。

　しかしながら、「祈りかつ働け」という修道院の原点に復帰することを求めたシトー会の運動もまたクリュニーがたどったのと同じ道をたどることになった。すなわちシトー会も時代と共に豊かな財産を蓄積し、さまざまな特権を有するようになった一方で、開拓と改革の精神は失われ、既存の修道院と変わらない世俗的な問題を抱えるようになっていった。シ

コラム㉞〜中世盛期の隠修士と聖堂参事会

　11～12世紀に修道制の精神を継承しつつ、従来の共住修道制とは異なる運動として登場してきたものとして隠修士と聖堂参事会を挙げることができる。**隠修士**は共住修道制を避け、孤独な修道生活と個人的な建徳の道への復帰を志した人々である。それはある意味で古代エジプトに発した修道制の原点への回帰をめざす運動だった。イタリアではロッサのニルス（905 ？～1005年）、ラヴェンナのロムアルドゥス（950 ？～1027年）、フィレンツェのヨハネス・グアルベルトゥスなどが知られている。ブルーノ（1030 ？～1101年）はフランスのグルノーブル近郊のシャルトルーズで6人の仲間と共に隠修士としての生活を始めた。後にそこから厳格な戒律を重んじるシャルトルーズ会（カルトジオ会）が生まれた。また**聖堂参事会**（cannons secular）とは、司教座聖堂に属する祭司たち（参事会員）が始めたもので、修道士のように「清貧、貞潔、服従」の誓願を公に立てることはしないが、財産と生活を共有し、典礼と聖務日課を共同で行うという「使徒的生活」に倣う生き方を実践した。聖堂参事会では「共住生活規則」とも呼ばれる『聖アウグスティヌス会則』（第5章参照）が採用された。多くの研究者は、隠修士や聖堂参事会の運動は第10章で取りあげた中世盛期の民衆の宗教的運動や異端の運動と同一の地平のもとで生まれたことを示唆しており、前者が後者に影響を及ぼしたと考える人々もいる。

トー会修道士のひとりであるハイステルバッハのカエサリウス（1180 ？～1240 ？年）は、「戒規は豊かさを生み、最大限の注意を払わないかぎり、豊かさは戒規を虚しくする。戒規が失われるとき、豊かさもまた失われる」という言葉を残したという。

　出村彰は、クリュニー修道院やシトー会を含め、歴史上、修道制の中でしばしば生じたこのような現象を**「修道院の循環法則」**（monastic cycle）と呼び、「禁欲と勤勉とは、意図すると否とにかかわらず、富裕と余裕を生み出し、それはほとんど必然的に、原初の禁欲と勤勉とは正反対のベクトルをもたらす」と記している。シトー会もその成功と発展の中にみずからを掘り崩す要因を胚胎し、その豊かさが弛緩と退廃にいたる契機となったといえるだろう。しかしまた出村彰によれば、それが「循環」といわれるのは、「放縦と怠惰とがその極端にまで達したと思われる時に、決まって新しい禁欲と勤勉の運動が起こったからである」ともいう（『中世キリスト教の歴史』316頁）。事実、ヨーロッパ中世の歴史にはこの後も活力に満ちた新しい修道士や修道会が次々と登場することになる。

（2）十字軍と騎士修道会

　11世紀に始まった十字軍との関わりから誕生したユニークな修道制が**騎士修道会**（騎士団）である。騎士修道会は聖地の回復や防衛のための戦いに参加したり、巡礼者の保護や医療活動を任務として働いた。朝倉文市によれば、この修道会は「西欧の伝統的な修道会の理念および組織に現実的な必要から生まれた軍事的機能を結合するもので、新しい形式の修道会である」という（『修道院にみるヨーロッパの心』86頁）。十字軍が中世の騎士的伝統と聖地奪還という宗教的情熱を結合した企てだったとすれば、騎士修道会はその理念をもっとも純化させたこの時代の申し子であったといえるだろう。このような騎士修道会の中でもっともよく知られているものが、

以下に取りあげる聖ヨハネ騎士修道会、テンプル騎士修道会、ドイツ騎士修道会である。

〔聖ヨハネ騎士修道会〕

聖ヨハネ騎士修道会は、1020年頃、エルサレムにおいて巡礼者の医療・看護にあたるために生まれたもので、『聖アウグスティヌス会則』にしたがって活動した。「ヨハネ」の名称はこの修道会が洗礼者ヨハネに献げられたことに由来する。1113年、最初の騎士修道会として正式に認可を受けると共に、従来の「病人と貧者への奉仕」に加えて、十字軍の戦闘にも参加するようになった。修道会の働きに対して多くの寄進所領が集まったが、教皇は免税特権を与えてこれを保護した。

　その後、エルサレムをはじめとする十字軍の拠点が陥落したため、本拠地をキプロス島、ロードス島、マルタ島に移した。十字軍の終結後も地中海におけるイスラム勢力との戦いに携わり、1571年のレパントの海戦にも参加した。16世紀以降、しだいに勢力が衰えたが、現在、この修道会はローマに本部を置き、**マルタ騎士団**という通称で知られ、医療関係の活動などを行っている。

〔テンプル騎士修道会〕

テンプル騎士修道会（神殿騎士修道会）は初めから戦闘を使命とする団体として、1118年、フランスの騎士たちによって結成された（認可は1128年）。「テンプル」（神殿）の名称はこの修道会がエルサレムのソロモン神殿の跡地に本拠を置いたことに由来する。この修道会の設立・認可には、初代総長**ユーグ**（在任1118〜1136年）の保護者であったクレルヴォーのベルナルドゥスが大きな役割を果たした。ベルナルドゥスは「新しい修道騎士を称える」という文章を草し、その中で「このキリストの騎士は、二重の戦い、すなわち血肉を備えたものにたいする戦いと、天空の霊的な諸力に対する

249

戦いとに、永遠に従事する十字軍士である。（中略）胸には鎖帷子を、心には信仰の鎧をまとう。この二種類の防具をつければ、人間も悪魔も恐れることはない。いざ騎士たちよ、確信をもって前進せよ。あなた方の前からキリストの十字架に敵対する者を、不屈の勇気をもって駆逐せよ。（中略）戦いの勝利者として帰還するあなたがたは、なんと栄光に輝くことか！戦いで殉教するあなた方は、なんと無上の幸せであることか！」（朝倉文市『修道院にみるヨーロッパの心』87～88頁より引用）と記したという。

　この修道会も当初は『聖アウグスティヌス会則』を採用したが、後に独自の戒律を持つようになった。修道会は、修道騎士、司祭、従士、使役人から構成されていたが、修道騎士は騎士階級以上の身分のものに制限され、入会時の厳格な面接試験と長期間の修練が課せられた。修道騎士たちは平常は起床から就寝まで修道士としての厳格な生活に従って、祈り、清貧、貞潔、服従を守ったが、ひとたび戦闘となると「一騎をもって敵の三騎に当たること」、「進撃においては先陣を、撤退においては後陣を」を原則として勇猛果敢に戦った。1244年10月のガザの戦いに参加した300名の騎士修道士のうち、生き残ったのは18名に過ぎなかったという。

　この修道会にはフランスを始め各地から多くの所領が寄進され、その資産を国際的規模の金融業などによって運用したために巨万の富を保有することになった。14世紀初頭にはその領地はギリシアからポルトガルまで、さらにはヨーロッパを超えてシリアやパレスチナ、北アフリカ沿岸の各地にまで及んだ。「このように広大な領地と、国際的な組織を集中管理した機関は当時の欧州には、教会、国家といえどもなかった」（篠田雄次郎『テンプル騎士団』92頁）のであり、修道会はこうした組織を維持運営するためにイスラムの先進的な技術や制度を採りいれたという。

　テンプル騎士修道会の最後は突然やって来た。1306年、フランス王フィリップ4世（在位1285～1314年）に招かれてパリにやって来た総長の**ジャック・ド・モレ**（在任1292～1314年）とその一行は、偶像崇拝、瀆神、不倫の

名目で逮捕され、異端審問にかけられた後、火刑に処せられた。1307年にはフランス全土の修道会士が一斉逮捕され、異端として処分された。1311年、ヴィエンヌ公会議はフランス王の圧力のもとでテンプル騎士修道会の廃絶を決定した。

　この修道会が廃絶された真相はいまだに判然としない。修道会に莫大な債務を負っていたフランス王が債務の帳消しと修道会財産の没収を企んだという説、特権を得ていた修道会に対して司教や他の修道会からの批判や反発が高まっていたという説、免税特権のもとで行われた金融その他の商業活動が一般の商人たちから敵視されていたという説などが存在する。また地域国家の形成を進めていたフランスなどの世俗の権力者にとって、超国家的で財力に富む修道会が危険な存在とみなされたためとする説もある。

コラム㉟〜奴隷を救出する修道会

　十字軍の時代に生まれたユニークな修道会として、北アフリカのイスラムの海賊たちによってイタリアや南フランスなどから拉致され、奴隷として酷使されていた人々を買い戻すことを目的として平和裡に活動した修道会がある。最初の修道会はフランス人ジャン・ド・マタと2名の修道士によって結成され、教皇インノケンティウス3世の認可と支援を受けて、1199年に最初の奴隷買い戻しを行い、186名をマルセーユに連れ帰った。ド・マタは死の前年にあたる1212年までに約七千人の人々を救い出したという。また1218年にはスペイン人騎士ドン・ペドロ・デ・ノラスコによって同様の目的を持つ騎士修道会が生まれ、アラゴン王の後援を受けた。これらの修道会は自分たちの資産を売却したり、教会や国王の援助、後には一般の人々からの寄進によってその資金を作り、およそ五百年間にわたって活動を続けた。その間に救出された奴隷の正確な総数は不明だが、一説には百万人に上るという。塩野七生は、この両団体は「地位もないために国家は動かず、資力がないゆえに〔自らの〕身代金も払えない人々の救出のみに徹した」と記している（『ローマ亡き後の地中海世界 2』220頁）。

〔ドイツ騎士修道会〕

ドイツ騎士修道会（**チュートン騎士修道会**）は、当初、「エルサレムの聖母マリア・ドイツ病院兄弟団」と称し、聖地における巡礼者のための病院・救護施設として始まり、後に騎士修道会となった。通説によると、第3回十字軍に際して、神聖ローマ帝国皇帝**フリードリヒ1世**（在位1152～1190年）がアッコンの戦闘の傷病者のために作られた野戦病院を保護したことがその発端になったという。この修道会はおもにドイツ諸侯の援助を得てエルサレムやその他の地に病院を作り、1199年に教皇インノケンティウス3世から騎士修道会として認可を受けた。

この修道会はドイツとの関わりが深かったために、十字軍終結の後、13世紀からはその拠点をバルト海沿岸に移して宣教と開拓事業に従事し、東プロイセンをドイツ化する「東方植民」を推進する担い手となった。

（3）托鉢修道会とアシジのフランチェスコ

托鉢修道会は文字通り托鉢（物乞い）によって清貧の生活を送りながら、一般民衆にキリストの福音を伝えた13世紀の新しいタイプの修道会である。この時代には、フランシスコ会、ドミニコ会、カルメル会、アウグスチノ会などいくつもの托鉢修道会が誕生した。巨視的に見れば、托鉢修道会は11世紀以来の「使徒的生活」に対する憧れから生まれたもろもろの運動、すなわち改革派の修道院、隠修士、聖堂参事会、信徒の兄弟会、さらには異端とされた集団と同じ源泉に由来するものであったといえるだろう。

13世紀に托鉢修道会が登場した社会的背景として、民衆の間における宗教的関心の高まりに対して既存の教会組織による司牧が困難となったこと、この時代に都市の発展と人口の流入が生じたために農村定住型の修道会ではなく都市生活に対応する柔軟な形態の修道会が必要とされたことなどが挙げられる。杉崎泰一郎によれば、托鉢修道会は「都市を拠点として活動

し、説教や奉仕で市民たちの要求にこたえ、女性の活動を受け入れ、教会に背く異端者たちを説得し、学校を建てて教育と学問の発達に貢献した」（『修道院の歴史』238頁）と記している。

〔ドミニクスとドミニコ会〕

ドミニクス・デ・グスマン（1170？～1221年）はスペイン貴族の子として生まれ、バレンシアで哲学・神学を学んだ。オスマの司教デフィエゴのもとで聖堂参事会員となり、南フランスを旅行中にカタリ派の異端と出会った。1204年にドミニクスは教皇インノケンティウス3世と面会してハンガリーへの伝道の許可を求めたが、教皇は彼にカタリ派の人々をカトリックに復帰させるようにという任務を与えた。

修道士による異端の説得という活動はすでにベルナルドゥスの時代にもシトー会の修道士たちによって実践されていた。インノケンティウス3世は1204年に異端対策のためにシトー会の修道士を南フランスへ派遣している。またこれとは別に、1212年にシトー会の修道士たちが托鉢をしながら民衆に語りかけ、福音を説き、討論をしたという記録も残されている。

ドミニクスたちは、力によって異端を殲滅しようとしたアルビ十字軍とは異なり、「**キリストの貧しい使徒**」としての行動と言葉によって、カタリ派の人々の中から回心者を生み出していった。彼らの考えによれば、カトリックの指導者たちが異端にまさる敬虔な実践と清貧の生活を送ることこそ、カタリ派の人々の信頼をかちとる前提だったのである。ドミニクスたちは教会ばかりでなく野外においても説教や討論を行った。

その後、ドミニクスは新たな修道院の創設を志し、1216年に教皇**ホノリウス3世**（在位1216～1227年）から「**説教者兄弟会**」（ドミニコ会）の認可を受けた。この修道会は説教と救霊を使命とし、また教育・研究にも強い関心を寄せた。当時、説教を許されていたのは司祭だけであったが、この修道会では司祭ではない修道士にも固有の職務として説教を行うことが認め

られた。ドミニコ会は、イタリア、南フランス、スペインなどで活動し、異端とされた多くの人々をカトリックに復帰させることに成功した。

アルビ十字軍の終結後、13世紀に教皇直属の新たな異端審問制度が誕生すると、ドミニコ会修道士は強い権限を持った審問官に任命され、ヨーロッパ各地で活動するようになった。「ドミニコ会士」（Dominicanis）に批判的な人々は、彼らを「主の犬」（Domini canis）と呼んで揶揄したが、ドミニコ会の修道士たちはそれを誇りにしたという。

ドミニコ会は当初から学問研究に力を入れ、この修道会からは中世を代表する神学者であるアルベルトゥス・マグヌス（1193 ？〜 1280年）やトマス・アクィナスなどが現れた。さらに神秘主義者として知られるマイスター・エックハルト（1260 ？〜 1328 ？年）やシエナのカタリナ（カテリーナ、1347 〜 1380年）もドミニコ会の修道士・修道女であった。

〔アシジのフランチェスコ〕

アシジのフランチェスコ（ジョバンニ・ディ・ピエトロ・ディ・ベルナルドーネ、1181 ？〜 1226年）はイタリア中部にあるアシジの富裕な織物商人の家庭に生まれた。フランス好きの父親は彼を「フランチェスコ」（小さいフランス人）と呼んだという。青年時代には放蕩の生活を送り、騎士になることを夢見ていた。1201年、アシジとペルージアの間で起こった戦いに参加したが、捕虜となって一年間獄中生活を送った。1204年頃から回心への兆しが生まれ、隠修士のような生活を送るようになる。1206（1207 ？）年、父親と衝突し、着衣を含めた全財産を父に返し、みずからは施療院でハンセン病患者の介護を始め、また荒れ果てていたサン・ダミアノ教会やポルチウンクラの礼拝堂の修復に着手した。1208年、フランチェスコはマタイ福音書10章 7 〜 13 （19 ？）節によって決定的な回心を経験し、キリストに倣って清貧と愛に生きることを決意して、町の広場や通りで説教を行うようになった。当初、彼の行動は周囲から奇異な目で見られていたが、やが

てベルナルド・ディ・クィンタヴァッレとピエトロ・カッターニが兄弟と
してこの活動に加わり、しだいに仲間となる者が増えていった。

　フランチェスコは托鉢による生活、祈りと観想、巡回説教、貧しい人々
や病人の世話などを実践したが、学問に対しては敬遠する傾向をもってい
た。彼らは労働によって糧を得ることもあったが、それは日雇いの仕事に
限定されており、しかも報酬は金銭ではなく必ず現物で受けとった。夜は
教会堂の玄関に寝たり野宿をして過ごしたが、病気の場合は篤信の信徒か
らの援助に頼ることもあった。1211年、ベネディクト会はポルチウンクラ
の会堂をフランチェスコに委ねた。

　フランチェスコはとりわけ**清貧**を重んじ、富に対する欲望を極度に警戒
した。彼は私有であれ共有であれ、仲間が財産を保持することを認めな
かった。フランシスコ会の第1会則第8章にも「私たちは金銭を小石以上
に利用しても評価してもならない」とある。こうした金銭や富に対する警
戒や嫌悪の背後には、おそらく当時の都市における貨幣経済の急速な普及

コラム㊱〜フランチェスコと金銭に関する逸話

　フランチェスコが金銭を嫌悪していたことを伝える伝承がいくつも残されて
いる。『アシジの聖フランシスコの第二伝記』の中の「第35章　金銭に触れた一
人の兄弟に対する厳しい懲らしめ」によれば、フランチェスコは常々「お金は
汚物以上のものではない」と語っていたという。ある日、ポルチウンクラを訪
れた人が十字架のもとに献金を残していったところ、ひとりの兄弟が何気なく
それを手につかんで窓の縁に放りあげた。フランチェスコは金銭に触れたこと
を叱りつけ、「彼に窓の縁から金をくわえあげ、その口で外にあったろばのふん
の上に置くことを命じた」という。また「第36章　金銭を拾いあげた一人の兄
弟の罰」というエピソードでは、旅をしていたひとりの兄弟が路上で金を見つけ、
それを拾いあげたところ、直ちに口がきけなくなった。「ところがついにこの兄
弟が、汚物〔金のこと〕を投げ捨ててから、その唇は痛恨の涙で洗い清められ、
神を賛美することができたのである」と記されている。

とそこから生じる社会的弊害、すなわち貧富の格差の拡大や倫理的道徳的問題などに対するフランチェスコの経験や問題意識が色濃く反映していたように思われる。

　フランチェスコは貧しい人々と共に自分も貧しい者となることを願った。「彼は不幸な人々にますます多く恵むようになった。金銭のないときは、自分の帽子や帯、また着ている衣服、時には下着までも与えた」という（エングルベール『アシジの聖フランシスコ』50頁）フランチェスコによれば、所有権や財産は争いや訴訟の原因となり、神や隣人に対する愛をそこなうものであるがゆえに、自分たちはなにものをも持ちたくないのだと語ったという。

　フランチェスコの説教について、J・J・ヨルゲンセンは次のようにまとめている。「その説教は練りに練った講演というよりは、勧告の印象をもっていた（中略）。フランシスコの説教の三要点は、神をおそれ、神を愛し、悪から善に改心することだった。」（『アシジの聖フランシスコ』76頁）フランシスコ会の会則によれば、修道会には説教修道士（プレデイカトーレス）、祈祷修道士（オラートーレス）、労働修道士（ラボラトーレス）という３つの身分が存在し、最初の説教を担当する修道士が後の２者よりも上位に位置づけられていた。しかしフランチェスコは、「行動によって〔生活と実践を通して〕説教するのが、すべての兄弟にふさわしい」と述べたと伝えられている。

　学問に対するフランチェスコの姿勢は消極的なものであった。13世紀前半のヨーロッパでは17校ほどの大学が設立されていたが、そのうちの８つはボローニャ、パードヴァ、ローマ、ナポリなどイタリアで誕生した。ドミニコ会はこうした大学における活動に最初から深く関与していたが、これと反対にフランシスコ会はそうしたものに距離を取っていた。フランチェスコはみずからを「無学な男」と自称し、事実、少年時代にラテン語の読み書きを習った程度で高度な学問を学んだことはなかった。彼は学問や知識そのものを否定したわけではなかったが、そうしたものが人々を高

慢にしたり、実践に結びつかないものとなることを警戒し嫌悪したのである。フランチェスコは詩編を読みたがった見習いの修道士に対して、次のように語ったという。

> 「わが子よ、詩編がまず手に入ったら、聖務日課書が欲しくなろう。それが手に入ったら、高位聖職者のようにりっぱないすにかけて、兄弟に『聖務日課書をもってこい』というだろう。」

（J・J・ヨルゲンセン、前掲書257頁より引用）

　しかしフランシスコ会も1221年以降になるとみずから学校を建設したり、会則の中で書物の保持を認めるようになり、やがて学問的な活動においても優れた人物を輩出するようになっていった。中世におけるフランシスコ会出身の神学者としては、ボナヴェントゥラ（1221？〜1274年）やドゥン

コラム㊲〜フランチェスコの説教の実見談

　フスパラートのトマスという人物がフランチェスコの説教の様子を実見した時の様子を次のように書き残している。「同年（1222年）の聖母被昇天の祝日（8月15日）、わたしがボローニャ大学に通っていた時、聖フランシスコが市役所前広場で演説するのを見たが、ほとんど町中の者がそこに集まっていた。説教の主題は「天使と人間と悪魔」だった。この三種の理性的霊について、彼はたいへんじょうずに賢明に語ったので、集まっていた多くの学のある人々も、無学な者がそんなに説教するのを聞いて、少なからず驚いた。説教のめざすことは、不和を和解させ、平和を作ることだった。衣は汚く、姿はみすぼらしく、顔だちはよくなかった。だが、神が彼の言葉に大きい力を与えたもうたので、争って血を流していた多くの貴族たちは、感動して仲直りした。男女をとわず皆が彼をうやまい、彼に帰依したので、彼のほうへ群れをなしておしかけ、衣の端でもちぎり取り、衣のすそにでも触れようとした。」（J・J・ヨルゲンセン『アシジの聖フランシスコ』263頁）

ス・スコトゥス（1266 ？〜 1308年）がよく知られている。

〔フランシスコ会の誕生〕

1209年、フランチェスコは教皇インノケンティウス３世に会って、「**小さな兄弟会**」（**フランシスコ会**）の認可を求めた。翌年、教皇は口頭で認可を与え、最終的には1215年の第４回ラテラノ公会議の直前に修道会として正式に認可した。当初、教皇はフランチェスコの要請に消極的であったが、ある夜、夢の中で傾きかけたラテラノ大聖堂を肩で支えるひとりの人物を見、それがフランチェスコであると悟って態度を変えたという逸話が残されている。

フランチェスコがフランシスコ会を最初から修道院的な組織として立ちあげる意図をもっていたのかどうかはよく分からない。彼は教皇に簡単な生活規則をまとめたもの（「**原始会則**」）を提示したが、それは福音書などから引用された格言集のようなものにすぎなかった。フランチェスコ自身は、彼らの会を制度化したり組織化することを後々まで望まなかったようにも思われる。

1212年、貴族の娘だった**クララ**（キアーラ、アシジのクララ、1194〜1253年）がフランチェスコの活動に加わった。彼女はフランチェスコの説教を聞き、18歳の時に家を出て修道女となった。その後、「**貧しき婦人の会**」（「**第２会**」、**クララ女子修道会**）を設立し、院長となった。この女子修道会は1215年に教皇の認可を受け、現在、世界に約六百の修道院が存在する。クララは1224年頃から死ぬまでほとんど病床にあったが、その清貧と貞潔な生涯は多くの人々に影響を与えたと伝えられている。

1212年から14年頃にかけて、フランチェスコはシリア、スペイン、モロッコへの宣教を試みるが、病気や船の難破などによって目的は果たせなかった。1217年に開かれたフランシスコ会の総会は全世界への宣教を決定した。その２年後にフランチェスコは第５回十字軍に同行してエジプトに

赴き、その地のスルタン（イスラム王朝の君主の称号）を訪問してキリストの教えを説いた。スルタンが改宗することはなかったが、彼はフランチェスコを丁重にもてなし、十字軍の陣地に送りとどけたという。

1221年、フランシスコ会は修道会の諸問題に対処するための総会を開き、会則を定めること、**在俗信徒の会**（「**第3会**」）の発足、さらに学校の設立などを討論した。この会則は23条から成る簡潔なもので「**第1会則**」と呼ばれるが、結局、教皇が認可しなかったために「教皇未承認会則」として知られることになった。

この頃になると修道士は数千人を数えるほどになり、当初の清貧の理想や自発的な奉仕を厳守することは困難になっていた。1221年の最初の会則はさまざまに改変を加えられた後、最終的に1223年に教皇によって認可されたが（「**第2会則**」）、そこでは「らい病者〔ママ〕の世話の義務や清貧の

コラム㊳〜フランチェスコの「聖痕（せいこん）」

フランチェスコについては不思議な出来事や奇跡が数多く残されている。14世紀に彼の伝記としてまとめられた『聖フランチェスコの小さな花』の中には、彼が凶暴な狼を回心させた話（第21章）、小鳥たちにも説教した話（第16章）などが伝えられている。おそらくもっとも有名な伝承は、十字架につけられたキリストが負ったのと同じ傷跡（**聖痕／スティグマタ**）がフランチェスコの体にも表れたという話であろう。1224年9月17日頃、断食中にフランチェスコはセラフィム（イザヤ書6章に登場する三対の翼を持つ天使）によって聖痕を受けたと伝えられる。「フランシスコは実にこの瞬間から、聖なるあがない主が身に帯びておられた同じ刻印をしるされたのである。かれの手足はくぎで刺し貫かれたように、てのひらと足の甲には黒いくぎの頭部が現れ、手の甲および足の裏には、打ち込まれたとがったくぎの先が曲がって肉から出ていた、そのうえ、右の脇腹には、あたかもやりで刺されたかのような傷があり、そこからしばしば血が流れて衣服や下着を濡らした。」（エングルベール『アシジの聖フランシスコ』266頁）

厳守についての言及がなくなり、また、地位に値しない上長者には逆らってもよいという一文もなくなった。書物保持の禁止も廃され、手仕事の勧めもごくゆるやかなものになった。」（キアーラ・フルゴーニ『アッシジのフランチェスコ』165頁）

　フランチェスコにとって、このような変更は認めがたいものであったが、すでに彼は総長の位置から退いており、修道会における大勢を覆すことはできなかった。その後、フランチェスコは隠遁生活に入ったが、徐々に体力が衰え、1226年10月3日、ポルチウンクラにおいて最後に詩編142編を唱えた後、天に召された。

〔フランチェスコ後のフランシスコ会〕

　すでにフランチェスコの晩年から修道会の中にはいくつかの異なる傾向の集団が生まれていた。とくに大きな問題となったのは清貧と無所有などの実践をめぐって生じた**厳格派**（聖霊派）と**緩和派**（コンベンツァル派）の間の深刻な軋轢である。当初の厳格な実践を緩めるという変化について、それを清貧を重んじるフランチェスコの精神からの逸脱・堕落とみなすか、あるいはそれをフランチェスコの精神の現実への適応であり、安定した制度・組織への移行とみなすかについて、フランシスコ会の中でも長く厳しい議論が重ねられた。

　こうした葛藤に対して、教皇**グレゴリウス9世**（在位1227〜1241年）は「第2会則」のみをフランシスコ会の遵守すべき規則とすると共に、フランシスコ会が寄進を受け財産を保有すること（正確にはそれを「使用する権利」）を認め、また1231年の教書で完全な免税特権を修道会に与えた。すなわち教皇はフランシスコ会の緩和派を支持する立場に立ったのである。

　この点を理解するためには、教皇庁とフランチェスコの間の微妙な関係を振り返っておく必要がある。先に挙げたインノケンティウス3世が見たという「夢」の逸話にあるように、当時、異端の問題に悩まされ、カト

リック教会の刷新に取り組んでいた教皇庁は、フランチェスコの運動を教会内に取りこむという道を選んだ。しかし「使徒的生活」の徹底的な実践を望むフランチェスコの運動は、そのままではかつてのワルドー派のようにカトリック教会の制御の及ばぬものへ変質する可能性をも含んでいた。それゆえに教皇サイドからすれば、遅かれ早かれフランチェスコの運動の性格を別種のものに変えざるをえなかったのである。

　G・バラクロウによれば、グレゴリウス9世は在俗の聖職者たちに失望し、托鉢修道会の信仰心と改革への熱意に期待してこれを支援したが、結果的にはそれがフランシスコ会内部の対立をいっそうあおることになったとして、次のように述べている。

　　「それは、フランシスコ会内の不和を引き起こした。コンベンツァル派と聖霊派という二派の分裂である。本来は自由な運動であったものを厳格な規則を備えた宗教団体に組織化することで、フランシスコ会の精神は変質せざるをえなかった。」「論争は十三世紀を通じて続き、対立は深刻化した。しかし、聖霊派あるいはフラティチェッリは数こそ少なかったものの最後まで耐え抜き、その理想主義ゆえに民衆の間にも君主たちの間にも幅広い支持を勝ち取った。」（『中世教皇史』224頁）

　しかし14世紀に入ると、少数派であった聖霊派はカトリック教会から疑惑の目を向けられるようになっていった。1317年、フランシスコ会聖霊派は教皇ヨハネス22世から直接の査問を受け、最後までその主張を棄てなかった者は教会に対する不服従の「異端」として処刑された。聖霊派を支持した信徒たちも異端審問の対象として、その後、長く迫害されることとなったのである（詳細は小田内隆『異端者たちの中世ヨーロッパ』第4章参照）。

コラム㊴～フランチェスコの「太陽の歌」

　晩年のフランチェスコは目を患い視力を失ったが、その病の苦痛の中で1225年に被造物を讃えるために創作したのが「**太陽の歌**」(Carmen solis) である。原詩はイタリア語で、彼自身が曲をつけたといわれる。アシジの行政長官と司教との間に激しい争いが生じた時、フランチェスコはこの歌に赦しと平和の願いをこめた新しい一節を加えて人々の前で歌って聞かせ、大きな感動を生み、人々を和解に導いたという。この歌には、天地万物の創造者である神をたたえ、また神によって創造されたすべてのものを親しく受け入れ、感謝し、賛美するフランチェスコの精神が生き生きと歌われている。「太陽の歌」の歌詞の一部を以下に引用しよう。

　「おお　たたえられよ　わが主／すべての被造物によって／
　わけても兄弟なる太陽によって／
　太陽は昼をつくり／主は　かれによって　われらを照らす／
　かれはなんとうるわしく／なんと大いなる光輝を発していることか！／(中略)
　おお　たたえられよ　わが主／姉妹なる月と無数の星とによって／
　おん身はそれらを天にちりばめ／光もさやかに気高くうるわしくつくられた」

〔**第11章の主な参考文献**〕

朝倉文市『修道院にみるヨーロッパの心』(山川出版社、1996年)

М・Н・ヴィケール『中世修道院の世界』(八坂書房、2004年)

小田内隆『異端者たちの中世ヨーロッパ』(NHKブックス、2010年)

R・W・サザーン『西欧中世の社会と教会』(八坂書房、2007年)

佐藤彰一『剣と清貧のヨーロッパ』(中公新書、2017年)

篠田雄次郎『テンプル騎士団』(講談社学術文庫、2014年)

杉崎泰一郎『修道院の歴史　聖アントニオスからイエズス会まで』(創元社、2015年)

K・S・フランク『修道院の歴史　砂漠の隠者からテゼ共同体まで』(教文館、2002年)

『聖フランチェスコの小さな花』（教文館、2006年）

チェラノのトマス『アシジのフランシスコの第2伝記』（あかし書房、1992年）

オメル・エングルベール『アシジの聖フランシスコ』（創文社、1969年）

下村寅太郎『アッシシの聖フランシス』（南窓社、1991年）

J・J・ヨルゲンセン『アシジの聖フランシスコ』（講談社、1982年）

上智大学中世思想研究所編『中世思想原典集成5』、「ヌルシアのベネディクトゥス
　　『戒律』」（平凡社、1993年）

第１２章　教皇権の動揺と改革運動

　中世後期のヨーロッパとカトリック教会を概観する。13世紀以降、フランス
やイギリスなどでは一定領域を支配する主権国家の形成が進む一方、アナーニ
事件や教皇庁の大分裂（シスマ）によって教皇と教会の権威は大きく傷つくこ
とになった。こうした危機に対処するため、教会改革をめざす「公会議運動」
が提唱されたが、十分な成果を生むまでにはいたらなかった。

（1）中世後期のヨーロッパ

〔中世後期の危機〕

　農業革命や都市を中心とする経済的発展によって、中世盛期のヨーロッ
パでは急速な人口増加が生じた。しかし14世紀に入るとしだいにその食料
生産力も限界に近づき、増えつづける人口を養うことが難しくなっていっ
た。こうした時代にヨーロッパはいくつかの異なる原因によって大きな危
機を迎えた。

　1307年から10年あまりにわたって天候不順が続き、凶作や飢饉が生じた。
この気候変動は小氷河期と呼ばれる長期的な寒冷化の結果であった。こう
した状況のもとで**黒死病**（おそらくペスト）がヨーロッパを襲ったのである。
この伝染病は黒海のクリミア半島からジェノヴァの交易船が1347年秋にイ
タリアに持ち帰ったものであった。黒死病は地中海沿岸からヨーロッパ各
地に急速に広まり、３年間にわたって猛威を振るいつづけた。一度はおさ
まったかのように見えたが、1350年代に黒死病はふたたび流行し、それ以
降もしばしば流行を繰り返した。

　こうした自然現象や疫病に加えて、都市への稠密な人口集中や貧富差の
拡大、また**百年戦争**（1339〜1453年）などに象徴される各地における戦乱や
抗争によって多くの犠牲者が生まれ、14世紀には劇的な人口減少が起こっ

た。すなわち、「ヨーロッパの人口は一三四〇年頃が一つの頂点にあたり、七三〇〇万人ほどであったが、一五世紀半ばにはおよそ五〇〇〇万人になったといわれている。わずか一世紀の間で人口は約三分の一減少したのだ。」（中井義明、他『教養のための西洋史入門』105〜106頁）また別の説によれば、「1348年から50年までのあいだに、地域的偏差はあるものの、ヨーロッパは全人口の40〜60％を失ったとみられている。（中略）ヨーロッパの人口が減少、停滞状況から上昇に転じるのは1475年以降のことであり、ヨーロッパが13世紀末の人口レベルにまで回復するには17世紀を待たなければならなかった」（服部義久他編『大学で学ぶ西洋史〈古代・中世〉』287頁）という。農村経済は疲弊し、廃村（村の放棄）が相次ぐ一方、都市も含めて頻繁な暴動が発生し、中世の封建制度を揺るがす事態が生じた。

　中世後期の危機は社会構造や経済活動に大きな影響を与えたばかりではない。黒死病がもたらした死の恐怖は人々の精神状態にも深刻な変化を生んだ。すなわち、**「死の日常化」**に関わる切実な意識である。死後の救い、最後の審判、煉獄などの観念、また聖人の崇敬、死者のための執り成しなどがますます大きな意味を持つようになり、**「死を想え」**（memento mori）という言葉が人口に膾炙した。さらに「３人の死者と３人の生者」や「死の舞踏」といった図像が各地で流行し、生のはかなさと死の必然を人々に意識させるものとなった。

　死に対する恐れは、**ボッカチオ**（1313〜1375年）が『**デカメロン**』の中で描いたような享楽的な遊蕩にふける人々を生み出す一方、鞭打ち苦行のような極端な信心行も出現せしめた。**鞭打ち苦行**とは、この時代のさまざまな災いを人間の驕り高ぶりに対する神罰とみなし、贖罪のためにみずからの体を血の出るまで鞭で打ち続けるという苦行のことである。これは13世紀半ばにイタリアで始まり、14世紀になるとドイツ、さらにポーランドやフランスなどにも広まった。人々はキリストの生涯と考えられた33年半にならい、33日と半日の間、苦行を続けながら巡礼したという。松本宣

コラム㊵〜「３人の死者と３人の生者」と「死の舞踏」

　「**３人の死者と３人の生者**」は13世紀頃から登場した生のはかなさと死の切実さを教える教訓的な図像及び物語である。「通常の図像には、大変立派な服装をし、生を満喫している三人の若い貴人と、蛆虫に食われしだいに腐敗する三人の死者（骸骨）が対比的に描かれる。「三人の死者と三人の生者」の物語の骨子は、若さ、美、地位といったものはいずれ意味を失い、この死者のような変わりはてた姿になるのだという摂理を教えている。権力、名誉、富はいっさいむなしく、死は突然にやってくるので、生きているあいだに悔い改めをして、日頃の生活を大切にせよと、教訓を示しているといえる。」（松本宣郎『キリスト教の歴史１』212〜213頁）また「**死の舞踏**」は15世紀に流行したもので、死体や骸骨が舞いながらさまざまな身分の生者たちを死の世界に導く様子を描いている。「舞踏行列の先頭には、教皇、皇帝、枢機卿、国王といった高位の人物から始まり、身分の高い者から低い者へとつづく。どの「死の舞踏」も配列は基本的に同じで、それぞれの身分・階層の人々と対になって死者（骸骨）が描かれる。（中略）十五世紀以降ヨーロッパ各地に「死を想え」と訴える絵画があふれていた。それは煉獄の思想とまったく無縁とは考えられないであろう。身分の上下を問わず、司教であろうと鍛冶屋であろうと、死は平等に訪れる。」（松本、前掲書214〜216頁）死の身近さを意識させ、それに備えることを勧めようとするこの時代の意識がこのような可視的表現の中に反映されているのである。

郎はこのような鞭打ち苦行の流行は当時のカトリック教会が人々の救いとなりえなかった結果であると考えており、「聖職者抜きに人前でおこなわれた鞭打ちの儀式は、聖職者が執りおこなう、カトリック教会の中心的な秘跡である「悔悛の秘跡」を蔑_{ないがし}ろにするもの」（『キリスト教の歴史１』217頁）であったという。このような一般信徒の苦行という行為は教会の権威を失墜させかねないものであったために、カトリック教会は世俗の支配者の力を借りてこうした運動を弾圧した。

〔**主権国家の形成と教会**〕

　中世後期はヨーロッパ各地において**主権国家**の形成が進み、長期にわた
る国家間の戦争が繰り広げられた時代でもあった。フランスやイギリス
（イングランド）では百年戦争などを通じて、世俗の権力（王権）の集中と強
化が進み、国民意識の形成も促されることになった。しかし、それは他方
において超国家的な組織であるカトリック教会との間に深刻な葛藤を生む
ことにもつながっていった。

　中世後期は封建制度が危機を迎えた時代であった。先述した気候変動や
黒死病による人口の大幅な減少はそれまでの農村経済を破壊し、領主たち
の生活基盤を揺るがす一方、農民たちの権利を求める大規模な蜂起（ワッ
ト・タイラーの乱、ジャックリーの乱など）が各地で発生した。都市において
も下層民の暴動や権利獲得を求める運動が起こった。このような混乱の中
で騎士階層は没落し、各地域を支配する領主たちの勢力は衰えていった。

　これに代わって登場してきたのが、**国王**を中心として、官僚機構や法制
度を整え、傭兵や新しい火器などで武装する常備軍を備えた主権国家体制
であった。しかしこのような新しい国のかたちは莫大な経費を必要とする
ものであったから、従来のような領地からの直接収入だけでは到底まかな
えるものではなく、王たちは慢性的な赤字状態に陥ることになった。これ
に対処するために、国王は高位聖職者や貴族、そして商人などの市民代表
による**身分制議会**を開き、国民に対する広範な課税への賛同を取りつける
必要に迫られた。こうした議会では課税のほかに立法や軍役などの政治的
課題についても話し合われた。この時代の議会は近代的な議会と異なり、
王が任意に招集するものであり、その権限も明らかではなかった。しかし
それは国政に新たな局面を開く契機となり、後世のイギリスやフランスな
どの近代化において重要な役割を果たすものとなったのである。

　他方、中世後期の神聖ローマ帝国では百を超える大小さまざまな領邦国
家が自立性を高め、帝国は緩やかな連合体のような傾向を強めていった。

コラム㊶～人口減少と農民や職人の地位の上昇

　本文でも記したように中世後期の危機は封建制のもとにあった農村社会と経済体制に甚大な影響を及ぼすことになった。しかし他方でそれは農奴的な立場に置かれてきた農民の権利を拡大させるという結果も生んだのである。この時代の深刻な労働力不足は土地所有者である領主たちの収入減少につながった。そこで領主は農民を自己の所領に留めておくためにさまざまな面で大幅な譲歩を行ったのである。農民たちは従来の土地に縛られる農奴的な従属関係からの解放、賦役労働の軽減、土地保有に関する有利な条件などを獲得していった。「イングランドでは、13世紀末から1世紀間に、人口が40％以上減少した結果、穀物価格は低下する一方、農民や日雇い労働者の賃金は高騰した」（服部義久他編『大学で学ぶ西洋史〈古代・中世〉』289頁）という。これと類似した現象が都市でも起こった。すなわち手工業に携わる熟練した職人の減少は生き残った職人の社会的地位や賃金を高めることになり、それまで政治的権利などを独占していた商人を中心とする都市貴族に対して、職人の親方たちの組合（ギルド）が発言力を強めるという結果を生んだのである。

　皇帝**カール４世**（在位1346〜1378年）の時代に決定された**金印勅書**によれば、それ以降の皇帝は、教皇の関与なしに、７人の**選帝侯**によって選ばれることになったが、この中にはマインツ、ケルン、トリーアの３人の大司教も含まれていた。またイタリアの北部や中部では、ヴェネチアやジェノバやミラノなどの有力な都市国家によって地域的なまとまりが形成されていった。

　総じていえば、中世後期には教皇や皇帝といった統一的で普遍的な性格を帯びた勢力が後退する一方、各地に主権国家が登場することによって、権威と権力が多元化する状況が生まれてきたといえるだろう。こうした事態はキリスト教会にも大きな影響を及ぼすことになった。すなわちそれぞれの国家や地域、またナショナリズムとの結びつきを重んじる教会や聖職

者が現れはじめ、教皇庁に対して批判的な立場をとる事例が生じるようになったのである。一例を挙げるとすれば、百年戦争の時代にイングランドでは敵国であるフランスとアヴィニヨンの教皇庁の結びつきに対する反感が高まったが、この点をとくに厳しく指弾したのはイングランド国内の教会関係者たちであった。次章で取りあげるウィクリフやフスたちの活動もこうした時代状況と切り離して考えることはできない。さらに16世紀の宗教改革を考える際にも中世後期のこうした社会的変化を十分に踏まえておく必要があるだろう。

（2）教皇庁の混乱〜アヴィニヨン捕囚と大分裂

〔教皇ボニファティウス8世とアナーニ事件〕

　藤代泰三は、「グレゴリウス七世、インノケンチウス三世、ボニファチウス八世のもとで、教会の権力に関する教理が発達した。これによれば教皇は教会に対して絶対的権威をもっており、最高の霊的首長、地上におけるキリストの代理者であるばかりでなく、最高の管理者、立法者、裁判官である」（『キリスト教史』231頁）と記している。しかし現在の時点から振り返って見れば、グレゴリウス7世によって興隆し、インノケンティウス3世の時代に頂点に達した教皇の権威と権力は、ボニファティウス8世の時代にはすでに過去のものとなろうとしていたのである。

　神聖ローマ皇帝フリードリヒ2世と争った教皇**グレゴリウス9世**（在位1227〜1241年）を境として、それ以降の教皇は頻繁に交替する状態が続き、13世紀後半には教皇権に陰りが見えはじめていた。そうした中で教皇となった**ボニファティウス8世**（在位1294〜1303年）は教皇庁の権威を再興しようと努め、フランス王と衝突するにいたった。当時、主権国家の形成途上にあったフランスでは、国王**フィリップ4世**（美麗王、在位1285〜1314年）が軍事費を確保するために数度にわたって聖職者への課税を行った。

王は教会や修道院の土地もすべて俗権の支配下にあり、課税対象となると主張した。これに対して教皇は1302年に大回勅「**ウーナム・サンクタム**」（**唯一の聖なる**）を発してフランス王を非難した。この文書には次のような宣言が盛りこまれていた。

> 「唯一、聖、使徒伝来のカトリック教会を私は信仰に励まされて堅く信じ、主張する。すなわち、教会の外に救いも罪の赦しもない。（中略）われわれは福音書によって、教会とその権力には霊的と現世的の二つの剣があることを教えられている（ルカ22：38、マタイ26：52引用）。霊的剣と現世的剣の両方とも教会の権力の中にある。（中略）一つの剣は他の剣に従属しなければならない。すなわち、俗界の権威者は精神界の権威者に従わなければならない。（中略）精神界の権威が俗界の権力を立て、もしそれが悪ければ裁かなければならない。（中略）すべての人は救いのために教皇に対する服従が絶対必要であると宣言し、明記し、定義する。」
>
> （H・デンツィンガー編『カトリック教会文書史料集』202 ～ 203頁）

この文章を第8章で紹介したゲラシウス1世の「二剣論」の主張と比較してみるならば、両者の相違は明らかである。ボニファティウス8世は聖俗の両権（両剣）が共に教会のもとにあること、教皇こそが精神界においても俗界においても唯一至上の存在であることをはっきりと宣言した。出村彰は、「キリスト教史上全体を通じても、これほどまでに教権の絶対優位の主張はなされたことがなかった」（荒井献・出村彰『総説キリスト教史1』271頁）と記している。

だがしかしボニファティウスは時代の変化を完全に読み違えていた。フィリップ4世はパリに3部会を招集して国民の支持を確保し、フランスの教会も国王が王国全体の最高君主であることを承認した。こうした背景のもとで、フィリップは逆にボニファティウス8世が教皇にふさわしくな

いとして弾劾するにいたった。教皇はこれに応じて王を破門するという手段に訴えた。1303年、フィリップはローマ近郊のアナーニに滞在していたボニファティウスを襲って拘束し、公会議の開催を強要したが、教皇は屈辱のあまりまもなく憤死した（**アナーニ事件**）。

〔アヴィニヨン捕囚の時代〕

アナーニ事件の後、教皇庁の内部でも権力抗争が生じた。この混乱に乗じてフランスの影響力が強まり、フランス人の教皇**クレメンス5世**（在位1305〜1314年）が即位した。教皇はボニファティウス8世の大回勅「ウーナム・サンクタム」を取り消し、1309年以降、教皇庁を南フランスのアヴィニヨンに移した。

この後、9代の教皇がアヴィニヨンに留まったが、これを古代イスラエルの故事にならって**教皇のバビロン捕囚**あるいは**アヴィニヨン捕囚**と呼んでいる。この間の教皇はすべてフランス人であり、また枢機卿の大半も同様であったために、教皇庁はフランス王の私物に化したとみなされるようになった。しかしまた、南フランスには国王に対抗的な勢力と雰囲気があったために、教皇庁はなお一定の自立性を保持していたと主張する研究者もいる。

アヴィニヨン時代の教皇たちの中には、クレメンス5世のように『**クレメンス教令集**』という教会法の編集に努め、教会裁判制度と司法組織を改組・整備した人物や、教皇の権威回復を意図して百年戦争の調停に乗り出したベネディクトゥス12世（在位1334〜1335年）のような人物もいたが、他方、贅沢と浪費にふけったことで悪名高いクレメンス6世（在位1342〜1352年）のような人物も含まれていた。クレメンス6世の奢侈はその後の教皇庁に財政的苦境をもたらしたばかりでなく、彼の品行の悪さは教皇制そのものに対する疑念すら引き起こした。当時、猛威を振るった黒死病は罪深い世界への神の罰とみなされていたが、より批判的な見方として、そ

れは罪深い教会への罰であり、さらにいえば罪深い教皇への罰であると考える人々もいたという。

　この時代の教皇の中で特筆すべき人物のひとりは**ヨハネス22世**（在位1316～1334年）であろう。彼は教皇庁の中央集権的体制を強化すると共に、財政基盤を強めるためにさまざまな施策を考案した。なぜならアヴィニョンに新しい教皇の宮殿や施設を建設するための資金をはじめ、十字軍への資金提供、教皇庁の人件費など、必要とされる経費が膨張する一方だったからである。「財政的才幹に長けた老ヨハネスは、金銭になるものなら何でも売りに出したと伝えられる。聖職位に即けば、最初の一年分の収入をそっくり納付させる聖職禄初年度献上金、年間収入の三分の一に上る聖職禄授与承認料、肩衣受領謝礼金や空位聖職禄留保手数料等々、数えるにいとまがないほどで、教皇庁の収入はフランス王のそれの三分の一に達したと言われる。」（荒井献・出村彰『総説キリスト教史1』290頁）こうした金銭的な義務を怠った聖職者は破門の対象となった。1365年には7名の大司教、49名の司教、123名の大修道院長、2名の修道院長が、支払い不履行によって破門されている。しかしこうして集められた経費のうち、支出の6割以上が戦費であったこと、また1割前後が教皇の贅沢な生活費や親類縁者への贈与に充てられたことは人々の憤激の的となった。B・シンメルペニッヒはこうした状況について（皮肉交じりに）次のように記している。

　　「アヴィニョン期は、教皇権が教会全体を財政的に最も効率的に掌握した――「搾取」したということもできようが――時代となったのである。」

（『ローマ教皇庁の歴史』265頁）

〔教皇庁の大分裂（シスマ）〕

　1377年、教皇グレゴリウス11世（在位1379～1378年）の時代にようやく教皇庁はローマに帰還した。しかし翌年、グレゴリウス11世が死ぬと、その

後継者の選出をめぐって問題が生じた。イタリア人の教皇を求める住民の威圧によってナポリ出身のウルバヌス6世（在位1378〜1389年）が教皇に選ばれたが、枢機卿の大半を占めていたフランス人の枢機卿たちはこの結果を認めず、フランス人のクレメンス7世（在位1378〜1394年）を教皇に選出した。前者はローマに、後者はアヴィニョンにそれぞれ教皇庁をかまえ、それぞれがキリストの代理者であると自称し、互いに相手を破門した。さらに両者の対立は軍事的な衝突にまで及んだ。

　このようにして始まった**教皇庁の大分裂（シスマ）**は、この後、およそ40年間にわたってつづいた。2つの教皇庁を維持するためには莫大な経費が必要だったので、両者は教会税などの財源を無理矢理に奪いあった。また行政上の二重人事が行われるといった問題が生じ、両方の教皇庁への批判が高まった。こうして教皇をはじめとするカトリック教会の威信は大きく低下する一方、発展途上にあった各地域の国家の主権と自立はいちだんと高まることになった。

　ヨーロッパの諸国はどちらの教皇を支持するかで分裂し、神聖ローマ帝国皇帝とイングランドなどはローマの教皇庁を、フランス、スコットランド、スペインなどはアヴィニョンの教皇庁を支持した。いうまでもなく、こうした支持の背景には宗教的動機だけでなく、その国の内情や国家間の利害関係が深い関わりをもっていた。フランスの場合、アヴィニョンの教皇庁を支持したとはいえ、教皇の影響力が国内で増大することは望んでいなかった。すなわち、「フランス教会は1398年聖職への課税・人事権は国王に属するとして、アヴィニョン教皇庁への服従拒否を決議、1407年にも教皇の介入を拒み、ここにガリカニズム〔コラム㊹参照〕と呼ばれるフランス教会の自立化が具体化し始めた」（服部義久他編『大学で学ぶ西洋史〈古代・中世〉』313頁）のである。

（3）改革運動と公会議主義

〔マルシリウスと公会議主義〕

　長びく大分裂の混乱をおさめ、必要とされる教皇庁の改革を行うために、教会会議によって問題を解決しようとする声が生まれてきた。いわゆる**公会議主義**もしくは**公会議運動**と呼ばれるものである。

　こうした主張の先駆けとして知られているのが中世の政治思想家**マルシリウス**（1275 ? ～ 1342年）である。イタリア出身のマルシリウスはパリで哲学や医学を学び、パリ大学総長も務めた人物である。マルシリウスは1324年に『平和の擁護者』（Defensor Pacis）を公刊した。彼はこの本の中で、教会と世俗の２つの権威を神に創造された完全に対等なものとみなし、教会の権威は霊的なことがらのみに限定されるのであって、この世のことがらについては世俗国家が教会に優先し、教会もこれに従わなければならないと説いた。さらに教会であれ世俗国家であれ、それぞれの法の根底にはそれぞれの宗教的・社会的共同体を構成する成員の意思が存在し、その意思に従わなければならないと主張した。この説によれば、教会の場合、教皇であっても彼を支える司教団に従い、さらには信徒を代表する人々の多数意思に従わなければならないことになる。すなわち教会の最高の意思決定機関は、代表者によって構成される公会議（世界教会会議）にほかならないというわけである。出村彰によれば、マルシリウスは「ある意味で、中世における最初の「民主主義」の提唱者の一人」（『総説キリスト教史１』291頁）であったという。

　当初、マルシリウスの主張は問題視され、教皇ヨハネス22世によって彼は1327年に破門を宣告された。マルシリウスは、神聖ローマ帝国皇帝ルートヴィヒ４世（在位1314 ～ 1347年）の保護を求め、皇帝も教皇に対抗する手段として公会議の参集を主張した。このようなマルシリウスの思想が、

それから数十年後に起こった大分裂の時代にあらためて注目されるようになったのである。

　教皇庁の再統一をめざす試みはパリ大学の神学者たちの間から始まった。1380年、パリ大学で修士号を取得したゲルンハウゼンのコンラートとランゲンシュタインのハインリヒという人物が、「教会の無謬性は教皇において具現化するのではなく、信者の共同体においてであり、公会議主義は信者共同体の代表として教皇に優越する」と主張し、徐々に多くの支持を得るようになっていった。彼らによれば、初代教会以来の伝統に照らしても、教会の最高の意思決定機関は全体教会を代表する公会議であったというのである。もっとも、G・バラクロウによれば、「当事者のほとんどは、公会議を支持することが即、教皇権に敵対することだとは思っていなかった。(中略) 彼らの考えでは、公会議はむしろ教皇権の秩序を回復するための一手段であった」(『中世教皇史』289頁) という。その意味では公会議主義はむしろ保守的な性格の運動であったともいえよう。

〔公会議主義の展開と結果〕

　ともあれこのような趨勢のもとで、ヴィエンヌ公会議 (1311年) 以来およそ1世紀を経て、1409年、イタリアのピサで教会会議が開催され、教皇庁の再統一を諮ることになった (**ピサ公会議**)。ローマとアヴィニョンの2人の教皇はいずれも分離主義者であり異端であるとして廃位された。会議は新たにアレクサンデル5世 (在位1409〜1410年) を教皇として選出し、これによって教会の分裂は終わりを告げたかに思われた。しかし廃位させられたはずの2人の教皇がその決定を認めず、またアレクサンデル5世の死後、ヨハネス23世 (在位1410〜1415年) が後継者として即位したため、3人の教皇が鼎立するという、さらに複雑で困難な状況が生まれることになった。

　このような事態に対処するために改めて公会議が開催されることとな

り、**コンスタンツ公会議**（1414〜1418年）が招集された。コンスタンツ公
会議はドイツ国王（後に皇帝）ジギスムントが、教皇ヨハネス23世の名に
よって開催したものである。この会議は、「〔公会議は〕キリストから直接
に権力を受けた地上のカトリック教会を代表する全教会会議である。その

教皇庁の大分裂（シスマ）の時代の教皇の並立・鼎立

〔ローマ系教皇〕	〔ピサ公会議系教皇〕	〔アヴィニョン系教皇〕
ウルバヌス6世 （1378〜1389年）		クレメンス7世 （1378〜1394年）
ボニファティウス9世 （1389〜1404年）		ベネディクトゥス13世 （1394〜1423年）
インノケンティウス7世 （1404〜1406年）		
グレゴリウス12世 （1406〜1415年）	アレクサンデル5世 （1409〜1410年）	
	ヨハネス23世 （1410〜1415年）	
マルティヌス5世 （1417〜1431年）		クレメンス8世 （1423〜1429年）
		ベネディクトゥス14世 （1425〜1430年）
エウゲニウス4世 （1431〜1447年）		ベネディクトゥス14世 （1430〜1437年）
		〔同名異人が二代続いた〕
ニコラウス5世　（1447〜1455年）	〔バーゼル公会議〕 フェリクス5世　（1439〜1449年）	

（　）内は在位期間

ため、教皇も含めて、どのような地位または職位にある者でも、（中略）すべての人はこの公会議に従う義務がある」（H・デンツィンガー『カトリック教会文書史料集』230頁）と宣言し、**公会議首位説**を明らかにした。3人の教皇は1417年7月までにすべて退位させられた。その後、公会議では教会改革という課題と新しい教皇の選出という課題のいずれを優先するかで議論となったが、結局、マルティヌス5世（在位1417〜1431年）を新教皇として選出し、教皇庁の再統一を実現した。また第13章で触れるように、この公会議はウィクリフとフスを異端として断罪したことでも知られている。

コンスタンツ公会議は、今後5年目に、さらにその後の7年目に、それ以降は10年ごとに、会議を開催することを決定して散会した。しかし実際にその次の会議が開かれたのは、1431年のバーゼルにおける公会議であった。

バーゼル公会議（1431〜1449年）では、「教会の頭（かしら）（教皇）と肢体（したい）（教会組織）」に関わる改革、フス派に対する対処、また東方正教会との再統合などが問題となった。しかしこの会議はやがて教皇の権限の制限をめぐって、とくに宗教税の問題などに関して、会議の多数派と教皇の間に対立が生じた。教皇エウゲニウス4世は穏健派である少数派と共にフェララ、次いでフィレンツェに公会議の場を移そうとした（**フェララ・フィレンツェ公会議**、1438〜1439年）。他方、多数派がこれを拒んでバーゼルに留まったため、公会議が分裂するという事態に立ちいたった。多数派は対抗策としてフェリクス5世を独自に教皇として擁立したが、やがて公会議と利害関係の対立した世俗君主たちからの支持も失い、結局、1449年に会議は解散に追いこまれた。

バーゼル公会議の挫折は公会議主義の失敗を意味していた。そしてそれは教皇を中心とする体制がふたたび力を得ることにつながっていった。教皇**ピウス2世**（在位1458〜1464年）は1460年に発した大回勅「**エクセラビリス**」（おぞましく）において、聖俗いずれの存在であっても、教皇を差しお

いて公会議に控訴するような行為は誤謬であり、破門宣告を受ける対象となることを宣言した。すなわち、「係争点の内容ではなく、最終・最高の意思決定機関として公会議の権威を教皇よりも上に置くこと自体が、異端および不敬の罪を構成する」（荒井献・出村彰『総説キリスト教史1』309頁）とみなされることになったのである。

　このようにして公会議主義を葬ることによって教皇は勝利したかに見えた。しかし実際にはアヴィニョン捕囚から教会大分裂の時代を経て、すでに教皇の権威は回復しがたいまでに傷ついてしまっていた。そして教皇庁とカトリック教会の改革という問題もまた次の時代に持ち越されることとなったのである。

〔ルネサンス教皇の時代〕

　15世紀半ば以降、教皇はイタリア中部の教皇領を領有する地域的な支配者という様相を色濃く帯びるようになった。教皇は隣接するイタリアの諸侯、フランスや神聖ローマ帝国などの国々の君主と対等な位置に立って、政治的に、また時には軍事的に、それらの支配者たちと渡りあう世俗的存在となっていった。G・バラクロウによれば、それが意味することは次の2点にまとめられるという。すなわち、「第一に、イタリア政策に専念したことにより、教皇権はその普遍性を主張する権利と普遍的な地位を失った。事実、教皇権はキリスト教世界のかしらではなくなり、その代わりイタリア諸勢力の一つとなり、また広くそのようにみなされた。」「第二に、教皇たちみずからがその性格を変えた。良くて軍人、悪ければ暴君で、行状のせいで醜聞が立ったのは一人にとどまらなかった」という（『中世教皇史』325〜327頁）。

　とりわけ15世紀末から16世紀前半にかけては**ルネサンス教皇**と呼ばれた問題の多い教皇たちが登場した。周知のように、14世紀の**ルネサンス**とは古代のギリシア・ローマ文化の「再生」をめざした運動であり、まずフィ

レンツェ、ローマ、ミラノ、ナポリといったイタリアの諸都市における芸術文化として花開くことになった。その背景としては、12世紀以来の文化的伝統、地中海貿易と関連する東方世界からの刺激（とりわけビザンツ帝国滅亡以降、多くの文化人が西方に移住してきたこと）など、さまざまな要因が存在していた。

ルネサンス教皇という表現は、このルネサンス期に登場し、先述した世俗的な君主のような存在として行動し、時には贅沢にふけり、また時には芸術や学問を振興させるパトロンとして振る舞った教皇たちを指している。教皇ニコラウス5世（在位1447〜1455年）の時代は教皇庁におけるルネサンス文化受容の画期となった時代として知られており、人文主義者の著作や古典作品の蔵書が増加し、教会建築にも新しい美術が取り入れられるようになった。また教皇ピウス2世はみずからも人文主義者として知られ、考古学に関心を寄せた人物であった。

こうしたルネサンス教皇たちの中でもとりわけ悪名の高い人物として知られているのが、多額の贈賄によってその地位に就いたとされるボルジア家出身の**アレクサンデル6世**（在位1492〜1503年）であり、またなによりも戦争を好みみずから兵を率いてイタリア諸都市に侵攻した**ユリウス2世**（在位1503〜1513年）である。アレクサンデル6世には4人の子どもがおり（このこと自体も妻帯を禁じられているはずの教皇の堕落を示す事実であった）、その息子のひとりが**マキアヴェリ**（1469〜1527年）の『**君主論**』（1532年）のモデルとなったといわれる**チェーザレ・ボルジア**（1475〜1507年）である。彼は権謀術数を尽くして父である教皇の政治権力を支えたと伝えられている。またユリウス2世は諸外国との同盟、教会会議、さらに軍事的行動を通じて教皇領の拡大に辣腕を振るった。人文主義者のエラスムスはこの教皇を批判する寓意的な作品（『天国から締め出されたローマ法王の話』）を著し、その中で天国の鍵を預かる聖ペトロが「お前はキリストの代理者ではなく、（ローマの）ユリウス・カエサルの後継者に違いない」と断罪する場面を描

コラム㊷～ルネサンス教皇とミケランジェロ

「悪名高いルネサンス教皇たち」とはいえ、結果的に見ると、彼らが庇護した芸術家たちの中には今日にまで残る優れた作品を残した多くの人々が存在する。この時代の芸術家たちは職人として注文主である教皇の要求に沿って仕事をこなした。教皇シクストゥス４世の時代にはギルランダイオ、ボッティチェリ、サンガッロなどがローマで活動し、**ミケランジェロ・ブオナーロティ**（1476～1564年）もそのひとりであった。ミケランジェロは教皇の名に由来するシスティナ礼拝堂の天井画として旧約聖書に記された**「天地創造」**を描くことを求められ、1508年から1512年にかけて制作に従事した。さらにそれから20年あまり後、教皇クレメンス７世（在位1523～1534年）はミケランジェロに同じくシスティナ礼拝堂の祭壇画の作成を命じ、1535年からおよそ５年間をかけて大作**「最後の審判」**が生み出された。ミケランジェロの代表作とされるこの作品の中では、その中心に世界と歴史の裁き主であるイエス・キリストが位置し、その周囲に天国へ導かれる人々や地獄へ転落する人々など、およそ四百人の群像が描かれている。奇しくもミケランジェロがこの２つの作品を描いていたのと同じ時期に、カトリック教会と教皇はプロテスタントの宗教改革者たちからの挑戦を受ける事態に立ちいたっていたのである。

いている。

　概して歴代の教皇庁では親族や知人、同郷人を優遇する**縁故主義**（ネポティズム）が浸透していたが、この時代の教皇庁では教皇の交替に伴って生じるそうした慣習が動乱の大きな原因ともなった。たとえばフランシスコ会出身の修道士で学者でもあったシクストゥス４世（在位1471～1484年）はその一門で側近を固め、フィレンツェの有力者メディチ家を排斥しようとした。またユリウス２世もボルジア家の支援で教皇に即位しながら、後にボルジア家と対立して縁故主義に走った人物であった。

　ユリウス２世の後継者となった教皇がレオ10世（在位1513～1521年）であった。この人物はメディチ家出身で、高度な教養は備えていたものの、

優柔不断で贅沢と放逸に明け暮れたといわれる。このレオの時代にドイツ
ではルターが宗教改革の火蓋を切ったのだが、レオはまだその重大性に気
づくことがなかった。

〔第12章の主な参考文献〕

神崎忠昭『ヨーロッパの中世』（慶應義塾大学出版会、2015年）

B・シンメルペニッヒ『ローマ教皇庁の歴史』（刀水書房、2017年）

田上雅徳『入門講義　キリスト教と政治』（慶應義塾大学出版会、2015年）

出村彰『中世キリスト教の歴史』（日本基督教団出版局、2005年）

G・バラクロウ『中世教皇史』（八坂書房、2012年）

堀越孝一『中世ヨーロッパの歴史』（講談社学術文庫、2006年）

堀米庸三『正統と異端』（中公新書、1964年）

H・デンツィンガー編『カトリック教会文書資料集』（エンデルレ書店、1974年）

ヨーロッパ中世史研究会編『西洋中世史料集』（東京大学出版会、2000年）

第13章　宗教改革の先駆者たち

　中世後期の教会改革を求める運動は、ヨーロッパ各地におけるカトリック教
会への批判、さらには各国のナショナリズムと結びついた社会的運動を引き起
こした。その典型的な事例がイングランドのウィクリフとボヘミアのヤン・フ
スに象徴される運動である。16世紀の宗教改革の先駆とされるこれらの運動に
ついて、その背景、思想、そして具体的な展開について概説する。

（1）教会の改革と世俗権力

〔中世後期の教会の状況〕

　前章で述べたように、中世後期は、教皇庁の大分裂（シスマ）、その後の
公会議主義の挫折、さらに教皇を含む高位聖職者の不品行や特権の享受な
どによって教会の権威が大きく失墜した時代であった。他方、それはまた
宗教的意識の高まりを経験した信徒の間にこうした教会の現状への批判が
広まっていった時代でもあった。

　中世末期の教会や修道院において、司教や修道院長などの高位聖職者の
地位は多くが貴族の出身者によって占められていた。そこではかねてから
問題となっていた聖職売買や聖職者の私婚制に加えて、親類縁者や一門を
引き立てる縁故主義がはびこり、道徳的問題や不品行などで批判される聖
職者たちも後を絶たなかった。また司教や司祭の中には複数の司教区や教
会の役職を兼ね、複数の収入（聖職禄）を手にするような者もいた。

　世俗の領主や有力者が教会や修道院を庇護するという名目で介入し、そ
の財産や人事権を掌握するというケースも頻発した。とりわけドイツでは
高位聖職者が領主として地域を支配していたので、その地位は有力貴族た
ちにねらわれるものとなった。その際、聖職者としての自覚や資質などは
もとより問題にならなかった。たとえば、世俗の人物が司教に選ばれた後

に聖職者としての任職を受け、その後、30年近くに及ぶ在職期間中にただの一度も説教を行わなかったという事例も伝えられている。

　聖職者をめぐる問題の中には、ある教会の司祭に任じられながら、任地に赴かないまま、聖職禄だけを受けとるという、いわゆる**不在司祭**の問題も含まれていた。こうした傾向は中世後期、とりわけ14、15世紀に顕著となり、地域によってはその四分の一ないし三分の一の教会がこうした不在司祭であったという。はなはだしい例のひとつとして、「ジュネーブ司教区において、一四一〇年には三一パーセントだった不在司祭の割合は、一四四〇年には四三パーセントに増加した」という（印出忠夫『15のテーマで学ぶ中世ヨーロッパ史』第3章、67頁）。不在司祭は代理の司祭や助祭を現地に送ってミサや司牧にあたらせた。こうした代理司祭の能力や働きがどのようなものであったにせよ、その収入が限られたものであったことは明らかであり、彼らは聖職禄以外のさまざまな謝礼金（洗礼や結婚式、葬儀などを行う際に支払われた、いわゆる「聖式謝礼」）などに頼って生計を立てていたと考えられる。松本宣郎は、「中世後期は、聖職禄を得てエリートコースを歩

コラム㊸〜不在司祭と聖職禄の問題

　本文で取りあげた不在司祭と聖職禄の問題の背後には、中世後期に急速に増加しつつあった大学で学ぶ聖職者の学資や生活費の確保という事情も横たわっていたという。「アヴィニョン教皇時代には、聖俗の有力者や大学がそれぞれ配下の人材の名簿を教皇庁に提出し（聖職禄希望者名簿）、この申請に基づいて聖職禄が配分されるというシステムが発生した。」（松本宣郎『キリスト教の歴史1』191頁）このようにして知識人聖職者としてキャリアを積み、教会内の重要なポストに上り詰めるというエリート的な出世コースが生まれてきた。しかし当時の一般の人々からすれば、自分たちの収める宗教税がその土地の信徒のために働くわけでもない人間（不在司祭）のもとに送られるのは納得のいかないことであったにちがいない。

む聖職者と、地域で一生を終える聖職者とのあいだに階層分化が生じた時代であった」(『キリスト教の歴史１』192頁) と述べている。

インノケンティウス３世の時代に開かれた第４回ラテラノ公会議では、司祭の養成と監督に関する諸制度が提案されたが、そのひとつである司教による司教区の巡察が本格的に行われるようになったのはようやく14世紀後半以降のことであった。ただし地域の司祭たちの中にはミサの手引書や説教範例集を学んだり信徒の司牧に熱心に尽くした人々もいたことは覚えておかねばならない。

社会制度的な面でいうと、教会は人々に宗教税を課したばかりでなく、教会に与えられた免税特権のもとで穀物やブドウ酒などの農産物を販売したり、金融や土地売買などにおいて有利な経済活動を行うことができた。さらに教会は宗教裁判による罰金や手数料などを人々から徴収した。こうした特権に守られた教会の諸活動もまた農民や商人などを含む世俗の人々の批判や不満の対象となっていった。

〔教会改革の担い手としての世俗権力〜フランスとスペイン〕

このような中世後期の現実のもとで、教会改革という積年の課題は手がつけられることなく放置されていた。教皇庁の混乱や公会議主義の挫折は、もはや教会改革の担い手として教会の主体性には期待できないという雰囲気を広めることとなった。その結果、国王や領主といった世俗の権力者たちに教会改革の期待が寄せられることとなったのである。

すでに述べたようにこの時代は一方において、ヨーロッパ各地において地域的なまとまりを持った主権国家が形成され、また人々の間にナショナリズムの風潮が生まれつつあった時代であった。教会や教皇に対する批判はこうした時代の潮流と結びつき、それぞれの地域ごとの教会、あるいは国民教会というべきものを形成する推進力として作用するようになっていった。このことは後述するイングランドにおけるウィクリフやボヘミア

におけるフスの事例において明らかであり、さらには16世紀の各地の宗教改革者たちの間にもみられる共通の背景である。ここではそうしたもの以外の事例としてフランスとスペインにおける教会と国家の関係について概観しておこう。

　フランスでは、大分裂の時代以降、教皇庁と一線を画した国民教会的な性格の強い教会が形成されていった。そして王権の伸張に伴い、教会改革の役割を国王に求めようとする機運も高まっていった。大きな転機となったのは、教皇庁の分裂を収拾するに際して、フランスの聖職者団とパリ大学が、討論の結果、教皇自身には問題解決の能力はないと判断し、アヴィニョン教皇庁への支持と服従を撤回したことであった。1398年には国王が教会の保護者であり、聖職者への課税権や人事権も国王に属することが宣言された。

　その後の公会議運動の時期を経て、こうした傾向はますます強まっていった。1438年に国王とフランスの教会は、公会議が教皇の上位にあることを認め、教皇の人事権・課税権・裁判権を否定して、その権利を制限することを決議した。

　大分裂が収束した後、1516年にフランス王**フランソワ１世**（在位1515〜1547年）と教皇レオ10世は新たに政教条約を結び、両者の関係は正常化した。しかし教皇はそこでフランス王に国内の司教の指名権を認めるという大幅な譲歩を行った。こうしてフランスの教会は実質的に国王を中心とする教会となり、17世紀のルイ14世の時代にこうした**ガリカニズム**（ガリア主義）が頂点を迎えることになったのである。神崎忠昭によれば、「フランス王は、ドイツでは宗教改革後でなければ君公が得られなかった権限を手にした。ある意味で、フランスでは宗教改革が必要なかったのである」（『ヨーロッパの中世』337頁）と述べている。

　スペインの場合も、国家の統一と国王の権力のもとに独自の教会の形成と改革が行われた。

コラム㊹〜ガリカニズムとウルトラモンタニズム

　フランスのカトリック教会には伝統的にガリカニズム（ガリア主義）とウルトラモンタニズムと呼ばれる正反対の傾向が存在する。**ガリカニズム**は教皇の権威から自立した教会のあり方を求める傾向を指し、またナショナリズムと結びついた国教会的なあり方を意味する場合もある。1682年にフランス聖職者会議が発表した「ガリア４箇条」は、教皇の権威は世俗のことがらには及ばないことや教皇に対する公会議の優位などを宣言し、中世以来のフランスの教会の伝統的特権を再確認した。これに対して17〜18世紀には**ウルトラモンタニズム**（字義的には「山〔アルプスを指す〕の向こう主義」）と呼ばれる教皇の至上性を尊重する立場がフランスの教会の一部に生まれ、ガリカニズムと対立することになった。

　1479年、カステーリャ女王**イサベル**（在位1474〜1504年）とアラゴン王フェルナンド２世（在位1479〜1516年）の結婚によって、同君連合として**スペイン王国**（イスパニア王国、カスティーリャ＝アラゴン連合王国）が誕生した。この時代はイベリア半島からイスラム勢力を駆逐するための国土回復運動（レコンキスタ）が最終局面に入った時期であると同時に、新大陸の発見と海外植民地の獲得によってスペインが世界的な強大国家への道をたどりはじめた時代でもあった。

　イサベルは個人的にも熱心なカトリックであり、王に即位した後、彼女の聴罪司祭であり、後に枢機卿になったフランシスコ会修道士**ヒメネス・デ・シスネロス**（1436〜1517年）を大司教に任命し、徹底した教会改革を遂行した。当時のカスティーリャでは、大領主でもあった大司教は世俗のことがらに没頭し、司祭は無教養で十分な司牧を行うことが適わず、教会も修道院も堕落した状態にあった。イサベルは教皇から高位聖職者の任命権を譲り受けると共に修道院に対する刷新と改善に乗り出し、反抗する者に対しては厳罰をもって臨んだ。イサベルとヒメネスは学識ある指導者を養成するために学問を奨励し、**アルカラ大学**を設立した。この大学からロ

ヨラに代表される優れた宗教指導者たちが生まれることになった。

　さらにイサベルはスペインにおける異端審問所を王の権威のもとに置く権利を教皇から獲得し、ドミニコ会士**トマス・デ・トルケマダ**（1420〜1498年）をその長に任命した。異端審問制度は強力な政治的武器となり、異教徒や異端ばかりでなく反逆者に対する弾圧機関として多くの人々が投獄、拷問、火刑の犠牲となった。トルケマダはとりわけユダヤ人に対して厳格な取り扱いを行った。彼はすべてのユダヤ人に対して洗礼を受けるかスペインから立ち去るかを強要し、1492年には10万人ともいわれるユダヤ人が国外に追放された。奇しくもその年はイベリア半島に最後まで残っていたイスラム国家の都市グラナダが陥落し、およそ八百年に及んだ国土回復運動（レコンキスタ）が終結した年であり、教皇アレクサンデル６世はこれを記念してイサベルとフェルナンドに**「カトリック両王」**という称号を与えている。さらにまたこの年はイサベルの援助によって**コロンブス**（1451？〜

コラム㊺〜ヒメネスの『多国語訳聖書』

　スペインのカトリック改革の指導者であったヒメネスの最大の貢献のひとつが**『コンプルトゥム多国語訳聖書』**である（「コンプルトゥム」は「アルカラ」のラテン語名）。ヒメネスは10年の歳月をかけて、ラテン語、ギリシア語、ヘブライ語、アラム語など６つの言語によるさまざまな写本を集め、当時のもっとも優れた言語学者たちに命じて多言語による対訳聖書（全６巻／旧約と新約を含む）とその解説を完成させた。この本は1520年に出版され、聖書学の発展に大きく寄与した。後に聖書原典から初めての英語訳を行ったウィリアム・ティンダルは、旧約聖書の底本としてこの多言語訳聖書を用いたという。ヒメネスは「この聖書は私たちの信仰の聖なる源を開くことになるであろう」と語ったと伝えられるが、ゴンサレスは「もし教会の伝承に対する聖書の優位性を明確に認めるこうした発言を数年後にしていたなら、彼は「ルター派の異端」と糾弾されていたことであろう」と述べている（『キリスト教史（下）』117頁）。

1506年）が新大陸を発見した年でもあった。

　イサベルとヒメネスがルターよりもはるか以前から教会の改革に取り組んだ人物であったことは事実である。改革の熱意は高かったが、それはあくまでも道徳と習慣の改革にとどまっており、カトリック教会の教理面の改革にまでは及ばなかった。ゴンサレスによれば、「カトリック宗教改革者たちは、厳格さと献身と学識によって教会をきよめようとしただけではなく、伝統的な教義の熱烈な擁護者であった。このようにカトリック宗教改革の聖人や賢人たちはみな、イサベルも含めて、純粋で信仰熱心であり、そして不寛容であった。」（『キリスト教史（下）』118頁／傍点は筆者）

（2）ウィクリフとロラード派

〔ジョン・ウィクリフとイングランド〕

　宗教改革の先駆者とされるウィクリフやフスが異端として断罪されたのは、カトリック教会が直面していた組織・制度の問題や聖職者の倫理的腐敗といった問題を攻撃したからだけではなく、キリスト教の本質に関わる教義や教会の権威そのものを否定したからであった。この点において、彼らの改革は、それ以前に登場した異端（カタリ派やワルドー派）や托鉢修道会、また公会議主義者やスペインの改革者たちとは根本的に性質を異にしていた。それはカトリックの存在そのものを揺るがす根源的なチャレンジだったのである。この点について、出村彰は、「仮に中世盛期のカタリ派やワルドー派の異端性を「後向き」、すなわち中世キリスト教の深化・徹底を、しかも同時代の基準を越えてまで図った点に求めるとすれば、ウィクリフあるいはフスの異端性は、次の時代を指し示し、あるいは予感・予測させるにたるという意味で、「前向き」だったと言えないことはない。（中略）宗教改革の「先駆者」と呼ばれる所以である。「福音主義的異端」の呼び名をもってする研究者がいるのも、理由なしとしない」（『宗教改革著作集

1』「解題」246頁）と述べている。

　ジョン・ウィクリフ（1335？〜1384年）はイングランドのヨークシャーで生まれ、オクスフォード大学で神学を学んだ。1371年頃から同大学で教え始め、一流のスコラ学者として知られるようになった。ウィクリフはその生涯の大半を政治権力の庇護のもとで過ごすことができたが、その背後には、彼が成長を遂げつつあるイングランドの王権を終始支持し、教会に対する俗権の優越を国益に沿ったかたちで理論的に弁証したという事情が横たわっている。

　彼の生きた時代は、国内的には農奴を基盤とする封建制が黒死病の流行などによる労働力の不足によって揺らぎをみせ、さらに農民の権利主張や暴動によって社会の構造と人々の意識が大きく変化しはじめた時代であった。また国際的にはアヴィニョン捕囚の時代から教皇庁の大分裂（シスマ）にいたる時代であり、イングランドの教会が大陸のカトリック教会から比較的自由かつ自立的な状況のもとにあった時代であった。

　イングランドとフランスとの間には百年戦争がつづいていたが、このことは14世紀後半のイングランドにおいてカトリック教会に対する反発を高める要因となった。なぜなら、当時、教皇庁はアヴィニョンにあってフランスの影響下に置かれていたために、イングランドの宗教税が回りまわって敵国フランスを利するものになっていると指摘されていたからである。また外国人の聖職者が不在のままイングランド国内に多くの聖職禄を保有することも国益の損失として非難の対象となった。さらにこの頃には俗語で書かれた多くの宗教的文書が出回るようになり、一般民衆の間にも教会の問題に対する批判的な意識が高まっていった。甚野尚志は、「いずれにせよ十四世紀後半には、社会の上層、下層を問わず、イングランドではすべての社会層のあいだで教会批判のうねりが起きていた」のであり、「その運動を理念的に導いたのがウィクリフである」（『中世の異端者たち』71頁）と述べている。

　E・ロバートソンは、ウィクリフの歴史的重要性はたんにキリスト教に
おける福音的改革者というばかりでなく、イングランドの政治と民主主義
の潮流に大きな影響を及ぼした点にあると主張する。まず宗教的側面に関
していえば、ウィクリフの貢献は、中世的なキリスト教理解に対する包括
的批判を行ったこと、キリスト教の権威の源泉としての聖書の強調、さら
にその聖書をすべての人が理解できる言語に翻訳しようと試みたことにあ
るという。次に政治と民主主義についていえば、ウィクリフの主張は17世
紀のイングランドにおける市民革命、さらに近現代における男女の参政権
獲得運動、労働組合や労働党の結成にまで影響を及ぼすことになったと記
している（『ウィクリフ』11頁参照）。

〔ウィクリフの実在論と聖書主義〕
　ウィクリフの神学思想は**実在論**と呼ばれる立場に立つものであった。こ
の主張は**唯名論**と対立するもので、これらの２つの立場は存在と認識に関
する議論において中世を通じて重要な位置を占めてきたものである。
　実在論によれば、真に実在するものとは、私たち人間が感覚的経験的に
把握しうる個別の存在ではなく、それらを超越する普遍的実在のみである
とする。他方、これとは逆に、唯名論は普遍的実在という理念を否定し、
私たちが知りうる実在とは感覚的経験的に把握しうる個別の存在のみであ
るという。これを「教会」の理解にあてはめるなら、実在論では「地上の
個々の具体的な教会を超越した唯一の不可視の天的な教会」こそが真の教
会であるのに対して、唯名論ではこれと正反対に「個々の具体的な教会と
いう組織や制度」が教会であることになる。
　こうした理解を敷衍していくと、実在論によれば、カトリック教会とか
教皇といった地上における個別の存在は真の実在ではありえない。換言す
れば、それらは絶対的な権威や真理ではなく、あくまで相対的なものにす
ぎない。そうであるとすればカトリックや教皇が主張する教理や宣言も絶

対性を失い、ミサやサクラメントもその絶対性を失う。すなわち、「カトリック教会こそ人々を救いに導く唯一の機関・制度・組織である」という主張は否定されることになる。さらにいえば、現実の教皇たちの反倫理的・反道徳的なふるまいを見るならば、それはむしろ「反キリスト」というべきものであって、とうてい「キリストの代理人」ではありえない。ウィクリフはこのような実在論的な立場と主張に立ってカトリック教会や教皇の権威を否定した。

　さてしかし、それでは教皇やカトリック教会といった伝統的な権威に代わるキリスト教のもっとも重要な権威、すなわちキリスト教の真理を問う最終的な判断基準となるものはいったいなんであろうか。ウィクリフによれば、それこそがまさしく聖書であるという。1378年に書かれた『聖書の権威について』という論文の中で、彼は教皇や神学よりも、聖書そのものに絶対的な権威を認める立場を明らかにしている。こうした**聖書主義**は明らかに16世紀の宗教改革者たちの主張を先取りしたものであった。ウィクリフはすべてのキリスト教徒は聖書に基づいて判断をくだすべきであり、また信仰の領域に関するかぎり教会に属する人々はすべて対等な存在であると主張した。

　ウィクリフの主張する聖書主義は必然的にすべての人々が聖書を手にし、読み、理解することを希求する方向に向かうことになった。こうして聖書の母国語訳、すなわち英語訳が試みられることになったのである。

　ウィクリフ以前にも詩編の一部などが英語に訳されていたといわれるが、実際にはそうしたものはほとんど用いられていなかった。E・ロバートソンによれば、中世の教会では司祭だけが聖書を理解できると考えられており、そうした特権的な能力は任職の際に与えられる神の恩恵に由来するとみなされていたという。したがって、「一般信徒や学のない聖職者が個人的に聖書を読むことは、えてして異端的になりやすい」とされ、聖書の翻訳にも反対が唱えられ、「母語の聖書を所有すること自体が異端の証拠」

とみなされたというのである（『ウィクリフ』73〜74頁）。

　ウィクリフは優れたラテン語学者だったが、残念ながら聖書の原語であるヘブライ語やギリシア語の知識は持ちあわせていなかった。そこで彼は中世のカトリック教会において公式に認められていたラテン語訳聖書（ウルガタ）を主体に、古代の教父の文書を参照しつつ、聖書を英語に翻訳する事業を進めていった。ウィクリフがこうした試みを始めたのはおそらく1380年前後であったと考えられている。聖書翻訳はウィクリフだけでなく同僚の学者や学生の協力のもとで進められていった。新約聖書の英語訳は1384年に完成したが、それはウィクリフの死後のことであった。この翻訳は次々に写本され、現在も二百以上の手書き写本が残されているという。ウィクリフの聖書は、後に**ウィリアム・ティンダル**（1494？〜1536年）によって聖書原典から直訳された英語訳聖書がもたらされるまで、最良の英語聖書としての役割を果たすことになった。

〔ウィクリフと神学論争〕

　ウィクリフによれば、神こそがあらゆるものの支配者であり所有者であ

コラム㊻〜ウィクリフと英語訳聖書の普及活動

　ウィクリフは英語訳聖書を作っただけでなく、それを人々に広めるために説教者を養成し、各地に派遣した。「彼らは自分たちを「貧しい司祭たち」、「説教する貧しい司祭たち」、「無学で素朴な者たち」などと称したが、ちょうどワルドー派や初期フランシスコ会修道士らのように使徒的清貧を実践、裸足で長衣をまとい、手には杖を持ち、二人ずつ巡回説教の途に出た。彼らは聴く耳を見いだすかぎりで、路上でも、田園でも、時には教会堂でも、聖書、特に福音書や使徒書簡の一節を読み聞かせ、これを講解する形で民衆に語りかけた。ウィクリフ自身もその手引きとして多くの小説教や宗教文書を執筆し、これを流布させた。」（出村彰『宗教改革著作集１』「解題」253頁）

る。そして神はその主権や権能の一部を聖職者や俗界の人間に付与したのであり、それらの人々が託された権限を正しく行使することを求めておられると主張する。地上における合法的な支配権はすべて神に由来するものであって、それは統治者自身のためではなく、統治される人々の益になるように用いられねばならない。ただしそうした神による主権や権能の付与は恒久的なものでもなければ無制限のものでもない。働きを託された者がその任にふさわしくない場合には、世俗の支配者であろうと教会の指導者であろうと、その権限は取りあげられるとウィクリフは考えた。

さてしかし、現実の教会は神に託された主権や権能を正しく行使することができず、みずからのために膨大な資産を蓄積し、その結果、腐敗や堕落に陥ってしまった。ウィクリフによれば、「教会の主たる病原は高位聖職者や修道士や司祭たちの所有する強大な富にある」という。彼はそうした教会の腐敗の原因を古代のコンスタンティヌス皇帝の時代にまでさかのぼって糾弾する。「大帝が教皇にこの世の財産を与えたので、教会に「毒が注入された」のである。」（E・ロバートソン『ウィクリフ』27～29頁）

問題を解決するためには教会からこうした「毒」が取りのぞかれねばならない。しかしもはやそれを教会自身に期待することはできない。そうであるとすれば、教会の財産を取りあげ、もろもろの弊害をただし、聖職者や修道士を本来の姿へ立ち返らせる役割は国王のなすべきことがらであり、神が王にその権限を付与されるとウィクリフは主張する。このように教会財産の没収を訴えるウィクリフの呼びかけは、世俗の支配者たちばかりでなく、過重な税に苦しむ一般の人々からも支持された。

他方、教皇とカトリック教会は当然ながらこうしたウィクリフの主張を絶対に認めようとしなかった。イングランド国内の高位聖職者たちはウィクリフを激しく非難した。1377年2月、ロンドン司教はウィクリフを召喚して異端的とみなされる彼の諸説を断罪しようとしたが、その場に貴族や民衆が介入して騒動が生じたため、結論が出ないまま終わってしまった。

同年、教皇グレゴリウス11世（在位1370〜1378年）もウィクリフの誤りを18箇条にわたって列挙し、彼の逮捕と異端審問を要求したが、これも実現するにはいたらなかった。

　ウィクリフをめぐる論争で大きな転機となったのは、1379年に著した『聖餐について』という論文の中で、彼がカトリックの聖餐理解を批判したことであった。カトリック教会は、1215年の第4回ラテラノ公会議において、司祭が執り行うミサにおいてパンとブドウ酒の実体はキリストの身体と血に変わるという実体変化説（化体説）を公式の教義として定めていた。ウィクリフはキリストの体がパンの中に神秘的なかたちで現存することを認めたが、同時にパンの実体もそのまま残ると主張した。これによってウィクリフは実体変化説を否定したとみなされ、異端視されたのである。

　出村彰によれば、「実体変化説の否定は単なる神学論議に留まらない。それはパンと葡萄酒を聖別し、これをキリストの体と血に「変える」権能を専有する聖職者の権威までも揺るがす結果を招く」ことになる（『宗教改革著作集1』「解題」251〜252頁）。すなわちウィクリフの主張はここでもカトリック教会を支える土台のひとつである聖職者の制度（職制）に対する攻撃を含んでいたわけである。いずれにしても、この聖餐論争の結果、多くの人々がウィクリフを異端として糾弾するようになった。

　さらに1381年に起こった**ワット・タイラーの乱**もウィクリフに不利な結果をもたらした。これは百年戦争による財政危機に対処するため国王リチャード2世（在位1377〜1399年）が人頭税を課したことがきっかけとなって生じた大規模な農民一揆であった。反乱軍は6月にロンドンを占拠し、国王は農奴制撤廃などの農民の要求を認めたが、指導者であるワット・タイラー（？〜1381年）の暗殺を機に国王軍が勢いを盛り返し、一揆は失敗に終わった。ところが、その後、首謀者のひとりだったジョン・ボール（1338？〜1381年）がウィクリフの影響をうけたと自白したために、ウィクリフは一揆の扇動者とみなされ、国王や貴族からの支持を失うことになっ

た。オクスフォード大学も彼をかばいきれなくなり、1382年、ウィクリフはその職を免じられて、ラターワースという地に退き隠遁生活に入ったが、2年後に脳卒中で死去した。

ウィクリフは彼の死後に開催されたコンスタンツ公会議において異端と宣告された。1428年に彼の遺体は掘り起こされて焼かれ、その遺灰は近くの川に投げ捨てられた。

〔ウィクリフの影響とロラード派〕

ウィクリフの弟子たちは、彼の生存中から**ロラード派**と呼ばれていた。「ロラード」の由来は中世オランダ語の「ロレン」（「ぶつぶつ言う」）であるとか「毒麦」を意味するラテン語の「ロリウム」であるとかいわれるが、さだかではない。初期のロラード派の中には教会に批判的な大貴族も含まれており、社会的に大きな力をもっていた。

ロラード派の人々はウィクリフの思想を広めるために、民衆の間で説教活動や秘密集会を行った。聖書を共に読むための小グループが数多く作られ、自分では文字を読めない人々も英語で読まれる聖書の言葉を聞いて理解することができたという。しかしこうしたグループへの参加は危険が伴い、時には私刑の対象にさえなった。1395年、ロラード派は従来守られてきたさまざまな宗教的制度や慣習の廃止を求める請願を議会に提出した。その中には、聖職者の独身主義、ミサにおける実体変化説、死者のための祈り、聖像への献げ物、司祭への秘密の告解などが含まれていた。ロラード派はこれらのものは魔術的な迷信にすぎないと主張したのである。

これに対してカトリックの司教たちは国王を動かして、ロラード派に反撃した。その結果、国王ヘンリー4世（在位1399〜1413年）は、1401年に「異端者火刑法」を公布し、多くのロラード派の人々が異端として摘発された。この後、ロラード派は地下運動に変化していき、その構成員は下層の人々が多数を占めるようになっていった。やがてロラード派は宗教的の

みならず社会的政治的な運動としての性格を強め、都市の手工業者などを巻きこみながら、しばしば民衆蜂起を起こすようになった。ヘンリー5世（在位1413〜1422年）の時代にはロラード派による全国規模の反乱が発生したが、1417年に首謀者であるジョン・オールドカースルが逮捕・処刑されたことによって、イングランドにおけるこの運動は鎮圧された。しかしロラード派の一部はその後も細々と存続し、16世紀の宗教改革運動に合流することになった。

（3）ヤン・フスとフス派

〔ヤン・フスとボヘミア〕

　ヤン・フス（1371？〜1415年）はボヘミア南部のフシネツという村に生まれた（「フス」の名はこの村の名に由来）。1390年にプラハ大学に入学し、神学博士号を取得した。1400年に聖職者として任職され、大学に残って教える一方、1402年からはプラハの市街地にあるベツレヘム礼拝堂の説教師の職に就いて、チェコ語による説教を行った。この会堂はその後のボヘミアにおける宗教改革の中心的な場となった。

　初期のフスは、公会議主義者たちと同じように、聖職者の腐敗や教会の諸問題の解決を求めていたにすぎなかった。そこにはボヘミアの民族的伝統とされる敬虔や倫理を重んじる宗教的霊性が働いていたといわれる。中村賢二郎によれば、「フスの思想において核心ともいうべき位置を占めるのは、敬虔とモラルの重視、「キリストに忠実に従うこと」、「使徒の生き方にならうこと」の強調である」（『宗教改革著作集1』「解題」262頁）という。

　一方、フスは学生時代からウィクリフの思想にふれ、大きな影響を受けていた。ボヘミア王**ヴァーツラフ4世**（在位1378〜1419年）の妹がイングランド王リチャード2世と結婚した関係で、プラハ大学から多くの学生がイングランドに留学していた。それらの学生がウィクリフの著作を持ち帰り、

彼の思想を紹介したのである。フスはウィクリフの主張をすべて受け入れたわけではなかったが、聖書主義や教皇の権威に関する議論、そして教会論などに関してはウィクリフと同様の立場をとるようになっていった。

　プラハ大学ではこうしたウィクリフの思想をめぐって問題が起こった。チェコ人たちはそれを受け入れて賛意を示したのに対して、ドイツ人たちは反対の立場に立ったのである。ボヘミア王国は神聖ローマ帝国の一部であったが、その領内にはドイツ人ばかりでなくフスのようなチェコ人などの諸民族が存在していた。かねてからプラハ大学にはドイツ系の教員・学生とチェコ系の教員・学生の間に確執が横たわっており、ウィクリフをめぐる論争を通じて両者の対立が顕在化することになったのである。

　1403年、ドイツ人教員の側からプラハ大司教にあてて、ウィクリフの諸説の中から45箇条に関して異端の疑いがあるという告発がなされた。大司教は大学にウィクリフの著作の引き渡しを求め、フスの友人でもあったウィクリフ支持者たちをローマに召喚するなどの措置をとった。しかし問題はそれでは収まらず、ドイツ人とチェコ人の対立はますます深まっていった。

　当初、フスはプラハ大司教ズビニェク・ザイーツ（在職1403〜1414年）の信頼を得て、両者は友好な関係を保っていた。しかし1408年に一部の聖職者がフスをウィクリフ主義者として訴えたことによってその関係は悪化していった。やがてフスがウィクリフ説の首謀者であるかのような雰囲気が生まれ、両者の間で教皇の権威をめぐる論争が交わされるということが起こった。

　1409年、フスはチェコ系の教師や学生団の支持によってプラハ大学の総長に選出されたが、このことによって教会側の疑念はいっそう深まることになった。ドイツ系の教師や学生はいっせいに大学を退去し、ライプチヒに自分たちの大学を設立した。彼らは学外からフスがウィクリフ主義者であると喧伝し、プラハが異端の巣窟となっていると攻撃した。こうした攻

撃はフスたちチェコ人に対する外部の印象を悪化させる結果を生んだ。

　大司教ズビニェクはピサ公会議で選出された第3の教皇であるアレクサンデル5世に向けて、ウィクリフの思想がボヘミアに広まっていることを訴え、これを禁圧するための措置を求めた。教皇の許可を得たズビニェクは、1410年、ウィクリフの全著作を異端とし、大学に対してそれを教会に引き渡すことを命じた。また大司教は特定の教会以外で説教を行うことを禁じる命令を出したが、これは実質的にフスの説教を禁じることを意図したものであった。フスはこの命令に従わず、説教を続けたが、この時点では国王ヴァーツラフ4世はフスたちの側に立っており民衆も彼を支持した。大学側も大司教から出された命令を拒否し、アレクサンデルの後継者となった教皇ヨハネス23世にこれらの命令を不当として訴えた。ズビニェクはこうした大学とフスたちの行動に激怒し、1411年にフスを破門に処し、同じくヨハネス23世にこの問題を訴えた。

　このような一連の対立を通して、フスは教皇の権威に対する批判を強めていった。彼は教皇の存在そのものは否定しなかったが、教皇としてふさわしくない者に対して、その権威を認めるべきか否かということを問題にした。フスは教皇であれ他の高位聖職者であれ、キリストの教えに忠実である限りにおいてのみ、その権威は認められると考えた。そしてウィクリフと同じく、フスもまた聖書を究極の権威とする聖書主義の立場をとるようになった。すなわち、「彼は、聖書が最終的権威であって、すべてのキリスト教徒と同様、教皇も聖書によって裁かれるべきであるいう結論を得た。聖書に従わない教皇には従うべきではない」（ゴンサレス『キリスト教史（上）』375頁）というのである。

〔コンスタンツ公会議とフスの死〕

　事態が急変したのは、1412年に贖宥状の販売をめぐって起こった問題であった。教皇ヨハネス23世はローマの対立教皇を支持していたナポリ王

国を軍事的に制圧しようとして、その軍資金を得るために贖宥状を販売することを決定した。大学側はこれについて沈黙を守ったが、フスと一部の友人たちは反対の声をあげた。贖宥状に対するフスの反対は、後にルターが主張したのと同様、悔悛の思いなしに罪の赦しはありえず、また罪の赦しには悔悛以上のものは必要ではないという主張に立つものであった。

しかし贖宥状への批判は多くの人々をフスから離反させる結果を生み、またこの時点で教皇の支持を必要としていたボヘミア国王を激怒させることになった。大学で行われた討論会においてフスの主張は学生たちの支持を得たが、ズビニェクの後継者となったプラハ大司教は大学の活動の自粛を求めた。神学部長は国王の意向に沿って、ウィクリフの説が異端であること、贖宥状の販売は正当であることを主張し、国王の顧問会もこれを支持した。

この時にフスを支持する市民の一部が贖宥状の販売者たちに暴行を働くという事件が発生した。市参事会はこれを厳しく罰し、事件に関わった3人を斬首した。人々は彼らの遺体をベツレヘム礼拝堂に運び、フスはこれらの犠牲者のためにミサを執り行った。その後、人々は抗議のデモを行った。こうした事態に対して教皇はフスをふたたび破門に処すると共に、プラハに対する聖務執行停止を命じた。1412年10月、やむなくフスは町を去り、ボヘミア南部に退いて彼の支持者であった貴族のもとに身を寄せて、著作活動を行った。彼の亡命生活は1年半にわたったが、フスの主著である『教会論』が書かれたのもこの時である。

フスをかくまった貴族たちは、国王に働きかけて、フス派と反フス派の代表による調停を試みたが不成功に終わった。この時に神聖ローマ帝国皇帝**ジギスムント**（在位1410～1437年）がコンスタンツにおいて公会議を開催することを呼びかけたのである。その主たる目的は教皇庁の大分裂の解決にあったが、それと共にフスの問題が取りあげられることになった。皇帝はフスに交通上の安全を含む身柄の保証を与え、公会議の場に彼を召喚し

た。

　フスは弁明の機会が与えられることを期待して、1414年10月、コンスタンツに向かった。しかし期待に反して、フスはまもなく拘留・投獄され、公会議の任命した３人の審査官によって審理が行われた。審理はフスの誤謬と罪状を一方的に非難するものであり、抗弁の機会はほとんど与えられなかった。公会議は再三にわたってフスに誤謬を認めるように求めたが、彼は聖書によって示されるのでなければ自説を取り消すことはしないと主張した。議場に引き出されたフスは、公正な審理を受けることができないことを悟り、「わたしは、全能で完全な義である唯一の裁き主、イエス・キリストに上訴する。彼の御手にわたしは自分の主張をゆだねる。彼こそが、偽証や誤った会議に基づいてではなく、真理と正義に基づいて、すべての人を裁く方だからである」と宣言したという（ゴンサレス、前掲書376頁）。

　1415年７月６日、フスは異端として火刑を宣告された。刑ははただちに執行され、遺灰はライン川に流された。

〔フスの影響とフス戦争〕

　フスの処刑はボヘミアの民衆を激怒させた。人々は公会議に激しく反発し、ふさわしくない教皇には従うべきではないことを決議した。ボヘミアの教会改革運動は民族運動と結びつき、改革者たちは**フス派**と呼ばれるようになった。

　当初、フス派は聖餐における**二種陪餐**（ミサにおいてパンとブドウ酒の両方を受けること）を要求したために、これが彼らの運動のシンボルとなった。カトリック教会では信徒はパンのみを拝領する**一種陪餐**が一般的だったからである。やがてフス派はウィクリフの主張につながるさまざまな改革を実践していった。たとえばミサを簡素化し、ラテン語ではなくチェコ語によって礼拝を行った。また聖職者の祭服や儀式で用いられる各種の祭具の簡素化、聖人崇敬の否定や聖像の撤去なども行われた。

　しかしカトリック教会がフス派を弾圧する方策をとるようになると、保守的な聖職者たちの多くはカトリックへ復帰していった。フス派の中にも複数の集団が生まれたが、一部の急進化した人々は1419年に南ボヘミアの山に集まり、教皇庁を批判しつつ示威行動を行った。この山は「タボル山」（聖書でキリストが変容したとされる山）と名づけられ、このグループは**タボル派**と呼ばれるようになった。

　1419年に国王ヴァーツラフが死去すると、その異母弟であった皇帝ジキスムントがボヘミアの王位を継承しようと乗り出してきた。翌年、ジキスムントはいわゆる**フス派十字軍**を派遣して、フス派の弾圧をはかった。この十字軍はその後5回にわたって行われたが、タボル派を中心とするフス派の反撃によってすべて撃退された。

　フス戦争と呼ばれるこの戦いは15年以上にわたってつづいたが、それは宗教戦争であると同時に、ドイツ人に対するチェコ人の自立を求める民族戦争という側面や農民の権利獲得を求める反封建闘争という側面も有していた。

　度重なる軍事的な失敗の結果、バーゼル公会議においてフス戦争を終結させるための話し合いが行われることになった。この間、フス派の諸集団の間に抗争が起こり、比較的穏健な立場をとった**ウトラキスト**（聖杯派、**プラハ派**）がタボル派を討って主導権を握った。1436年、カトリックはフス派に対してボヘミアにおける教会の自治を認め、「プラハの4箇条」として神の言葉を自由に宣べ伝える権利や二種陪餐の承認を含む条件を受け入れて和解を実現した。

　他方、カトリックへの復帰を容認しなかったタボル派の残党などは、ボヘミアのワルドー派などと結びつきながら、「一致兄弟団」と呼ばれる在俗の運動を展開していった。この集団は敬虔と禁欲を守りつつ、やがてモラヴィアにも広がって「モラヴィア兄弟団」となり、16世紀にはルターの改革と関わりを持ち、さらに18世紀にはJ・ウェスレーとメソジスト運動

にまでその影響を及ぼすこととなった。

〔第13章の主な参考文献〕

神崎忠昭『ヨーロッパの中世』(慶應義塾大学出版会、2015年)

佐藤優『宗教改革の物語』(角川書店、2014年)

甚野尚志『中世の異端者たち』(山川出版社、1996年)

出村彰『中世キリスト教の歴史』(日本基督教団出版局、2005年)

堀越孝一『中世ヨーロッパの歴史』(講談社学術文庫、2006年)

E・ロバートソン『ウィクリフ　宗教改革の暁の星』(新教出版社、2005年)

『宗教改革著作集1　宗教改革の先駆者たち』(教文館、2001年)

ヨーロッパ中世史研究会編『西洋中世史料集』(東京大学出版会、2000年)

参 考 文 献（通 史）

藤代泰三『キリスト教史』(講談社学術文庫、2017年)

荒井献・出村彰監修『総説　キリスト教史』(全3巻)(日本基督教団出版局、2006〜2007年)

石原謙『基督教史　増訂版』(岩波書店、1938年)

井上政己監訳『キリスト教2000年史』(いのちのことば社、2000年)

W・ウォーカー『キリスト教史』(全4巻)(ヨルダン社、1983〜1987年)

小田垣雅也『キリスト教の歴史』(講談社学術文庫、1995年)

菊池榮三・菊池伸二『キリスト教史』(教文館、2005年)

フスト・ゴンサレス『キリスト教史』(全2巻)(新教出版社、2002、2003年)

J・ダニエルー、他『キリスト教史』(全10巻)(平凡社、1996〜1997年)

土井健司、村上みか、他『1冊でわかるキリスト教史』(日本基督教団出版局、2018年)

中村敏『世界宣教の歴史』(いのちのことば社、2006年)

R・ベイントン『世界キリスト教史物語』(教文館、1981年)

D・ボッシュ『宣教のパラダイム転換』(全2巻)(新教出版社、1999、2001年)

松本宣郎他編『キリスト教の歴史』(全3巻)(山川出版社、2009、2013年)

K・S・ラトゥレット『キリスト教の歩み』(全2巻)(新教出版社、1968年)

C・リンドバーグ『キリスト教史』(教文館、2007年)

略年表～古代から中世まで

年　代	主な出来事
前63年	ローマ帝国、パレスチナを征服
前 4 年頃	イエス誕生
30年頃	イエス、十字架刑で処刑
58年頃	パウロ、エルサレムで逮捕（後にローマへ護送）
64年	ローマ大火、皇帝ネロがキリスト教徒迫害
66年	第 1 次ユダヤ戦争（〜 70年、エルサレム神殿破壊）
90年	ヤムニア会議（ヤブネ）
95年	ドミティアヌス帝による迫害（ローマと小アジア、〜 96年）
132年	第 2 次ユダヤ戦争（バル・コクバの乱）（〜 135年）
140年頃	ヴァレンティノス、ローマに移る（ 2 〜 3 世紀にグノーシス主義隆盛）
154年	マルキオン、ローマから追放
150年頃	モンタノス派の運動が拡大
155年頃	護教家ポリュカルポス、スミルナで殉教
250年	デキウス帝による迫害（〜 251年）
285年頃	アントニオス、砂漠で修道生活を始める
303年	ディオクレティアヌス帝による大迫害（〜 305年）
312年	ドナティスト運動の発生（〜 411年）
313年	コンスタンティヌス帝、「ミラノ勅令」（キリスト教公認）
320年頃	エジプトのパコミオス、共住の修道生活を開始
325年	第 1 回ニカイア公会議（アリウス派を異端と宣告）
330年	コンスタンティノポリス（ビザンティウム）へ遷都
374年頃	アンブロシウス、ミラノ司教となる
392年	テオドシウス帝、キリスト教以外の宗教を禁止（国教化）
395年	ローマ帝国、東西に分割
396年	アウグスティヌス、北アフリカ・ヒッポ司教となる
397年	カルタゴ公会議（新約聖書正典を確定）
398年	クリュソストモス、コンスタンティノポリスの大主教となる
404年頃	ヒエロニムス、「ウルガタ」（ラテン語訳聖書）を完成
411年	「自由意思」をめぐってペラギウス論争（〜 31年）
431年	エフェソ公会議（ネストリオス派を異端宣告、ペラギウス派を排斥）、
〃	ネストリオス派は東方伝道を開始
440年	レオ、ローマ教皇となる（〜 61年）
451年	カルケドン公会議（キリスト単性論を排斥、ニカイア信条を承認）
476年	西ローマ帝国滅亡
496年	フランク王クローヴィス（メロヴィング王朝）、カトリックに改宗
527年頃	ユスティニアヌス 1 世、ビザンチン帝国（東ローマ帝国）皇帝に即位
529年頃	ベネディクトゥス、モンテ・カッシーノに修道院創設
590年	グレゴリウス 1 世、ローマ教皇となる
596年	カンタベリーのアウグスティヌス、イングランドの伝道を開始
622年	イスラム暦元年（ムハンマド、メッカからメディナへ移る／ヒジュラ）
726年	東西教会の聖画像論争始まる（〜 843年）

年　代	主　な　出　来　事
732年	フランク王、トゥール・ポワティエ間の戦いでイスラム軍を撃退
754年	「ドイツの使徒」ボニファティウス、殉教
756年	フランク王ピピン（カロリング王朝）、ラヴェンナを教皇に寄進（「教皇領」の始まり）
800年	フランク王カール1世（大帝、シャルルマーニュ）、教皇レオ3世より戴冠
843年	ヴェルダン条約（フランク王国を3分割）
910年	クリュニー修道院創設
962年	オットー1世、教皇ヨハネス12世より戴冠（神聖ローマ帝国の始まり）
988年	キエフ大公ウラディミル1世、ギリシア正教に改宗（翌年、国教化）
1054年	東西教会の最終的分裂
1066年	ノルマンのイングランド征服
1076年	教皇グレゴリウス7世、皇帝ハインリヒ4世を破門（翌年「カノッサの屈辱」）
1095年	クレルモン公会議（教皇ウルバヌス2世、十字軍を宣言）
1096年	第1回十字軍（～99年、エルサレム王国成立）
1098年	シトー修道会創設
1119年	エルサレムにテンプル騎士団創設
1122年	ヴォルムス協約（叙任権闘争終結）
1140年頃	南フランスにカタリ派（アルビ派）が起こる
1159年	ボローニャ大学創設
1180年	パリ大学創設
1184年	ワルドー派を破門
1198年	教皇インノケンティウス3世即位（～1216年、教皇権の絶頂期）
1202年	第4回十字軍、コンスタンティノポリスを占領（～04年、ラテン帝国成立）
1206年頃	アシジのフランチェスコの回心
1209年	アルビ十字軍（アルビジョワ十字軍）始まる（～29年）
1216年	ドミニコ会認可
1223年	フランシスコ会認可
1309年	教皇庁、アヴィニョンに移動（～77年、「教皇のバビロン捕囚」）
1337年	英仏間で百年戦争（～1453年）
1347年	西ヨーロッパに黒死病の大流行（～51年）
1378年	西方の大シスマ（教皇庁の分裂）（～1417年）
1382年頃	ウィクリフ、英語訳聖書の作業
1414年	コンスタンツ公会議（～18年）
1415年	ボヘミヤのフス、火刑
1419年	フス戦争（～36年）
1431年	バーゼル公会議（～49年）、教皇と公会議の対立
1453年	ビザンツ帝国（東ローマ帝国）滅亡
1481年以降	スペインの異端審問、ワルドー派やユダヤ人を弾圧
1492年	コロンブス、アメリカ（サン・サルヴァドル）に到達
〃	スペインによるレコンキスタ完了
1498年	フィレンツェでサヴォナローラ、火刑

索引

こしかわひろひで
越川弘英

1958年、東京に生まれる。同志社大学神学部、シカゴ神学校卒業。日本基督教団中目黒教会伝道師・副牧師、日本基督教団巣鴨ときわ教会牧師を経て、現在、同志社大学キリスト教文化センター教員（教授）。

[著 書]

『礼拝探訪──神の民のわざ』、『今、礼拝を考える──ドラマ・リタジー・共同体』、『キリストの生まれるところ──アドヴェントとクリスマスのメッセージ』、『十字架への道、復活からの道──レントとイースターのメッセージ』、『聖霊降臨と神の民──ペンテコステと行事暦のメッセージ』、『（編）聖霊の降臨──使徒の働き、初期教会の歩み』、『（編）宣教ってなんだ？──現代の課題と展望』、『（編）牧会って何だ？──現場からの提言』、『（編）「健康な教会」をめざして──その診断と処方』、『（編著）礼拝改革試論──みんなで礼拝を創るために』、『旧約聖書の学び』、『新約聖書の学び』、『（編）新版・教会暦による説教集 クリスマスへの旅路』、『（共著）新版・教会暦による説教集 イースターへの旅路』（以上、キリスト新聞社）、『信仰生活の手引き 礼拝』、『（編）牧師とは何か』、『（編）教会音楽ガイド』、『（編）キリスト教礼拝・礼拝学事典』、『（編）讃美歌21選曲ガイド』、『（共著）「新しい教会暦」による説教への手引き』、『（共著）旧約聖書と説教』、『（共著）イエスと共に歩む生活 はじめの一歩 Q&A30』、『（編）わたしたちの祈り50』（以上、日本キリスト教団出版局）、他。

[訳 書]

P・バスデン『現代の礼拝スタイル──その多様性と選択を考える』（キリスト新聞社）、C・V・ガーキン『牧会学入門』、J・F・ホワイト『キリスト教の礼拝』、『キリスト教礼拝の歴史』、『（監訳）プロテスタント教会の礼拝』、J・E・バークハート『礼拝とは何か』、J・ガーデン編『世界を結ぶ祈り』、E・H・ピーターソン『牧会者の神学──祈り・聖書理解・霊的導き』、T・H・トロウガー『豊かな説教へ──想像力の働き』（以上、日本キリスト教団出版局）、W・H・ウィリモン『牧師──その神学と実践』、『牧会としての礼拝──祭司職への召命』、『水と言葉とワインとパン──キリスト教礼拝史入門』、『礼拝論入門──説教と司式への実践的助言』、F・ハーン『新約聖書の礼拝──初期教会におけるその形を尋ねて』（以上、新教出版社）、他。

キリスト教史の学び（上）

2020年3月25日　第1版第1刷発行
2023年5月28日　第1版第4刷発行

© 越川弘英2020

著 者　越 川 弘 英
発行所　株式会社 キリスト新聞社

〒162-0814　東京都新宿区新小川町9-1
電話 03-5579-2432
FAX 03-5579-2433
URL. http://www.kirishin.com
E-Mail. support@kirishin.com
印刷所　協友印刷

ISBN978-4-87395-775-3　C0016（日キ版）

Printed in Japan

キリスト新聞社

旧約聖書の学び

越川弘英●著　　A5判・266頁・定価1980円

これでわかる! 旧約聖書の基礎知識

聖書の根底には、人間は人間自身の中に固有の存在意義や生の指針を持つものではなく、創造者である神との関係のもとに置いてのみまことの人間として生きる存在なのだという基本的な信仰が横たわっている。(「はじめに」より)

新約聖書の学び

越川弘英●著　　A5判・308頁・定価2200円

新約聖書がわかると"キリスト教"が"教会"がもっと身近になる。

新約聖書の主人公というべきイエスはキリスト教において決定的な位置を占めている。「イエスとは誰か」を解明することこそ、キリスト教の神学に問われる最優先のテーマのひとつであり、本書はそうした新約聖書に初めて接する読者の方への最適の道案内である。

キリスト教史の学び(下)

越川弘英●著　　A5判・346頁・定価2420円

ヨーロッパから世界宣教へ。宗教改革の時代から現代まで変わり続けるキリスト教の姿を追う。

ルター、カルヴァンの時代から、バルト、ボンヘッファー、キング牧師、教皇フランシスコの時代まで──それぞれの時代における教会とキリスト者の働きを21世紀までたどる。信仰復興運動やエキュメニカル運動などのムーブメント、世界各地のキリスト教の姿も紹介する。

重版の際に定価が変わることがあります。